태권도 생체역학
THE BIOMECHANICS
OF
TAEKWONDO

저자 강성철

태 권 도 생 체 역 학
THE BIOMECHANICS OF TAEKWONDO

저자 | 강성철

초판 발행 | 2015년 4월 29일

발 행 인 | 문상필
표지디자인 | 이태진
북디자인 | 이한솔
삽   화 | 이태진 김중균
펴 낸 곳 | 주식회사 애니빅
주   소 | 서울시 영등포구 경인로 82길 3-4
             (문래동 1가 센터플러스 715호)
대표전화 | 02-2164-3840 **팩스** | 0504-386-7176
홈페이지 | www.anibig.com
이 메 일 | 0221643840@hanmail.net
출판등록 | 제2008-000010호

가격 25,000원
ISBN 978-89-97617-91-3 13690

Anibig 애니빅

ⓒ 저작권은 작가에게 있습니다. 작가와 합의해 인지는 생략합니다.
* 잘못 만들어진 책은 구입하신 서점에서 교환해 드립니다.

머리말

    태권도는 2000년 시드니올림픽에 정식종목으로 채택되어 세계적인 스포츠로 자리잡게 되었고 일선 사범들이 세계 각국으로 파견되어 꾸준히 태권도 보급에 노력한 결과 현재 전 세계 206개국에서 8천만 명 이상 수련하고 있고 그 우수성을 세계적으로 인정받는 무도스포츠로 발전하였다.

    이렇게 양적으로 눈부신 발전을 이루며 지금도 끊임없이 성장하고 있지만 질적으로는 아직 그에 미치지 못하고 있는 실정이다. 특히 핵심이라 할 수 있는 태권도의 기술에 있어서 어떻게 해야 한다는 기본적인 방법에 대한 설명만 간략하게 되어 있을 뿐 동작의 원리나 그 원인에 대한 자세한 설명은 찾아볼 수 없다. 태권도기술의 원리에 대한 이해의 부재는 비효율적인 동작을 야기할 수 있으며 지도를 함에 있어서도 마찬가지로 높은 학습효과를 기대할 수 없다.

    이에 본 저자는 과거 수십 년간 대학교 및 대학원에서 강의했던 내용과 연구를 정리하여 태권도기술의 수행이나 지도에 있어 운동역학적인 원리에 입각한 효율적인 방법을 제시하기 위해 출판을 계획하게 되었다. 태권도기술을 보다 빠르고 강하게 수행하기 위해 어떻게 해야 하는지, 또 그렇게 하는 이유가 무엇인지 원인을 규명하여 체계적으로 원리를 정립하고자 한다. 모든 운동기술은 공통된 역학적 원리에 의해 수행되며 태권도기술 또한 다르지 않다. 이에 따라 각 기술에 대한 설명이 많은 부분 중복되어 있으며 이렇게 중복되는 설명을 통해 태권도기술의 핵심적인 원리들이 독자들의 머릿속에 깊이 새겨지길 바란다.

본 책의 내용은 총 7개의 파트로 구성되어 있으며 먼저 태권도기술의 원리적인 이해를 돕기 위해 앞의 5개 파트는 해부학적 기초, 운동학, 운동역학 등의 기본적인 이론을 정리하였고, 나머지 2개 파트는 태권도기술의 원리와 기본동작, 품새, 겨루기, 격파의 기능학, 그리고 동작분석을 통한 태권도기술의 운동역학적 해설을 담았다. 본 책을 통해 많은 태권도인들이 태권도기술의 원리를 이해하고 지도하는 데 조금이나마 도움이 되었으면 한다.

끝으로 본 책을 출판하는 데 수고를 아끼지 않으며 도움을 주신 분들과 애니빅 문상필 사장님에게 감사의 마음을 전합니다.

2015년 4월
저자 강성철

Contents

I 운동역학의 개요
1. 운동역학의 정의 · 12
2. 운동역학의 역사와 발전과정 · 13
3. 운동역학의 범위와 구성 · 16
4. 운동역학의 연구영역 · 17
   1) 운동동작의 분석 및 기술개발 · 17
   2) 운동기구의 개발 · 18
   3) 측정방법 및 자료처리기술의 개발 · 18

II 해부기능학적 기초
1. 인체의 골격계 · 20
   1) 골격 · 20
   2) 관절 · 23
2. 인체의 근육 · 26
   1) 근육의 특성 · 26
   2) 골격근의 구조 · 27
   3) 골격근의 역할 · 30
   4) 근수축의 종류 · 31
   5) 근육의 활동 패턴 · 33
   6) 근육부위별 기능 · 38
   7) 근육의 길이-장력 관계 · 42
   8) 근육의 힘-속도 관계 · 43

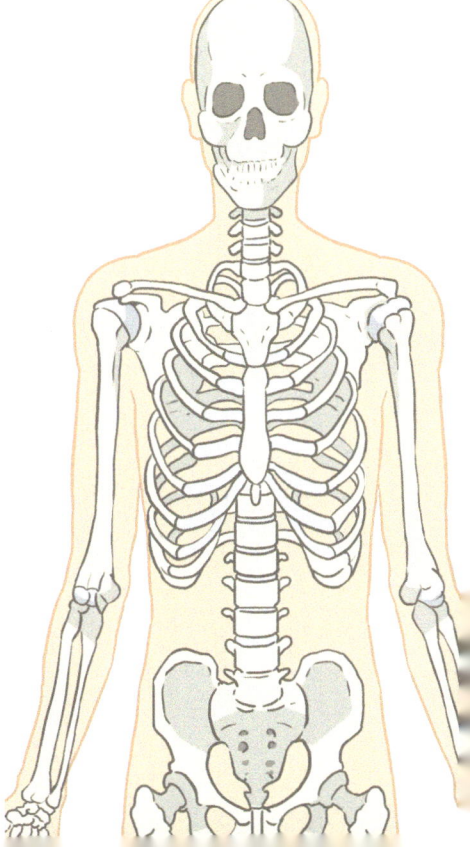

Contents

3. 인체의 분절 · 44
4. 동작표현의 용어 · 45
   1) 해부학적 자세 · 44
      2) 몸의 면과 축 용어 · 46
      3) 몸의 위치와 방향 용어 · 47
      4) 몸의 면에 따른 움직임 용어 · 49
      5) 관절의 가동범위 · 53

III 운동학

1. 기본 물리량 · 60
   1) 질량 · 60
   2) 거리 · 61
   3) 시간 · 61
   4) 힘 · 61
2. 운동 단위계 · 65
3. 운동의 형태 · 66
   1) 선(병진)운동 · 66
   2) 선운동과 관련된 물리량 · 67
   3) 각(회전)운동 · 70
   4) 각운동과 관련된 물리량 · 71
   5) 복합운동 · 74

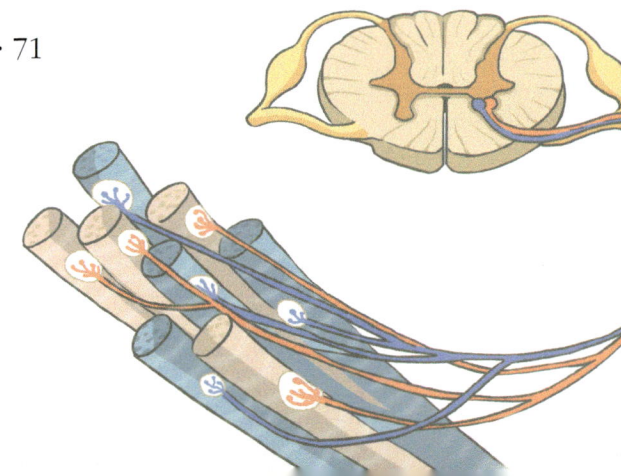

IV 운동역학

1. 뉴턴의 운동법칙 · 78
    1) 제1법칙 : 관성의 법칙 · 78
    2) 제2법칙 : 가속도의 법칙 · 79
    3) 제3법칙 : 작용·반작용의 법칙 · 81

2. 벡터 · 83
    1) 힘 벡터 · 83
    2) 벡터의 합 · 84

3. 운동량 · 88

4. 충격량과 충격력 · 89

V 각운동역학

1. 평형 · 92
    1) 토크 · 92
    2) 지레 · 95

2. 구심력과 원심력 · 97

3. 관성모멘트 · 100

4. 각운동량 · 103
    1) 각운동량 · 103
    2) 각운동량 보존 · 104
    3) 각충격량 · 107

Contents

VI. 태권도와 운동역학

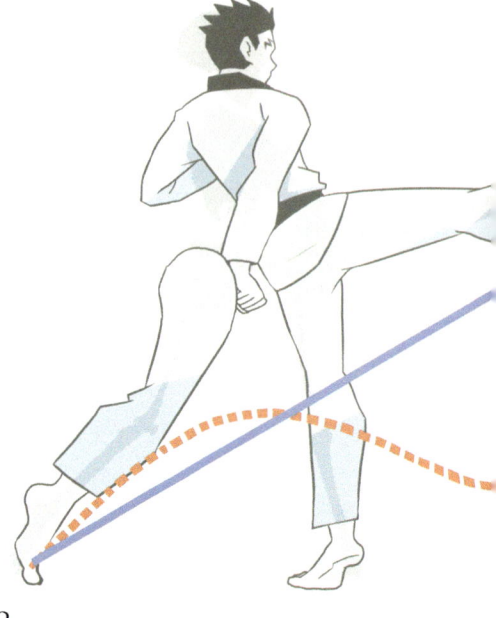

1. 태권도기술의 원리 · 110
    1) 내력과 외력 · 111
    2) 파워존 · 113
    3) 코어의 중요성 · 115
    4) 교호적 회전운동 · 115
    5) 근육의 신장-단축 시스템 · 116
    6) 연결 동작 원리 · 117
    7) 인체의 관성모멘트 · 118
    8) 스냅 · 119
    9) 강체화 · 121

2. 태권도 기술을 유도하는 단서 · 122
    1) 손기술 동작에 대한 단서 · 122
    2) 발기술 동작에 대한 단서 · 126

3. 태권도 기본동작의 기능학 · 133
    1) 태권도 서기 및 딛기의 기능학 · 134
    2) 태권도 막기의 기능학 · 144
    3) 태권도 지르기 및 찌르기의 기능학 · 151
    4) 태권도 치기의 기능학 · 156
    5) 태권도 차기의 기능학 · 159

4. 태권도 품새의 기능학 · 177
    1) 분절의 가속 · 177
    2) 강체화 · 179
    3) 동작의 연결 · 180

5. 태권도 경기겨루기의 기능학 · 181
    1) 준비자세와 반응시간 · 182

6. 태권도 격파의 기능학 · 184
    1) 위력격파 · 184
    2) 기술격파 · 186

VII. 동작분석

1. 영상분석 · 194
    1) 영상분석 방법 · 194
    2) 영상분석 종류 · 195

2. 지면반력 분석 · 199

3. 근전도 분석 · 199

4. 기타 분석용 장비 · 202

5. 태권도 기본동작의 동작분석 결과 · 205
    1) 서기 · 205
    2) 막기 · 209
    3) 지르기 · 212
    4) 치기 · 215
    5) 차기 · 219
    6) 동작의 효율성 · 228

참고 문헌 · 232

부　　록 · 234

1. 용어정리 · 234

2. 참고논문 · 255
1. 태권도 주춤 서 몸통지르기 유형별 생체역학적 변인 비교 분석 · 255
2. 주의초점 전략이 태권도 기본동작의 속도 및 분절협응패턴에 미치는 효과 · 263

태권도 생체역학
THE BIOMECHANICS OF TAEKWONDO

운동역학의 개요

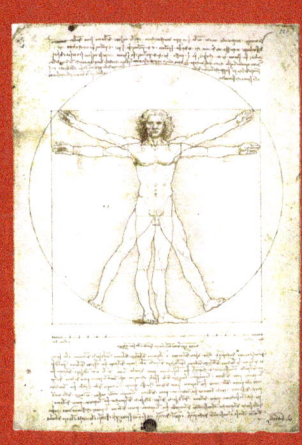

1. 운동역학의 정의
2. 운동역학의 역사와 발전과정
3. 운동역학의 범위와 구성
4. 운동역학의 연구영역

I. 운동역학의 개요

1. 운동역학의 정의

운동역학(Sports Biomechanics)이라는 용어는 스포츠와(Sports)와 생체역학(Biomechanics)이 복합하여 생긴 학문이다. 운동역학은 상위영역으로서의 생체역학(Biomechanics)이라는 학문으로부터 새롭게 파생하였으며 모든 생물체의 운동에 역학을 적용해 연구하는 분야로써 생물체를 뜻하는 Bio와 역학을 뜻하는 Mechanics가 복합되어 1970년대 후반부터 언급되기 시작하였다.

생체역학이라는 용어가 등장하기 이전에는 키네시올로지(kinesiology)라는 용어가 사용되었다. 키네시올로지는 운동에 대하여 심리적, 생리적, 역학적인 방법을 통해 법칙이나 원리를 해명하였으며, 오늘날의 생체역학에서 다루는 방식에 비해 다소 광범위한 내용을 다루었다. 생체역학은 모든 생물체의 운동과 그 운동을 일으키는 힘을 분석하고 연구하는 학문이라고 할 수 있다.

키네시올로지에 비해 접근 방식을 축소한 생체역학이지만, 이 또한 다루는 대상이 너무 광범위하므로 운동역학에서는 인체의 운동, 그중에서도 스포츠와 관련된 분야를 한정하여 전문적으로 다루고 있다. 즉, 운동역학이란 스포츠와 관련된 운동, 사람, 장비, 시설 등을 역학적 관점에서 연구하는 스포츠과학의 기초영역 중 하나라고 볼 수 있다.

아에 미치요시의 '스포츠 생체역학 20강'을 살펴보면 운동역학에서 중요시하는 4가지를 다음과 같이 서술하였다.

첫째, 운동의 기술로써 사람의 움직임은 어떻게 이루어지는가?

둘째, 운동 원인의 설명으로 왜 그와 같은 움직임이 되는 것일까?

셋째, 운동의 최적화로 어떻게 하면 좋은 동작을 수행할 수 있을까?

넷째, 운동의 창조로서 이런 동작의 움직임은 가능하지 않을까?

위의 4가지 사항을 숙지하고 운동역학의 원리를 이해하여 효율적인 운동기술의 개발, 스포츠 상해의 원인 규명 및 예방을 통해 선수의 경기력 향상을 목적으로 연구를 수행해야 한다.

2. 운동역학의 역사와 발전과정

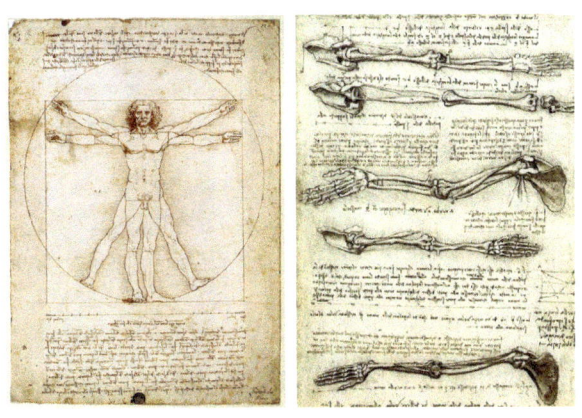

그림 1. 레오나르도 다빈치의 인체측정도와 해부도

운동역학은 고대 그리스 시대까지 거슬러 올라가 오늘날 운동역학의 아버지라 불리는 아리스토텔레스(Aristoteles, BC 384~322)가 인간의 움직임에 대해 처음으로 과학적 접근을 시도하였을 때가 시작이라 할 수 있다. 아리스토텔레스는 근육의 작용에 대한 기하학적 분석을 최초로 실시하였으며 아르키메데스(Archimedes, BC 287~212)는 현대 수상스포츠의 근간이 되는 부력의 원리를 확립하였고 지렛대의 원리, 중력중심점 등을 수학적으로 해석하여 운동학의 기초를 마련하였다.

중세에 들어서는 대표적인 과학자 레오나르도 다빈치(Leonardo da Vinci, 1452~1519)가 인체의 구조와 균형에 관심을 가지고 인체가 동적인 활동을 수행할 때 발생하는 근육의 움직임을 분석하였다.

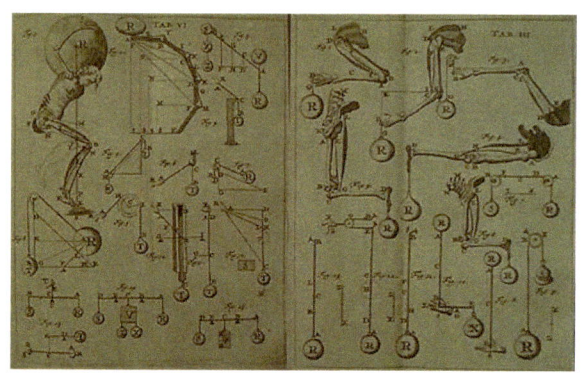

그림 2. 보렐리의 인체와 지레

근대에 이르러 많은 과학자가 이러한 이론적 지식을 이용하여 더욱 적극적으로 인간의 움직임을 규명하고자 하였다. 19세기 독일의 웨버 형제(Ernst Heinrich Weber, 1795~1878 & Wilhelm Eduard Weber, 1804~1891)는 해부학적인 요소에 근거하여 인간의 보행을 분석하였고, 프랑스의 생리학자 마레(Etienne Jules Marey, 1830~1904)는 한번에 12개의 연결된 사진을 촬영할 수 있는 크로노포토그래픽 건(Chronophotographic Gun)을 개발하여 인간의 운동이나 동작을 연구하였다. 그가 개발한 장치는 오늘날 운동역학 분야에서 활발히 사용되고 있는 영상분석장치나 구간속도측정기의 시초가 되었다.

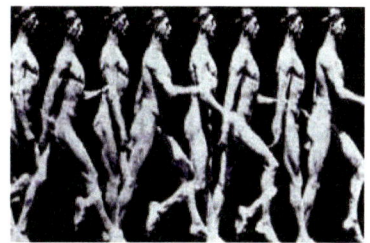

그림 3. 마레의 크로노포토그래픽 건과 보행분석

20세기에 들어서도 브라우네(Braune)와 피셔(Fisher)가 인체의 3면과 인체 분절의 중심을 통한 인체 중심의 위치를 결정하였으며, 윌리엄(Skarsten William)은 체조 동작의 역학적 해석, 허바드(Hubbard)의 EMG를 통한 근육 활동 분석 등 지속적인 발전을 이루었다.

이처럼 운동역학의 발전과정은 연구방법의 발달과 긴밀한 관계로 이루어져 있으며, 연구방법의 발달은 자연과학 및 공학의 발달과 함께 진보하고 있다. 오늘날 운동역학이 학문으로 자리를 잡게 된 것도 급속한 과학발전의 결과물이며, 특히 영상기계와 컴퓨터 기술의 발달은 동작의 촬영 및 분석을 더욱 쉽게 해줌으로써 운동역학의 발전에 큰 기여를 하였다.

표 1. 운동역학자의 시대별 분류

시 대	학 자	연 구 내 용
BC 384~322	Aristoteles	근육의 작용에 대한 기하학적 연구
BC 287~212	Archimedes	지레의 구조와 부력의 원리 발견
1452~1519	Leonardo da Vinci	인체의 구조와 균형의 관계 연구 신체의 중심에 관한 연구
1564~1642	Galileo Galilei	인체의 평형과 운동현상에 관한 연구 낙하하는 물체의 가속도에 관한 연구
1608~1679	Giovanni Borelli	지레의 원리를 이용해 근골격계를 분석 근육이 발휘하는 힘의 작용을 분석

1642~1727	Isaac Newton	만유인력의 법칙 공식화 운동의 법칙 확립 힘의 평행사변형 개념정립 골격을 끄는 근육의 각도에 관한 연구
1795~1878	Ernst Heinrich Weber	인간보행 분석 이동 혹은 정지중의 신체 역학에 관한 연구 걷기와 달리기 시간 경과에 관한 연구
1804~1891	Wilhelm Eduard Weber	
1830~1904	Etienne Jules Marey	연속촬영을 통해 운동과 동작을 연구
20C~	Braune	인체의 3면과 중심의 위치를 결정
	Fisher	인체분절의 중심을 발견
	Skarsten William	체조동작의 역학적 해석
	Archibald Vivian Hill	운동 중 체내에서 일어나는 생리적 변화 연구
	Henn	지면반력장치 이용
	Bernstein	파노라마 사진기법을 동작연구에 사용
	Hubbard	EMG로 근육활동 연구

3. 운동역학의 범위와 구성

운동역학의 범위는 크게 생물학적 영역과 역학적 영역으로 구분된다.

생물학적 영역에서는 다양한 인체 동작에 따른 골격근의 활동을 이해하기 위해 인체측정학(anthropometry)과 기능적 해부학(functional anatomy)이 강조되고 있다.

역학적 영역은 인체운동에 대한 동역학(dynamics)과 정역학(statics)으로 나뉜다.

동역학은 작용하는 힘의 평형이 깨져 운동하는 물체에 일어나는 변화를 취급하는 역학분야이다. 힘과 관계없이 인체운동과 관련된 시간 및 공간적 요인 즉 운동방향,

위치, 속도, 가속도, 변위 등의 양적 변화를 다루는 운동학(kinematics)과 근력, 지면반력, 토크, 관성모멘트, 충격력 등과 같이 인체운동을 일으키는 불균형한 힘의 질적 효과를 다루는 운동역학(kinetics)으로 구분된다. 이들 학문 간의 관계를 다음과 같이 분류하기로 하지만 학자에 따라 정역학을 운동역학의 범위에 포함하기도 한다.

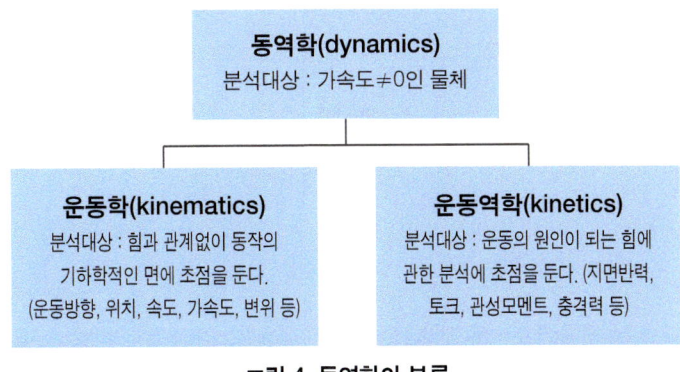

그림 4. 동역학의 분류

정역학은 작용하는 모든 힘의 합이 0이 되는 평형상태를 주요 분석대상으로 하는 역학분야이다. 정지해있는 상태에서도 여러 가지 힘이 작용하고 있기 때문에 이 힘들 사이에 존재하는 상호 관계를 규명하는 것을 목적으로 한다.

4. 운동역학의 연구영역

1) 운동 동작의 분석 및 기술 개발

운동역학은 주로 운동 기술의 분석에 활용된다. 운동선수가 수행하는 동작을 영상기계를 활용하여 촬영한 후 분석함으로써 선수가 행하고 있는 동작의 역학적 특성을 알 수 있고, 동작 중에 발생하는 문제점을 찾아내 올바르게 수정하여 경기력 향상을 도모한다. 또한, 개인의 동작 분석뿐만 아니라 단체경기에서의 전체적인 움직임을 분석하는 경우에 활용될 수 있으며 이러한 분석을 바탕으로 개개인의 신체적 특성에 적합한 최적화된 기술을 개발하는 데에도 이용된다.

2) 운동기구의 개발

오늘날 운동기구 및 보조장비는 경기에 있어 매우 중요한 요소로 인식되고 있다. 운동기구 및 보조장비의 기능성과 안전성은 필요에 따라 선수의 운동수행능력과 직결되기 때문에 현재 급속도로 발전하며 개발되고 있다. 경기력 향상을 위한 마라톤 운동화나 테니스 라켓, 야구 배트 등과 상해예방을 위한 미식축구 헬멧, 태권도의 보호대 등을 가벼우면서도 튼튼하게 개발하는 것이 중요시되고 있다. 이러한 운동기구의 개발에 있어 운동역학을 적용하여 기구를 직접 사용할 때 불편하거나 동작 수행에 있어 방해되는 요인을 최대한 제거하는 것이 필요하다.

3) 측정방법 및 자료처리기술의 개발

인체나 운동기구의 움직임을 보다 정확하고 세밀하게 분석하기 위해서는 이미 개발되어 있는 운동역학 관련 측정 장비를 선수가 적절히 응용할 수 있도록 하거나, 새로운 운동역학 측정 장비를 개발하여야 한다. 과거에는 운동 동작 분석과 관련된 연구 대부분에 2차원 영상분석법이 사용되었으나 더 정확한 자료의 수집 및 분석조건에 따라 3차원 동작분석법이 개발되었다. 3차원 동작분석법에서도 획득한 자료의 처리 과정에서 발생하는 오류를 최소화하고, 분석시간을 줄이기 위해 영상기계와 컴퓨터기술의 개발연구 또한 지속해서 이루어지고 있다.

해부기능학적 기초

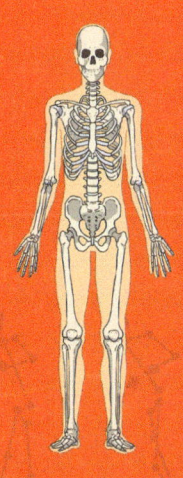

1. 인체의 골격계
2. 인체의 근육
3. 인체의 분절
4. 동작표현의 용어

II. 해부기능학적 기초

1. 인체의 골격계

인체의 골격계 시스템은 전신의 뼈(bone), 연골(cartilage), 관절(joint), 인대(ligament)로 구성되며 인체의 체형을 유지한다. 골격은 근육과 인대 및 근막 등에 부착하여 지지기능, 내부 장기 보호기능, 골수에서 혈액을 생성하는 조혈기능, 뼈의 무기질 저장기능, 인체 관절운동의 지렛대기능의 5가지 주요기능을 한다.

1) 골격

(1) 뼈의 종류

인간의 뼈는 골격을 이루는 가장 단단한 조직으로, 성인을 기준으로 크고 작은 206개의 뼈로 구성되어 있다. 보통 성인의 뼈는 약 700kg의 무게를 견딜 수 있다. 뼈는 생김새에 따라 짧은뼈(short bone, 지지기능), 긴뼈(long bone, 지렛대기능), 불규칙뼈(irregular bone), 납작뼈(flat bone, 보호기능)로 분류한다.

짧은뼈(단골)는 뼈의 장축이 분명하지 않고, 손목이나 발목처럼 견고하고 유연한 부위를 연결하는 관절 부위에 분포한다. 긴뼈(장골)는 주로 사지부위의 골격으로 길이가 길고 뼛속에 골수가 들어있는 공간이 있다. 이는 인대나 건이 잘 부착되어 있어 운동성이 매우 높으며 대표적으로 대퇴골(femur)과 상완골(humerus)을 들 수 있다. 불규칙뼈는 모양과 크기가 일정하지 않고 다양하며 척추뼈와 골반뼈 등을 예로 들 수 있다. 납작뼈(편평골)는 넓고 편평하며 얇은 뼈이다. 근육의 부착을 위해 넓은 면이 있으며, 어깨뼈와 머리뼈가 대표적이다. 이 외에도 관절을 지나가는 힘줄 속에 위치하는 종자뼈가 있다.

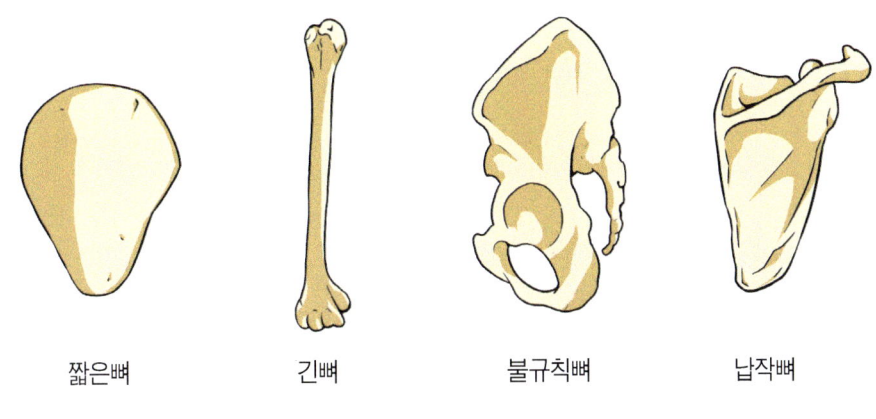

짧은뼈 　　긴뼈 　　불규칙뼈 　　납작뼈

그림 5. 뼈의 종류

(2) 몸통골격(80개)

① 두개부 : 뇌두개골(cranial bone, 8개), 안면골(facial bone, 14개), 이소골(ossicles, 6개), 설골(hyoid bone, 1개)

② 척추부 : 경추(cervical vertebrae, 7개), 흉추(thoracic vertebrae, 12개), 요추(lumbar vertebrae, 5개), 천추(sacrum, 5개), 미추(coccyx, 4개) 단, 성인의 경우 천추와 미추가 각각 융합되어 1개씩의 천골과 미골로 된다.

③ 흉곽부 : 흉골(breast bone, 1개), 늑골(rib, 24개 : 진성늑골 7쌍, 가성늑골 3쌍, 부유늑골 2쌍)

(3) 사지골격(126개)

① 팔이음뼈 : 견갑골(scapula, 2개), 쇄골(clavicle, 2개)

② 팔뼈 : 상완골(humerus, 2개), 요골(radius, 2개), 척골(ulna, 2개), 수근골(carpal bone, 16개), 중수골(metacarpal bone, 10개), 수지골(phalanges, 28개)

③ 다리이음뼈 : 장골(ilium), 치골(pubis), 좌골(ischium)이 유합된 관골(hip bone)이 좌우에 하나씩 위치하고 있다.

④ 다리뼈 : 대퇴골(femur, 2개), 슬개골(patella, 2개), 경골(tibia, 2개), 비골(fibula, 2개), 족근골(tarsal bones), 중족골(metatarsal bones, 10개), 족지골(phalanges, 28개)

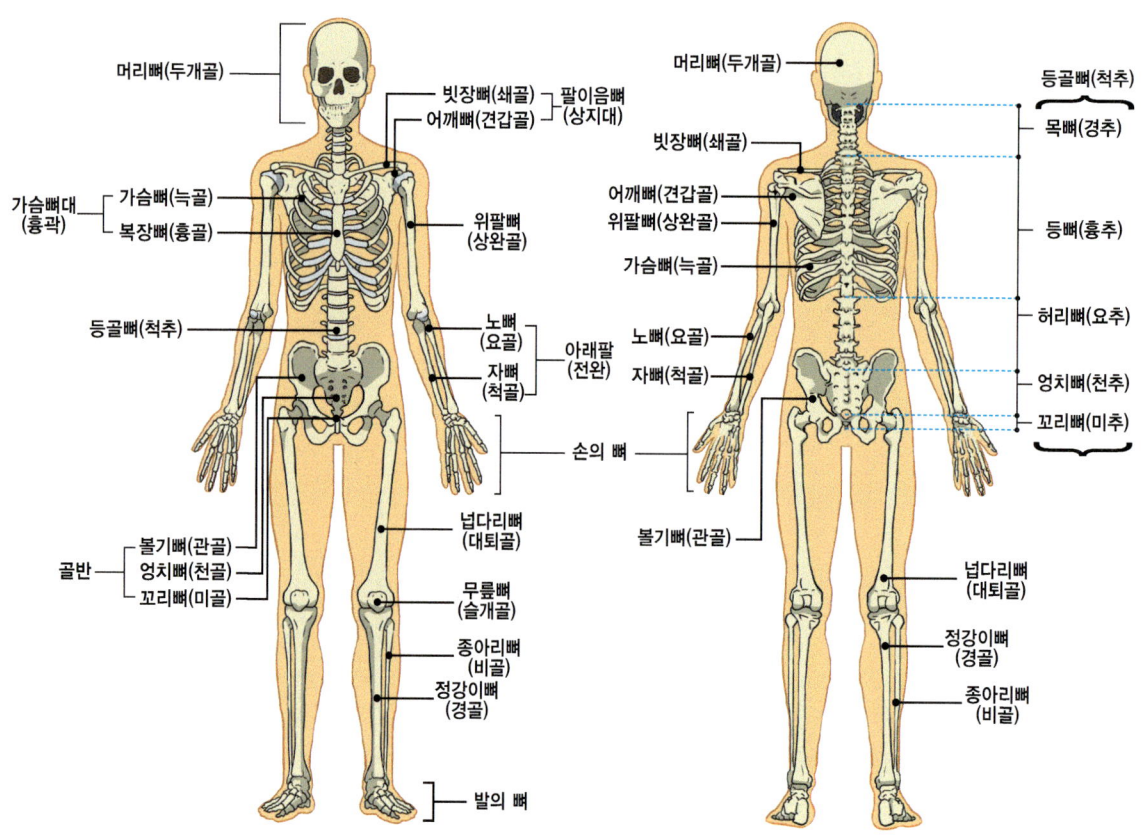

그림 6. 인체 골격

2) 관절

(1) 관절의 종류

관절(joint/articulation)은 뼈와 뼈가 연결되는 부분으로 일정한 틈이 있어 가동성이 있다. 신체의 움직임은 관절을 중심으로 일어나며 운동유형에 따라 관절의 종류를 분류할 수 있다.

무축성관절(nonaxial joint)은 평면관절(plane joint)로 서로 약간 어긋나는 작은 운동 범위의 미끄러짐 혹은 미끄러짐과 회전이 결합된 제한적인 운동을 한다. 대표적으로 수근간관절과 족근간관절이 있다.

일축성관절(uniaxial joint)은 단일평면상에서 한 축을 중심으로만, 운동이 가능하며 경첩관절(hinge joint)과 차축관절(pivot joint)이 있다. 경첩관절은 굴곡과 신전만이 가능하며 팔꿈치관절과 무릎관절 등이 이에 해당한다. 차축관절은 회전만이 가능하고 대표적으로 요척관절이 있다.

이축성관절(biaxial joint)은 두 평면상에서 두 개의 축으로 운동이 가능한 관절로 안장관절(saddle joint)과 과상관절(condyloid joint)이 있다. 굴곡과 신전, 외전과 내전이 가능하고 과상관절은 약간의 원회전도 가능하다. 엄지손가락의 수근중수관절이나 손목의 요수근관절이 이에 해당한다.

삼축성관절(triaxial joint) 혹은 다축성관절(multiaxial joint)은 세 평면상에서 세 개의 축으로 운동이 가능한 구상관절(ball and socket joint)로 굴곡과 신전, 외전과 내전, 내회전과 외회전이 가능하다. 대표적으로 어깨관절과 엉덩관절이 있다.

표 2. 인체 관절의 분류

관절 종류	1차적인 각운동	역학적 비유	해부학적 예
경첩관절	굴곡과 신전만 일어남	문의 경첩	완척관절, 지절간관절
차축관절	회전의 단일 축 주위에서 일어나는 한 분절의 축 돌림	문의 손잡이	근위요척관절, 환축추관절
구상관절	3평면 운동(굴곡-신전, 외전-내전, 내회전-외회전)	오목한 찻잔과 짝을 이루고 있는 구형의 볼록면	관절와상완관절
평면관절	전형적인 운동으로는 미끄러짐(병진운동) 그리고 미끄러짐과 회전의 결합이 있다.	책상 위의 책과 같이 비교적 편평한 면들이 마주 보고 있는 상태	수근간관절, 족근간관절
안장관절	2평면 운동; 뼈들 사이의 축 돌림은 가능하나 관절의 맞물려 있는 특성에 의해 제한된다	말의 기수와 안장의 관계와 같이 각각의 관절 면은 직각의 방향에서 오목면과 볼록면을 서로 갖고 있다	엄지의 수근중수관절, 흉쇄관절
과상관절	2평면 운동; 굴곡-신전, 외전-내전 또는 굴곡-신전과 축 회전(내회전-외회전)	중수지절관절과 같이 한쪽 방향으로 확정된 거의 구형의 볼록면이 얕은 오목의 찻잔과 짝을 이루고 있다	중수지절관절, 경대퇴관절(슬관절)

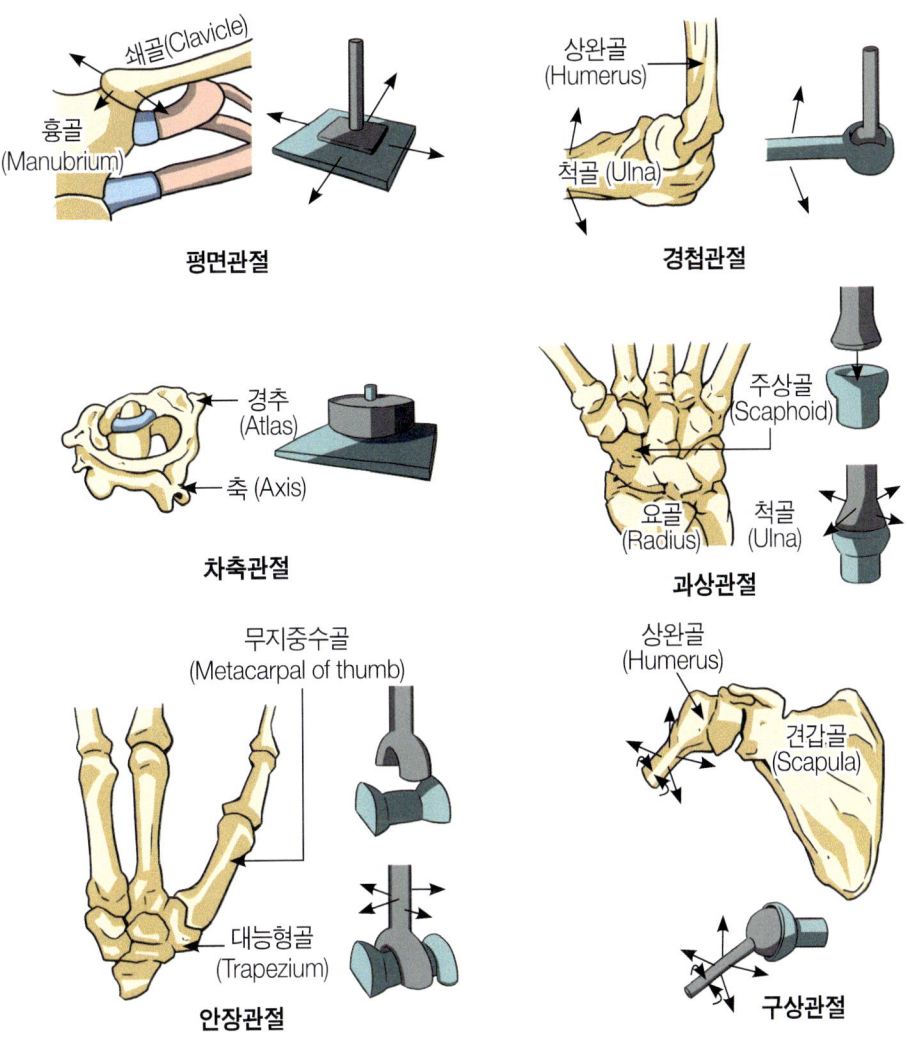

그림 7. 관절의 종류와 운동

(2) 연골

연골(cartilage)은 연골세포와 연골기질로 구성된 조직으로 대개 관절의 일부를 이루고 있다. 연골은 탄력성이 높아 주어진 힘에 대해 완충역할을 하고 에너지를 흡수한다. 또한, 관절 연골은 마찰이 거의 없는 상태에서 관절이 부드럽게 움직일 수 있도록 도움을 준다.

(3) 인대

인대(ligament)는 보통 뼈와 뼈 사이에 위치하며 관절을 형성한다. 인대는 콜라겐(collagen)이라는 섬유성 단백질과 신축성이 강한 엘라스틴(elastin)이라는 단백질로 구성되어 있어 탄력이 있으며 매우 튼튼하다. 인대가 뼈와 뼈 사이를 단단히 결합하기 때문에 관절의 기능을 보강하며 안정되게 유지되도록 한다.

2. 인체의 근육

1) 근육의 특성

근육은 수축을 통해 인체의 운동을 일으키는 기관으로 신장성, 탄성, 감응성, 장력발휘능력의 4가지 특성을 지닌다.

(1) 신장성 및 탄성

신장성 및 탄성의 특성은 많은 생물학적 조직에 일반적으로 적용된다. 신장성은 신장 또는 길이를 증가시킬 수 있는 능력이며, 탄성은 근육이 신장된 후 정상 길이로 돌아오는 능력이다. 근육의 탄성은 근육에서 뼈로 장력을 유연하게 전달하는 역할을 한다.

근육의 탄성활동은 두 개의 주요 구성요소로 되어있다. 하나는 근막의 병렬탄성요소(parallel elastic component : PEC)로, 근육이 수동적으로 신장될 경우 저항력으로 작용한다. 다른 하나는 힘줄의 직렬탄성요소(series elastic component : SEC)로, 장력이 발휘되고 있는 근육이 신장될 때 탄성에너지를 축적하는 스프링과 같은 역할을 한다. 이러한 근육의 탄성요소들은 수축성요소(contractile component : CC)를 제공하는 근육섬유에 대해 각각 병렬 및 직렬(또는 일렬)로 배치되어 있기 때문에 이처럼 불리고 있다. 인간의 골격근 탄성은 우선으로 직렬탄성요소(SEC)에 기인하는 것으로 생각되고 있다. 태권도 딛기에 대한 연구에서 차기 동작 직전 반동동작(발목의 배측굴곡)을 실시하는 것은 종아리근육에서 직렬탄성요소(SEC)의 탄성을 증가시킴으로써 차기의 효율을 증대시키는 것으로 나타났다.

직렬 및 병렬탄성요소는 시간 경과에 따라 근육을 신장하고 원래의 모습으로 돌아가게 하는 점성특성을 갖고 있다. 햄스트링근과 같은 근육의 정적 스트레칭이 일정 시간 이상 유지되면 근육은 점차 늘어나고 관절의 가동범위가 증가한다. 이와 유사하게 근육이 신장된 후 즉각적으로 안정 시 길이를 회복하지는 않지만, 일정한 시간 후에는 점차 길이가 줄어들게 된다.

(2) 감응성 및 장력발휘능력

근육의 또 다른 특성인 감응성은 자극에 대하여 반응하는 능력이다. 근육에 영향을 주는 자극은 부착된 신경으로부터 발생하는 활동전위와 같은 전기화학적 자극 또는 근육의 특정 부위에 가해지는 외부자극과 같은 역학적 자극이 있다. 자극 때문에 활성화되면 근육은 장력을 발휘하여 반응한다. 장력발휘능력은 근육조직의 독특한 활동특성 중 하나로 수축성(길이를 짧게 하는 능력)이다.

2) 골격근의 구조

골격근은 골격에 부착하여 운동신경에 의해 자기 의지로 움직일 수 있는 수의근으로, 인체에는 600여 개의 골격근이 있으며 체중의 약 40~50%를 차지한다. 힘줄을 통해 뼈에 붙거나 뼈에 직접 붙어 뼈의 움직임이나 힘을 만들어내며, 관절과의 위치 관계에 따라 다양한 동작이 가능하고 수축하는 정도에 따라 다양한 강도의 힘을 낼 수 있다.

(1) 근섬유의 구조

근육은 수많은 근섬유(muscle fiber)로 구성되는데, 근섬유는 근육의 구조적인 단위라고 할 수 있는 하나의 근육세포이다. 근섬유의 바깥쪽은 얇은 탄력성 막인 근육섬유막(endomysium)으로 싸여있고, 내부의 세포질은 근질이라고 하는 반유동성 물질과 근원섬유(myofibril)로 되어 있다. 근원섬유는 근육세포의 원형질에서 분화한 것으로, 더 가는 몇 가닥의 필라멘트(filament)로 이루어져 있는데, 이것은 다시 액틴(actin, 가는 근육미세섬유)과 미오신(myosin, 굵은 근육미세섬유)이라고 하는 수축성 단백질 섬유로 구성되어 있으며, 액틴이 미오신의 중앙으로 미끄러져 서로 붙었다 떨어지는 운동의 반복을 통해 길이가 짧아지면서 근육의 수축이 발생한다. 근원섬유 사이에는 근질이라고 하는 겔 모양의 원형질로 채워져 있고 여기에서 근수축을 위한 에너지가 생성된다.

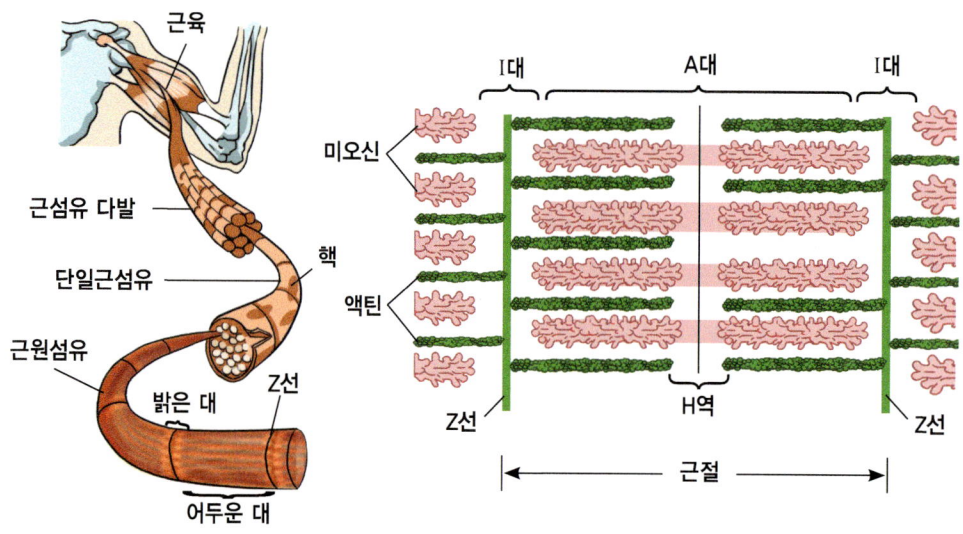

그림 8. 근섬유의 구조

(2) 운동단위

하나의 운동신경과 그것에 의해 지배되는 근섬유로 구성된 그룹을 운동단위(motor unit)라고 한다. 운동단위의 섬유들은 몇cm 범위 이상으로 퍼져있어 다른 운동단위와 겹쳐 함께 분포될 수 있다. 거의 예외 없이 운동단위는 단일 근육에 한정되며, 그러한 근육 내 한 부위로 모이게 된다. 일반적으로 운동단위에는 근육이 수행하는 운동의 종류에 따라 적게는 100개에서 거의 2,000개까지 근섬유를 포함하고 있다. 눈이나 손가락같이 정밀하게 조절되는 움직임은 작은 운동단위에 의해 이루어지며, 비복근과 같은 크고 강력한 움직임은 큰 운동단위의 활동으로 발생한다.

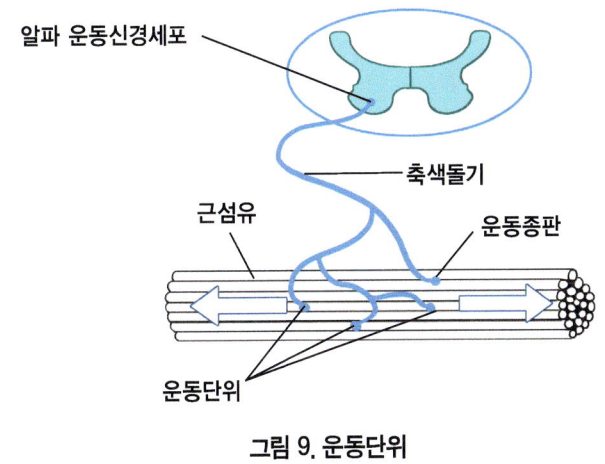

그림 9. 운동단위

(3) 속근과 지근

골격근에는 빠르게 수축하는 속근섬유(fast muscle fiber, 빠른 연축근섬유)와 느리게 수축하는 지근섬유(slow muscle fiber, 느린 연축근섬유) 두 가지가 존재한다. 속근은 백색으로 비교적 표면과 가까운 표층에, 지근은 적색으로 심층에 위치한다. 빠르게 수축하는 속근섬유는 쉽게 피로해지지만 빠르고 힘 있게 수축할 수 있고,

지근섬유는 지구력이 좋아 오랫동안 수축을 유지할 수 있지만 큰 힘을 낼 수 없는 특징을 가지고 있다. 주로 속근은 무산소성 운동에, 지근은 유산소성 운동에 활용된다. 정상적인 속근, 지근은 단면적당 최대 등척성 힘의 크기가 같으며, 속근의 비율이 높은 사람일수록 지근을 더 많이 가진 사람에 비해 동작 수행에 더 큰 토크와 파워를 발휘할 수 있다.

3) 골격근의 역할

인체는 어느 하나의 근육만으로 운동이 이루어질 수 없으며 최소 2개 이상의 근육이 함께 작용한다. 운동동작을 수행하면서 사용되는 각 근육은 역할에 따라 주동근(agonist), 길항근(antagonist), 협응근(synergist) 등으로 분류된다.

주동근은 동작 시 가장 큰 힘을 쓰며 주된 작용을 하는 근육을 말하고, 반대편에 위치하는 길항근은 주동근이 수축작용을 할 시 동시에 반대되는 작용을 하는 근육으로, 신장성수축을 하여 주동근의 반대방향으로 힘을 조절해가며 관절을 제어하고 보호하는 역할을 한다. 예를 들어, 바벨 컬과 같은 운동을 할 때 상완이두근이 주동근의 역할을 하면 상완삼두근이 길항근의 역할을 하며 과도하게 신전되는 것을 막고 팔꿈치관절이 일정하게 유지되도록 도와준다.

길항근이 주동근의 반대작용을 하는 근육이라면, 주동근이 하는 운동을 도와 보조역할을 하는 협응근이 있다. 바벨 컬 운동 시 완요골근, 벤치 프레스 운동 시 상완삼두근, 삼각근 등이 협응근에 해당한다.

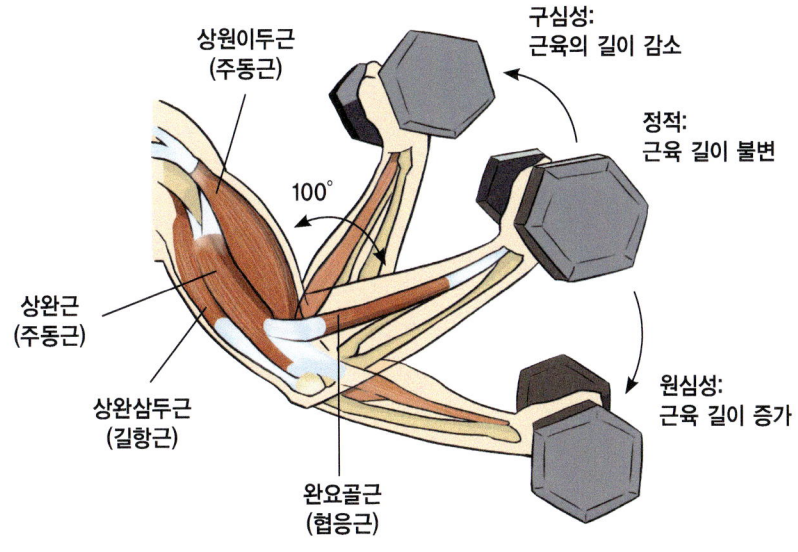

그림 10. 주동근, 길항근, 협응근의 작용

이처럼 주동근과 길항근, 협응근은 상호 밀접한 관계를 하며 운동동작을 완성한다. 이 외에도 뼈가 신체 부위에 안정적으로 고정되게 해서 또 다른 근육 활동을 가능하게 해주는 안정근(stabilizer), 동작 시 반작용으로 움직여 다른 근육의 움직임을 중화시켜주는 중화근(neutralizer)이 있다.

4) 근수축의 종류

근수축은 크게 2가지로 정적수축(static contraction)과 동적수축(dynamic contraction)으로 구분된다. 정적수축은 근육의 길이가 변하지 않는 수축을 말하며, 등척성수축이라고도 한다. 동적수축은 근육의 길이가 변하는 수축으로 등장성수축과 등속성수축이 있다. 등장성수축은 다시 단축성수축과 신장성수축으로 구분된다.

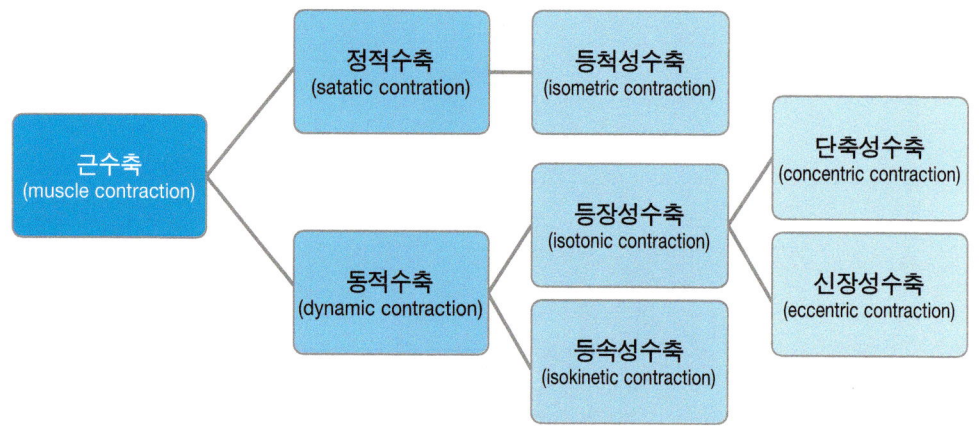

그림 11. 근수축의 종류

(1) 등척성수축

등척성수축(isometric contraction)은 관절의 움직임이 없는 상태에서 장력이 변하여 근육을 자극하는 운동이다. 등척성수축의 경우 장력은 향상하더라도 근육의 길이는 변하지 않기 때문에 정적수축이라고 한다. 특별한 기구 없이 고정된 물체를 여러 자세와 각도로 밀거나 당기는 것으로 운동할 수 있으며 대표적으로 오래매달리기, 벽밀기, 버티기 등이 있다. 발휘하는 힘은 관절 각도에 따라 다르고 또, 같은 각도라도 방향(신전/굴곡)에 따라 다르므로 관절의 가동범위 전반에 걸쳐 근력을 높이기 위해서는 다양한 각도에서 트레이닝을 실시해야 한다.

(2) 등장성수축

등장성수축(isotonic contraction)은 근육의 장력은 일정하지만, 길이가 변하는 수축운동으로 대부분의 웨이트트레이닝에 이용되며, 단축성수축(concentric contraction)과 신장성수축(eccentric contraction)으로 구분된다.

단축성수축은 근육이 부하보다 큰 장력을 일으켜 근육의 길이가 짧아지며 수축하는 경우이고, 이와 반대로 신장성수축은 근육이 장력을 발생하는 동안 길이가 길어지며 수축하는 것으로, 외부의 힘이 작용할 때 반대방향으로 일어나는 수축작용이다.

(3) 등속성수축

등속성수축(isokinetic contraction)은 일상생활이나 통상적인 운동에서는 일어나지 않으므로 사이벡스(cybex)나 오소트론(orthotron) 등의 특수한 장비가 필요하다.

등속성수축을 이용한 훈련은 등척성과 등장성훈련의 특징을 결합해 보완한 것이라고 할 수 있다. 등속성훈련을 통해 관절의 모든 가동범위에서 발휘하는 근력에 대한 최대의 저항을 근육에 줄 수 있고 다양한 속도에서 근력을 향상시킬 수 있다. 또한, 한 가지 운동으로 상반된 두 가지 근육을 동시에 운동할 수 있고, 근육부상 후 재활훈련에도 효과적이다.

5) 근육의 활동 패턴

(1) 운동단위의 동원

우리 몸의 신경계는 뉴런(neuron)이라는 신경세포로 구성되며 인간의 대뇌 피질에만 100억 개 이상의 뉴런이 존재하는 것으로 추산되고 있다. 뉴런은 전기적인 자극을 통해 신호를 전달하는 특징을 가지며 그중에는 근섬유와 연결되어 운동단위를 구성하는 운동신경세포가 존재한다. 운동단위는 하나의 운동신경으로부터 지배를 받는 근섬유다발로 구성되어 있다. 운동신경의 자극을 통해 그 운동신경의 지배를 받는 근섬유들은 동시에 수축하여 근력을 생성하게 된다.

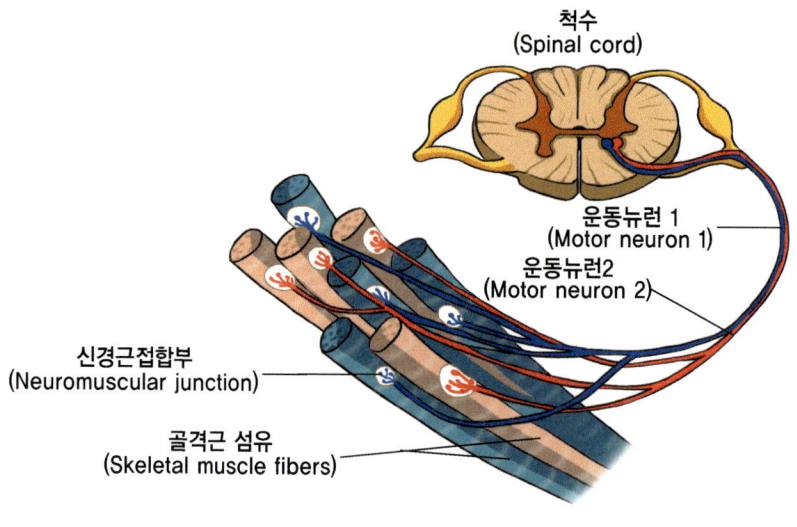

그림 12. 운동단위

① 운동단위의 순차보충(Orderly recruitment)

근육에 의해서 발휘되는 힘이 증가하면서 운동단위들은 순차적으로 보충되는 특징을 가진다. 가장 큰 특징은 먼저 보충된 운동단위들이 가장 마지막까지 활동을 지속하여 최종적으로 수축을 멈출 때까지 동원되는 형태를 보이며 이를 운동단위의 순차보충(orderly recruitment)라고 한다.

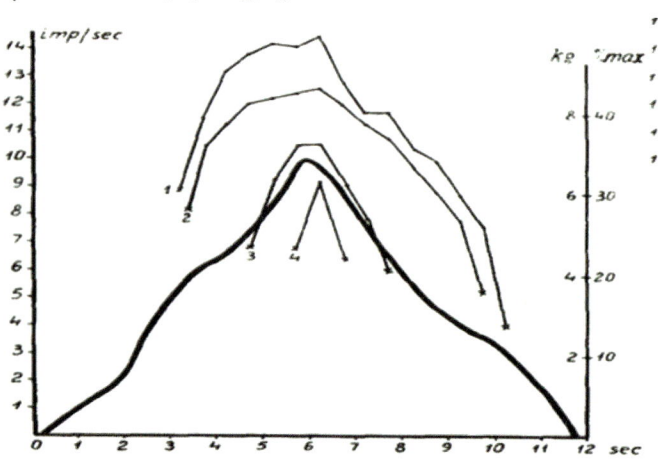

그림 13. orderly recruitment에 의한 운동단위의 순차적인 동원
Person & Kudina, (1972)

② 크기의 원리(Size principle)

운동단위들이 보충되는 순서는 운동 신경세포의 크기에 지배를 받게 된다. 운동단위의 크기는 운동신경세포의 세포체와 수상돌기의 표면적으로 나타나며, 가장 작은 운동신경세포의 운동단위가 가장 먼저 동원되고 크기가 큰 운동단위일수록 나중에 동원되는 특성을 갖게 된다.

이러한 크기에 따른 순차적 운동단위 동원은 운동신경세포의 크기에만 영향이 있는 것이 아니라 세포의 형태, 세포막, 연접부 등 다양한 특징의 영향을 받는다. 이러한 특징들이 작은 운동단위일수록 자극에 의해 쉽게 반응할 수 있도록 하는 효과를 주게 된다. 이러한 크기의 원리에 의한 운동단위 동원은 우리의 근력을 체계적으로 등급화하여 미세한 움직임에서 큰 파워를 요구하는 움직임까지 효율적으로 사용할 수 있게 한다.

(2) 방전률(Discharge rate)

방전률은 운동신경세포에서 발생하는 활동전위의 발생 빈도를 말한다. 근육에 의해 발휘되는 힘은 동원되는 운동신경단위의 수와 운동신경세포의 활동전위 방전률에 의해 결정된다. 근력이 증가하기 위해서는 운동신경단위의 추가적인 동원과 방전률의 증가 두 가지에 의해 나타나게 된다. 위의 〈그림 13〉에서 보는 바와 같이 orderly recruitment에 의해 순차적으로 운동단위가 동원되고 동시에 동원된 운동단위의 방전률이 근력이 증가함에 따라 점점 증가하는 모습도 함께 볼 수 있다.

(3) 활동전위 방전 패턴(Discharge pattern)

① 근육의 지혜(Muscle wisdom)

근육에 피로가 발생할 때 운동신경단위에서 발생하는 활동전위의 방전률(discharge rate)은 감소하게 된다. 하지만 근력의 감소는 방전률의 감소에 비해 적게 나타나는 경향을 띠게 되는데 이를 Muscle wisdom이라고 한다.

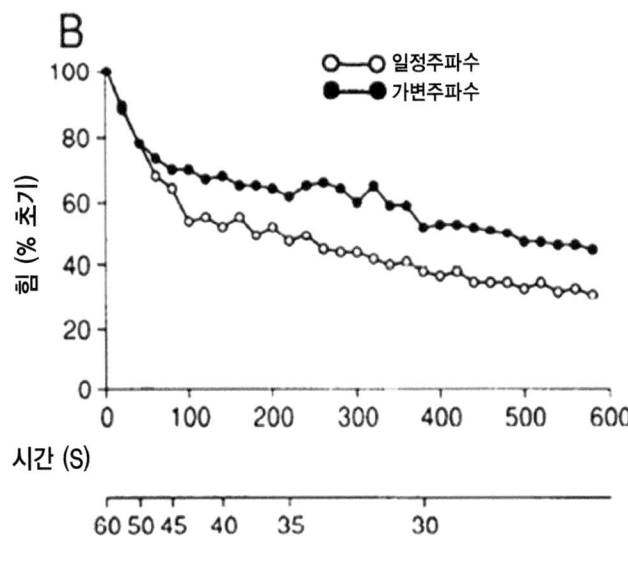

그림 14. Muscle wisdom에 의한 힘의 감소율 변화
Enoka & Stuart, (1992)

위 그림에서와같이 근육의 피로 발생 시 운동신경단위에서 발생하는 활동전위 방전률이 일정하게 유지되는 경우와 시간에 따라 점차 감소할 경우의 근력 차이를 비교해보면 차이를 알 수 있다. 위쪽 그래프의 경우 활동전위 방전률이 점차 감소한 경우 근력의 감소가 덜 일어나는 것을 확인할 수 있다. 이러한 기전에 의해 우리는 피로가 발생할 때 근력을 상대적으로 덜 감소시킬 수 있으며 그래서 이러한 현상을 근육의 지혜 즉 Muscle wisdom이라고 부른다. 이러한 방전률의 감소는 활동전위 생성 및 전달 과정에서 피로에 의한 손상이 아니라 변화하는 근육 조건에 적응하려는 신경 활동에 기인한다고 할 수 있다.

② 중복 방전(Double discharge)

　　1개의 운동단위에서 약 0.01초 이내에 2개의 활동전위가 연달아서 방전되는 현상을 중복방전 즉, Double discharge라고 한다. 일반적으로 인간의 운동신경단위는 전형적으로 7~35Hz 범위 즉 초당 7번에서 35번 정도로 활동전위가 방전한다. 즉, 아무리 빨라도 0.03초에서 0.14초의 시간적 간격이 발생하게 된다. 하지만 특정한 이유에 의해서 운동단위가 0.01초 사이에 이중방전에 의한 연속자극에 놓이게 되면 힘이 상당히 증가하는 현상을 보이며, 그 이후의 자극에 대해서도 커진 근력을 어느 정도 유지하여 더 큰 힘을 낼 수 있게 된다.

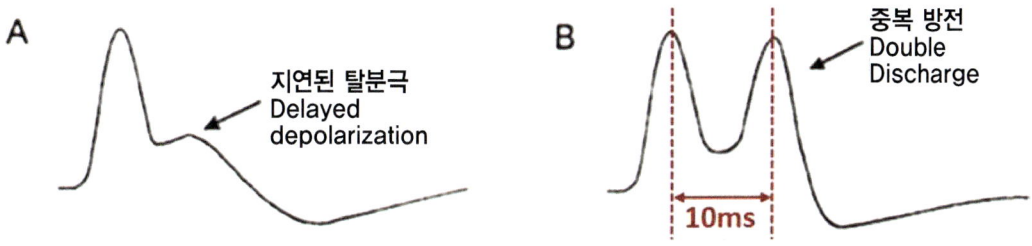

그림 15. Double discharge 현상
Garland & Griffin (1999)

　　일반적으로 운동신경단위의 활동전위 내에는 세포막의 안과 밖에서 이온 교환이 일어나며 탈분극과 재분극 현상이 발생하게 되는데 약간 늦어져서 나타나는 탈분극(delayed depolarization)이 생길 때 일정한 역치 이상의 값이 나타나 활동전위를 다시 발생시키는 경우가 있는데 이런 때에 중복방전이 발생할 수 있다. 중복방전의 원인으로는 피로와 노화를 들 수 있는데, 근육의 힘을 빠르게 증가시키는 능력과 꾸준히 수축하는 능력의 감소와 관련이 있으며, 훈련으로 증가시킬 수 있는 특징이 있다.

6) 근육부위별 기능

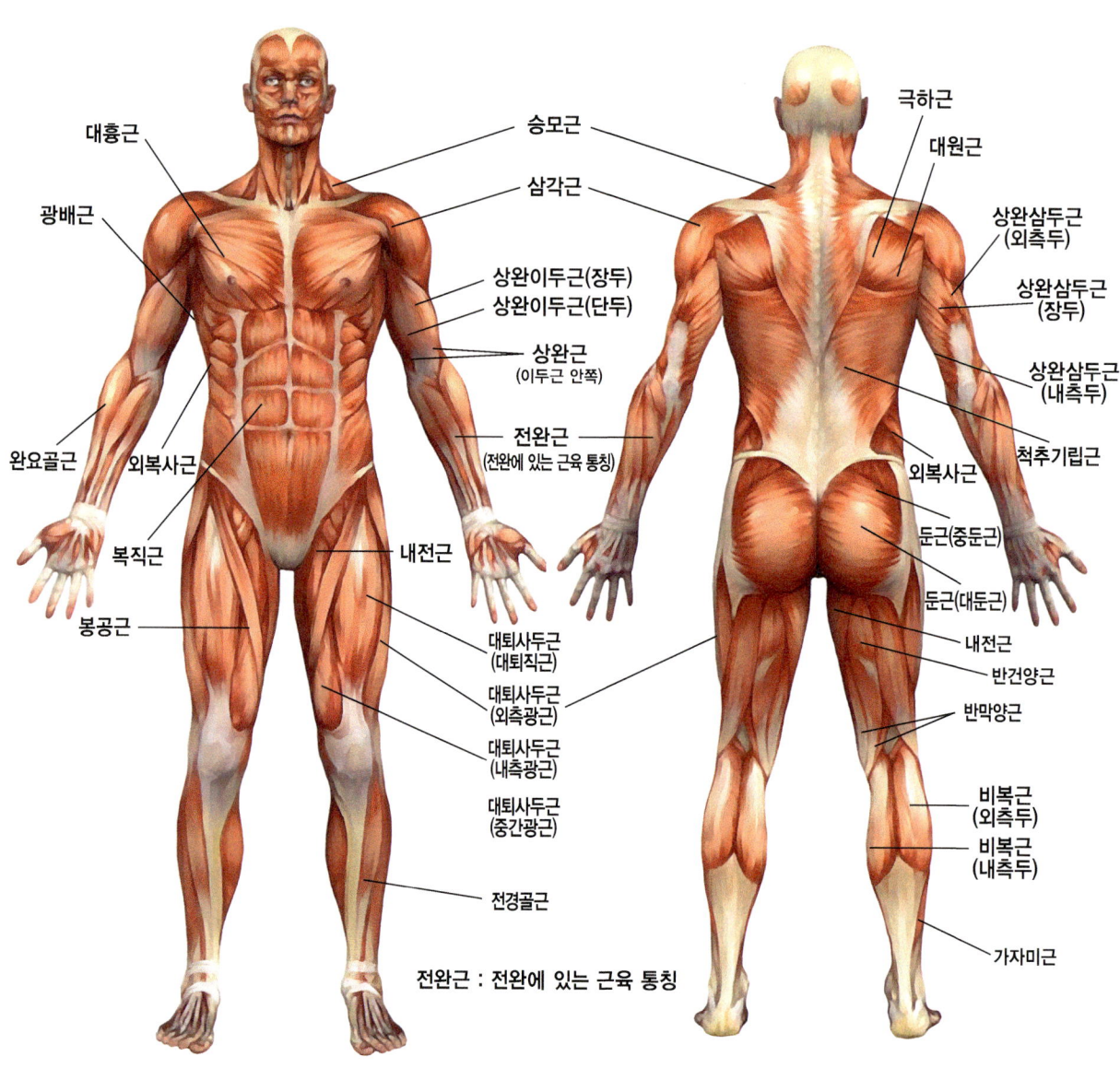

그림 16. 표면근육

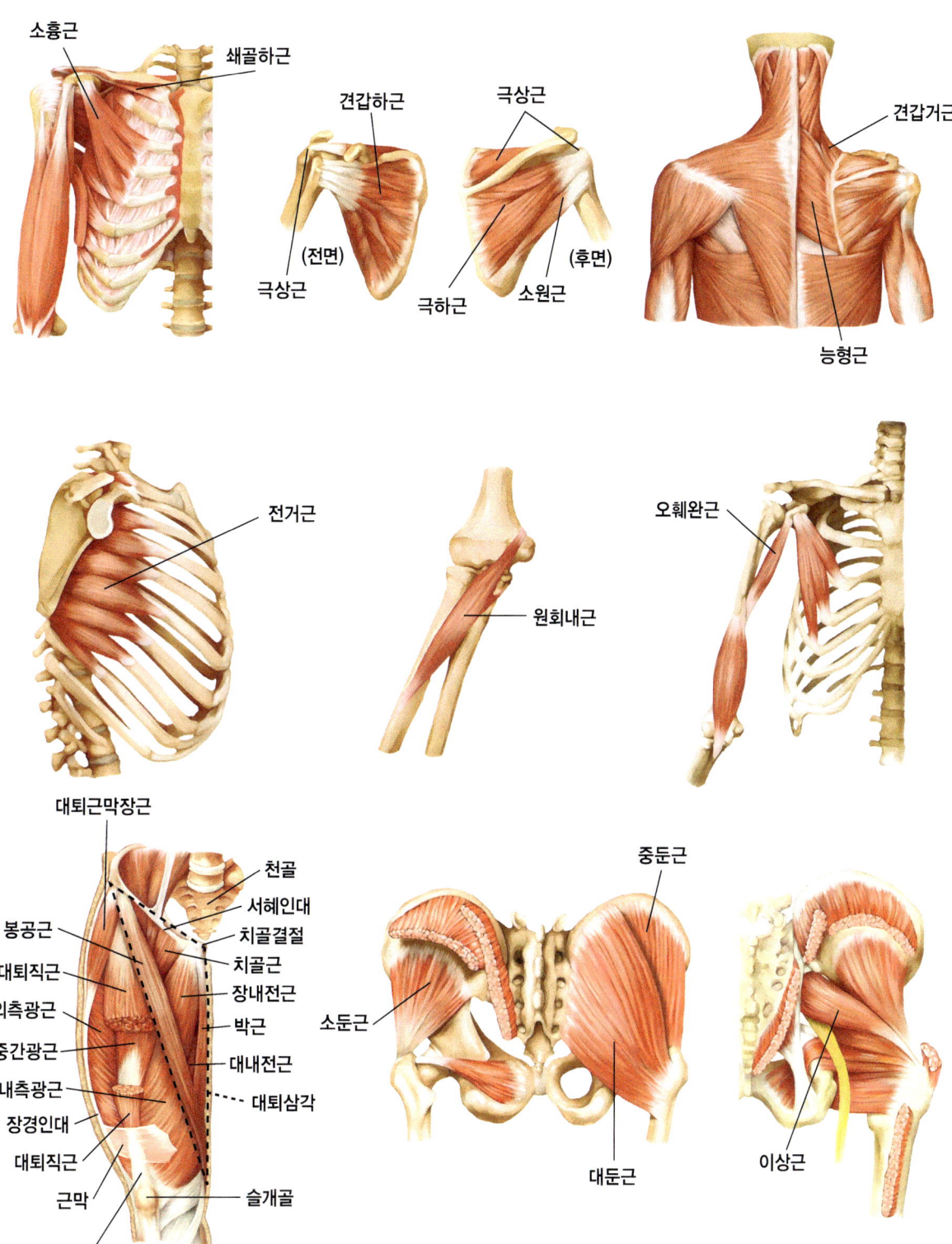

표 3. 상체근육의 부위별 기능

부 위	근 육	기 능
흉부/가슴	대흉근/큰가슴근	상완 굴곡, 신전, 내전, 내회전
	소흉근/작은가슴근	견갑골 하강, 하방회전
	쇄골하근/빗장밑근	쇄골 하강
	전거근/앞톱니근	견갑골 전인, 상방회전
배부/등	승모근/등세모근	견갑골 거상, 후인, 내전, 하강
	광배근/넓은등근	상완 신전, 내전, 내회전
	능형근/마름근	견갑골 후인, 하방회전
	견갑거근/어깨올림근	견갑골 거상, 하방회전
견부/어깨	삼각근/어깨세모근	견갑골 굴곡, 내회전 상완 신전, 외전, 외회전
	견갑하근/어깨밑근	상완 내전, 내회전
	대원근/큰원근	견갑골 신전 상완 내전, 내회전
	소원근/작은원근	상완 외회전
	극상근/가시위근	견갑골 외전 상완 외전
	극하근/가시아래근	상완 외회전
상완/위팔	상완근/위팔근	주관절 굴곡
	상완이두근/위팔두갈래근	주관절 굴곡 전완 회외
	상완삼두근/위팔세갈래근	주관절 신전 견갑골 신전, 내전
	오훼완근/부리위팔근	상완 굴곡, 내전
전완/아래팔	원회내근/원엎침근	전완 회내 주관절 굴곡
	완요골근/위팔노근	주관절 굴곡

표 4. 하체근육의 부위별 기능

부 위	근 육	기 능
둔부/엉덩이	대둔근/큰볼기근	고관절 신전, 외전, 내전, 외회전
	중둔근/중간볼기근	고관절 굴곡, 외전, 내회전, 외회전
	소둔근/작은볼기근	고관절 굴곡, 외전, 내회전
	이상근/궁둥이상근	고관절 외회전
	치골근/두덩근	고관절 굴곡, 내전, 내회전
대퇴/넓적다리앞쪽	대퇴직근/넙다리곧은근	고관절 굴곡 슬관절 신전
	대퇴근막장근/넙다리근막긴장근	고관절 굴곡, 외전, 내회전 슬관절 신전
	외측광근/가쪽넓은근	슬관절 신전
	중간광근/중간넓은근	슬관절 신전
	내측광근/안쪽넓은근	슬관절 신전
대퇴/넓적다리안쪽	박근/두덩정강근	고관절 내전 슬관절 굴곡, 내회전
	대내전근/큰모음근	고관절 내전
	장내전근/긴모음근	고관절 굴곡, 내전, 내회전
	단내전근/짧은모음근	고관절 굴곡, 내전, 내회전
대퇴/넓적다리뒤쪽	대퇴이두근/넙다리두갈래근	고관절 신전, 외회전 슬관절 굴곡, 내회전
	반건양근/반힘줄모양근	고관절 신전 슬관절 굴곡, 내회전
	반막양근/반막모양근	고관절 신전 슬관절 굴곡, 내회전
하퇴/종아리	전경골근/앞정강근	족관절 배측굴곡, 내번
	비복근/장딴지근	슬관절 굴곡 족관절 저측굴곡
	비근/가자미근	족관절 저측굴곡

7) 근육의 길이-장력 관계

근육이 내는 힘의 크기는 수축이 일어날 때 근육의 길이와 관계가 있다. 예를 들어, 상완이두근의 수축을 이용해 팔꿈치 관절을 굴곡 하는 동작을 수행한다고 할 때 발휘되는 최대 힘은 팔꿈치 관절 각도가 약 100°~115° 사이에서 나타난다는 것을 확인할 수 있다. 이는 근육섬유 자체의 길이에 따른 차이뿐만 아니라 관절의 구조적 특성에 의한 모멘트암의 차이에 기인하기도 한다. 이러한 이유로 근육이 내는 힘을 측정할 때는 관절의 각도 기준을 미리 정하는 것이 필요하다. 팔꿈치 관절의 각도별 근력의 비율을 살펴보면 다음과 같다.

$$180° : 71\%$$
$$140° : 95\%$$
$$120° : 98\%$$
$$100° : 100\%$$
$$60° : 67\%$$

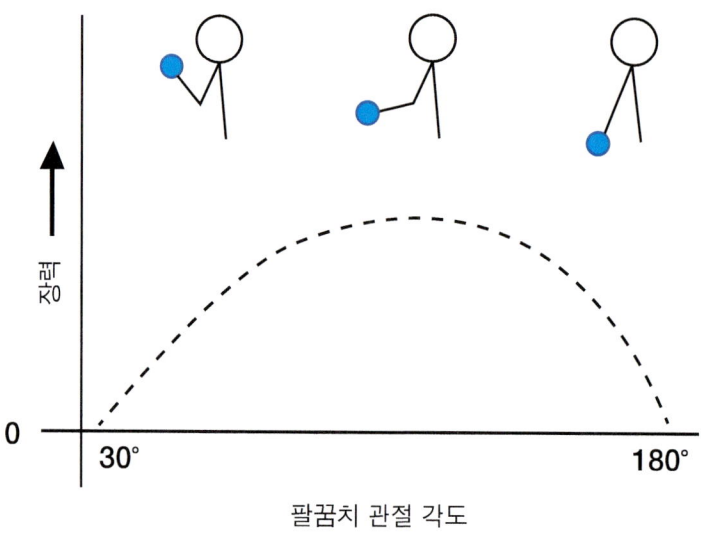

그림 17. 팔꿈치 각도에 따른 장력

이는 육상 단거리 스타트동작 또는 태권도 고난도 차기를 위한 도약 시 엉덩관절, 무릎관절, 발목관절에서 폭발적인 근력을 발휘하기 위한 최적의 각도가 있음을 보여준다.

8) 근육의 힘- 속도 관계

근육이 수축하는 속도가 빠를수록 근육은 작은 장력을 발휘하게 된다. 반면 수축하는 속도가 느려지면 장력은 점점 커지고 단축성수축을 할 때보다 등척성 수축, 신장성수축으로 돌아서면서 더욱 큰 장력을 발휘하게 된다. 근육의 수축 속도와 장력의 관계를 그래프로 나타내면 아래와 같다.

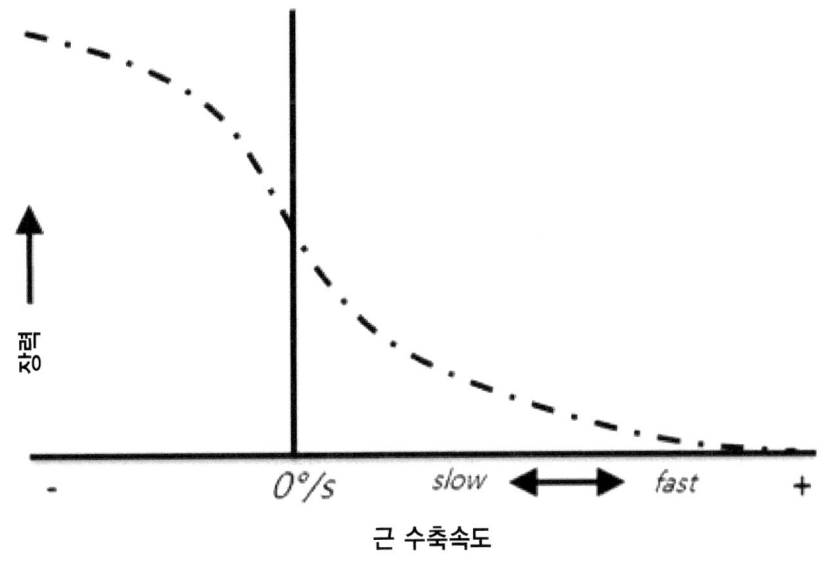

그림 18. 근수축 속도와 장력

3. 인체의 분절

인체의 분절(segment)은 골격과 골격근으로 이루어진 하나의 활동단위로서 운동역학에서는 분석의 편의를 위해 머리, 몸통, 상완, 전완, 손, 대퇴, 하퇴, 발 등으로 구분한다. 인체 운동은 분절들의 움직임으로 구성되기 때문에 분절들의 길이와 무게, 중심점, 관성모멘트 등을 파악하는 것이 중요하다.

상체의 분절로는 머리(head, 두), 몸통(trunk, 체간), 위팔(upper arm, 상완), 아래팔(forearm, 전완), 손(hand, 수)이 있고 하체의 분절로는 넓적다리(thigh, 대퇴), 종아리(lower leg, 하퇴), 발(foot, 족)이 있어 총 14개 분절로 구성된다. 한편 Zatsiorsky(1983)는 몸통(trunk, 체간)을 다시 가슴, 복부, 엉덩이의 3개의 분절로 구분하여 인체의 분절을 총 16개로 분류하였다.

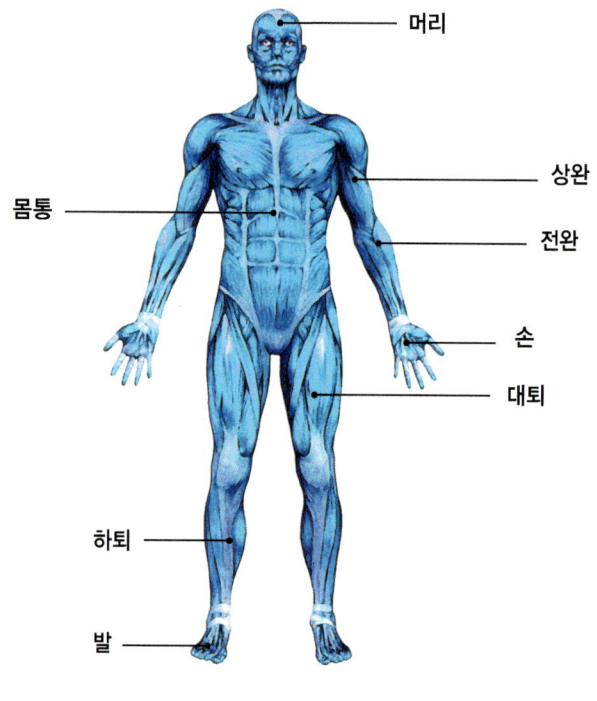

그림 19. 인체의 분절

분절들의 연결부위인 관절(joint)은 척추(vertebra), 어깨관절(shoulder joint, 견관절), 팔꿈치관절(elbow joint, 주관절), 손목관절(wrist joint, 수관절), 엉덩관절(hip joint, 고관절), 무릎관절(knee joint, 슬관절), 발목관절(ankle joint, 족관절)이 있다.

4. 동작 표현의 용어

인체의 부위나 움직임을 표현하는 것에 따라 모든 사람이 공통으로 이해하고 기술할 수 있기 위해 만들어진 것이 해부학적 용어이다. 운동역학을 공부하고 연구하기 위해서는 우선 인체의 해부학 용어를 알고 이해하는 것이 필수적이다.

1) 해부학적 자세

양발을 모아 똑바로 서서 양팔은 몸에 붙이고 손바닥과 시선이 정면을 향한 자세를 해부학적 자세(anatomical position)라고 한다. 해부학적 자세는 인체의 상대적 위치관계를 표현, 설명하기 위해 기준이 되는 표준자세이다.

그림 20. 해부학적 자세

2) 몸의 면과 축 용어

인체의 운동은 평면이 아닌 3차원 공간상에서 입체적으로 움직인다. 따라서 인체의 움직임은 세 개의 운동면(plane)과 세 개의 축(axis)으로 설명될 수 있다.

일반적으로 인체의 면은 시상면 또는 전후면(sagittal plane), 관상면 또는 좌우면(frontal plane), 횡단면 또는 수평면(transverse or horizontal plane)의 3개의 면으로 분류된다.

① 시상면(sagittal plane) 또는 정중면(median plane) : 인체를 좌우로 나눈 면으로, 정중면은 좌우대칭이 같은 때의 면을 말한다.
② 관상면(coronal plane) 또는 전두면(frontal plane) : 인체를 전후로 나눈 면
③ 수평면(horizontal plane) 또는 횡단면(transverse plane) : 인체를 상하로 나눈 면

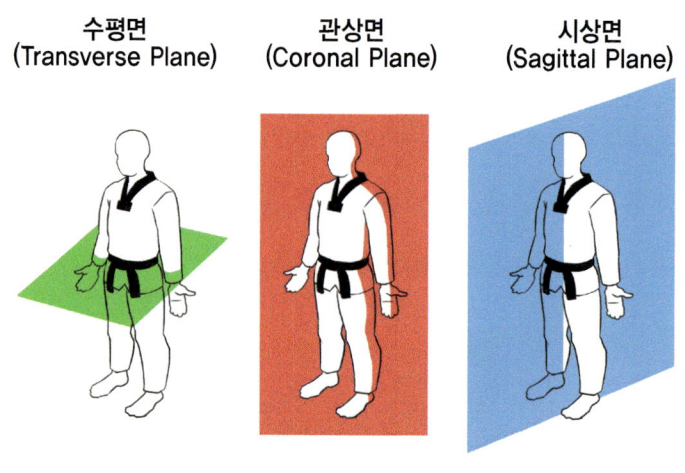

그림 21. 인체의 면

면에 있어 1차면은 인체의 중심선을 통과하는 면(Primary plane)을 말하며, 2차면은 인체의 중심을 통하지 않지만 1차면과 평행한 면(Secondary plane)을 말한다. 3개의 1차면은 인체의 무게중심을 서로 직교하며 통과한다. 또한, 인체는 3개의 운동면 중 두 개의 운동면이 서로 수직으로 교차하면서 한 개의 직선을 형성하는데 이것을

축(Axis)이라고 한다

④ 좌우축(transverse axis, X축) : 좌우수평축으로 인체를 좌우로 통과하며 시상면을 수직으로 관통하는 축

⑤ 전후축(anteroposterior axis, Z축) : 전후수평축으로 인체를 전후로 통과하며 관상면을 수직으로 관통하는 축

⑥ 수직축(longitudinal axis, Y축) : 시상면과 관상면이 직교하여 형성된 축으로 인체를 상하로 통과하며 수평면을 수직으로 관통한다.

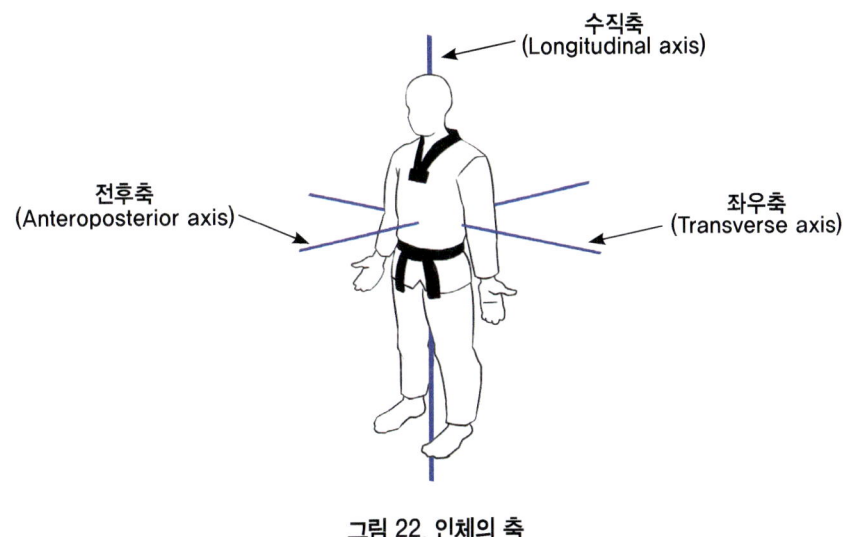

그림 22. 인체의 축

3) 몸의 위치와 방향 용어

신체 부위의 위치나 운동 방향을 표현하기 위해서는 방향 용어가 필요하며, 방향 용어는 신체 부위 간에 상대적인 위치를 나타내는 것으로 인체나 신체분절의 자세에 따라 위치 관계가 변한다는 사실에 유의해야 한다.

기본적인 방향 용어에는 상(superior)/하(inferior), 전(anterior)/후(posterior),

내측(medial)/외측(lateral), 근위(proximal)/원위(distal), 천부(superficial)/심부(deep)등이 있다.

① 상위(superior)/하위(inferior) : 머리를 향해 가까이 있는 것을 상위, 발을 향해 가까이 있는 것을 하위라고 한다.

② 전위(anterior)/후위(posterior) : 신체의 앞 방향(배 쪽)을 전위, 뒤 방향(등 쪽)을 후위라고 한다.

③ 내측(medial)/외측(lateral) : 신체 중심선으로부터 가까운 쪽을 내측, 먼 쪽을 외측이라고 한다.

④ 근위(proximal)/원위(distal) : 몸통이나 부착점에 가까운 쪽을 근위, 먼 쪽을 원위라고 한다.

⑤ 천부(superficial)/심부(deep) : 표면에 가까이 위치한 부위를 천부, 표면으로부터 깊은 곳에 있는 부위를 심부라고 한다.

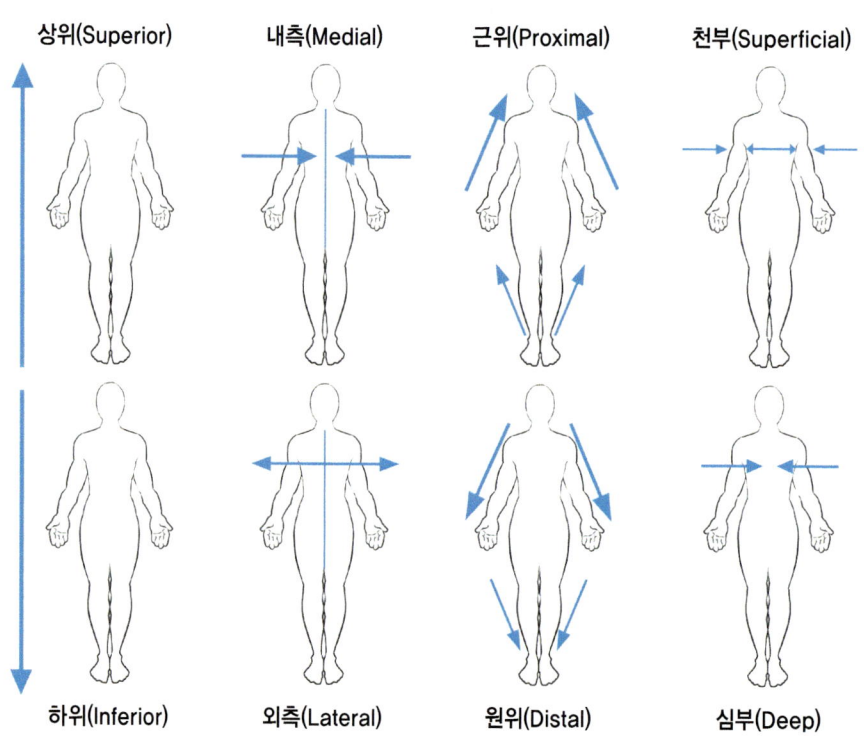

그림 23. 몸의 위치와 방향 용어

4) 몸의 면에 따른 움직임 용어

(1) 시상면 운동

시상면(sagittal plane)은 똑바로 서 있는 인체를 좌우의 두 부분으로 나누는 수직면이다. 여기에서 일어나는 운동은 다음과 같다.

① 굽히기(굴곡, flexion) : 관절을 형성하는 두 분절 사이의 각이 감소할 때 발생하는 굽힘 운동을 말한다.
② 펴기(신전, extension) : 굴곡의 반대운동으로 두 분절 사이의 각이 증가할 때 발생하는 운동을 말한다.
③ 젖히기(과신전, hyperextension) : 해부학적 자세 이상으로 과도하게 신전 되는 동작(예 : 등배운동에서 상체를 뒤로 젖히는 운동)을 말한다.

또한, 발에서만 작용하는 특수용어로는,

④ 발등 들기(배측굴곡, dorsiflexion) : 발목관절 주위에서 발등이 정강이(shank)에 가까워지는 동작을 말한다.
⑤ 발등 젖히기(저측굴곡, plantar flexion) : 발바닥이 정강이로부터 멀어지는 동작을 말한다.

시상면에서 일어나는 태권도 동작의 예로는 앞차기, 내려차기 동작에서 고관절과 슬관절의 움직임을 들 수 있다.

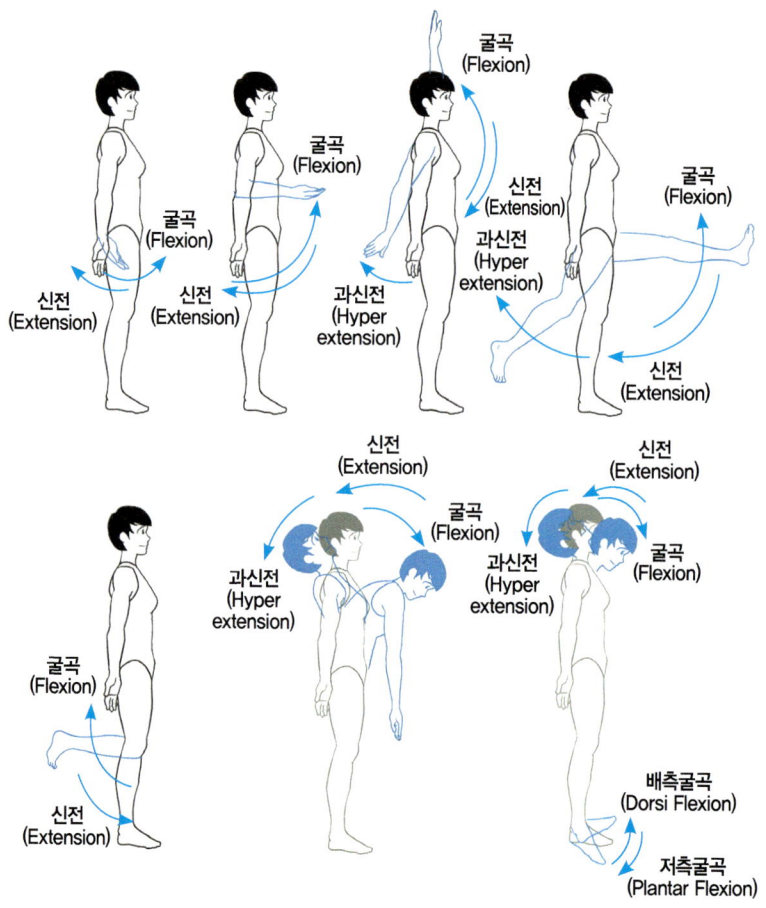

그림 24. 전후면상에서 운동

(2) 관상면상에서 운동

관상면(coronal plane)은 똑바로 서 있는 인체를 전후 두 부분으로 나누는 수직면이다. 여기에서 일어나는 운동은 다음과 같다.

① 벌리기(외전, abduction) : 중심선으로부터 인체 분절이 멀어지는 운동

② 모으기(내전, adduction) : 인체 분절이 중심선에 가까워지는 운동

③ 외측굴곡(lateral flexion) : 척추가 관상면 상에서 측면으로 휘어지는 동작

④ 거상(elevation) : 견갑대를 위로 들어 올리는 운동

⑤ 하강(depression) : 견갑대를 아래로 내리는 운동

⑥ 내번(inversion) : 발의 장축을 축으로 발바닥을 내측으로 드는 동작

⑦ 외번(eversion) : 발의 장축을 축으로 발바닥을 외측으로 드는 동작

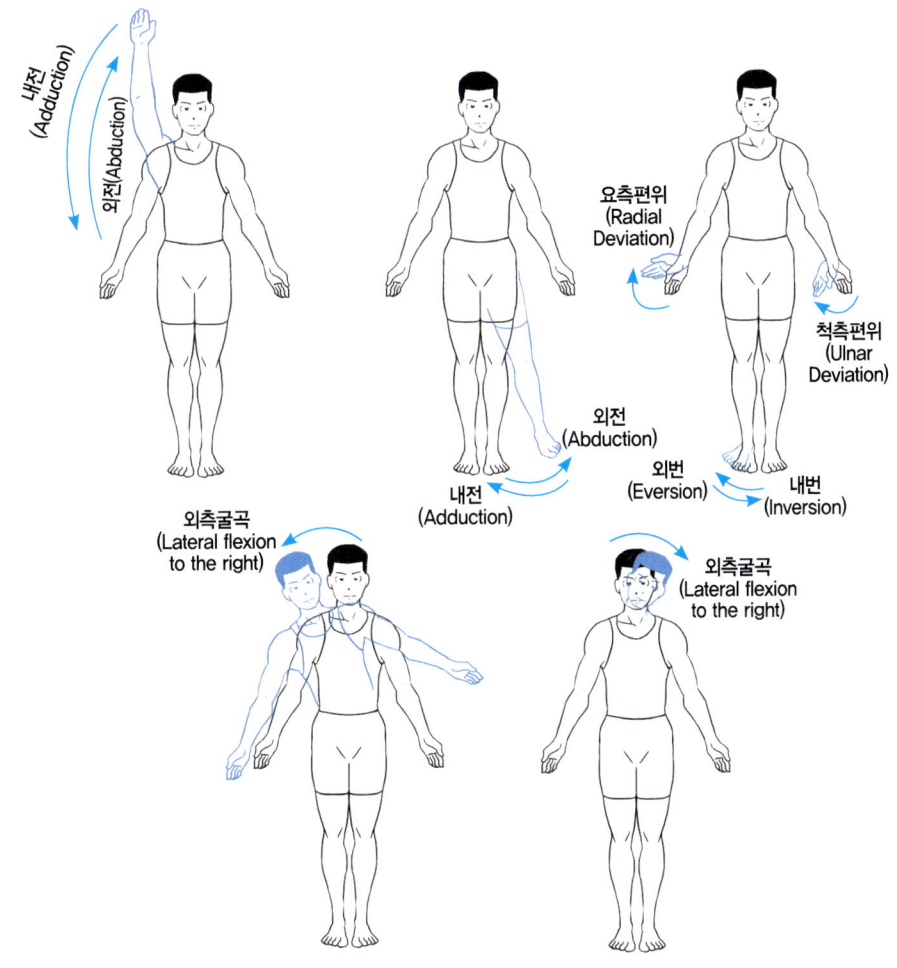

그림 25. 관상면상에서 운동

관상면에서 일어나는 태권도 동작의 예로는 옆차기 동작에서의 고관절의 외전과 발목의 내번, 주춤서 옆지르기 동작 시 어깨관절의 외전 등을 들 수 있다.

(3) 수평면상에서 운동

수평면(horizontal plane, transverse plane)은 똑바로 서 있는 인체를 상하 두 부분으로 나누는 면을 말한다.

① 회전(rotation) : 인체 분절의 장축을 중심으로 분절 내의 모든 점이 동일한 각거리로 이동하는 운동(여러 개의 분절이 가담)
② 내선(medial rotation) : 몸의 중심선으로의 회전
③ 외선(lateral rotation) : 몸의 중심선으로부터의 회전
④ 회내(pronation) : 손의 손등이 전방으로 회전하는 동작
⑤ 회외(supination) : 회내의 반대 동작으로 손의 손바닥을 전방으로 회전하는 동작

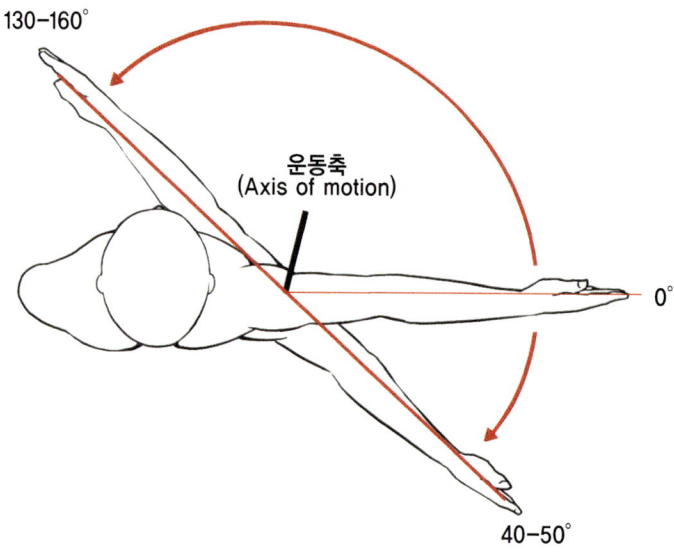

그림 26. 수평면상에서 운동

수평면상에서 일어나는 태권도 동작의 예로는 돌려차기 및 뒤후려차기 동작 또는 지르기 및 치기 동작에서의 몸통의 회전동작, 손날막기 동작에서의 어깨관절의

수평외전 동작 등을 들 수 있다.

(4) 복합면상에서 운동

① 회선(circumduction) : 회전의 특수한 형태로 인체분절의 운동궤적이 원뿔 모양을 형성하는 움직임

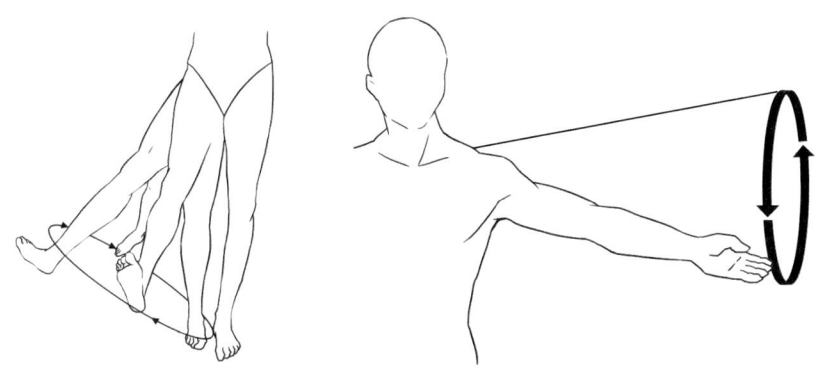

그림 27. 복합면상에서 운동

대부분의 태권도 동작들은 어느 하나의 면상에서만 일어나는 것이 아니라 대부분 복합면상에서 움직임이 일어나는 복잡한 동작들이라고 볼 수 있다. 그 예로 얼굴막기 동작은 수평면상의 몸통 회전과 시상면 및 관상면상의 어깨의 움직임을 포함하는 복잡한 동작이다.

5) 관절의 가동범위

관절 움직임의 범위를 가동범위(ROM : range of motion)라고 한다. 가동범위는 관절의 구조와 인대, 그리고 관절을 지나는 근육에 의해 제한을 받는다.

(1) 척추(몸통) : 굴곡, 신전, 외측굴곡, 회전

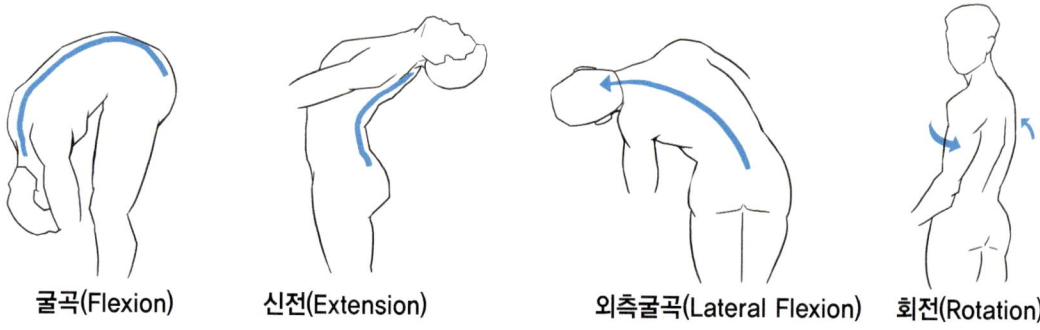

굴곡(Flexion)　　신전(Extension)　　외측굴곡(Lateral Flexion)　　회전(Rotation)

그림 28. 척추에서의 운동

(2) 견관절(어깨) : 굴곡, 신전, 내전, 외전, 거상, 하강, 바깥쪽 내선, 안쪽 내선, 회선

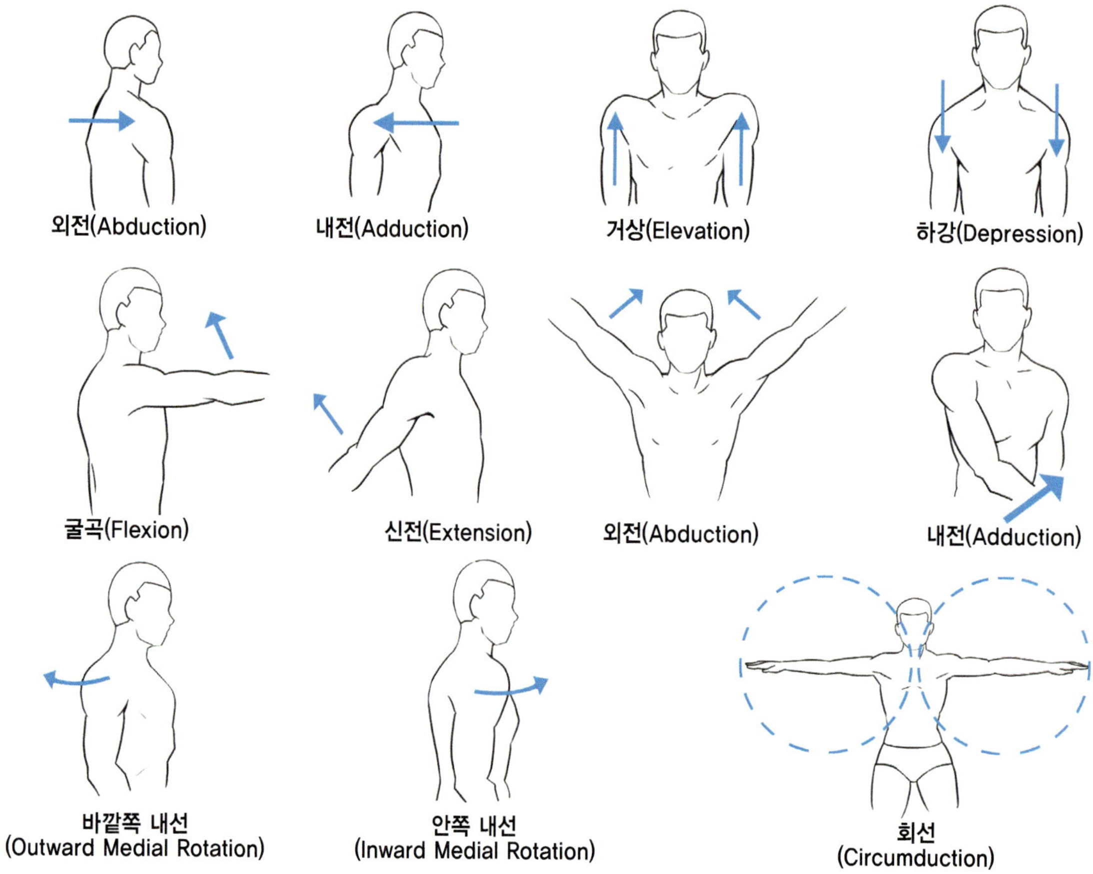

외전(Abduction)　　내전(Adduction)　　거상(Elevation)　　하강(Depression)

굴곡(Flexion)　　신전(Extension)　　외전(Abduction)　　내전(Adduction)

바깥쪽 내선
(Outward Medial Rotation)　　안쪽 내선
(Inward Medial Rotation)　　회선
(Circumduction)

그림 29. 어깨관절에서의 운동

(3) 주관절(팔꿈치) : 굴곡, 신전, 회내, 회외

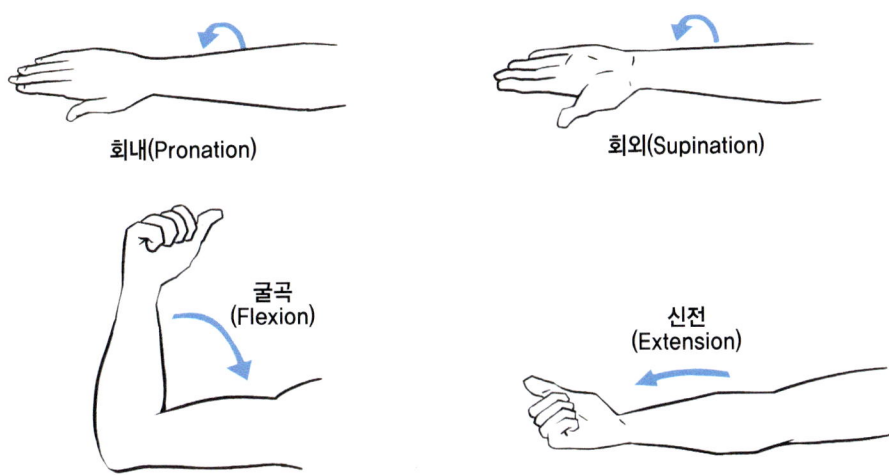

그림 30. 팔꿈치관절에서의 운동

(4) 수관절(손목) : 굴곡, 신전, 내전, 외전, 회선

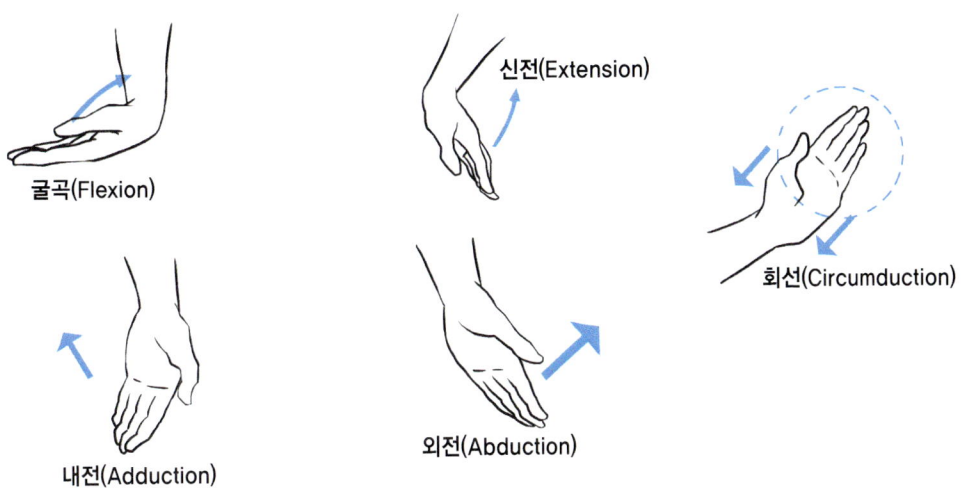

그림 31. 손목관절에서의 운동

(5) 고관절(엉덩이) : 굴곡, 신전, 내전, 외전, 내선, 외선

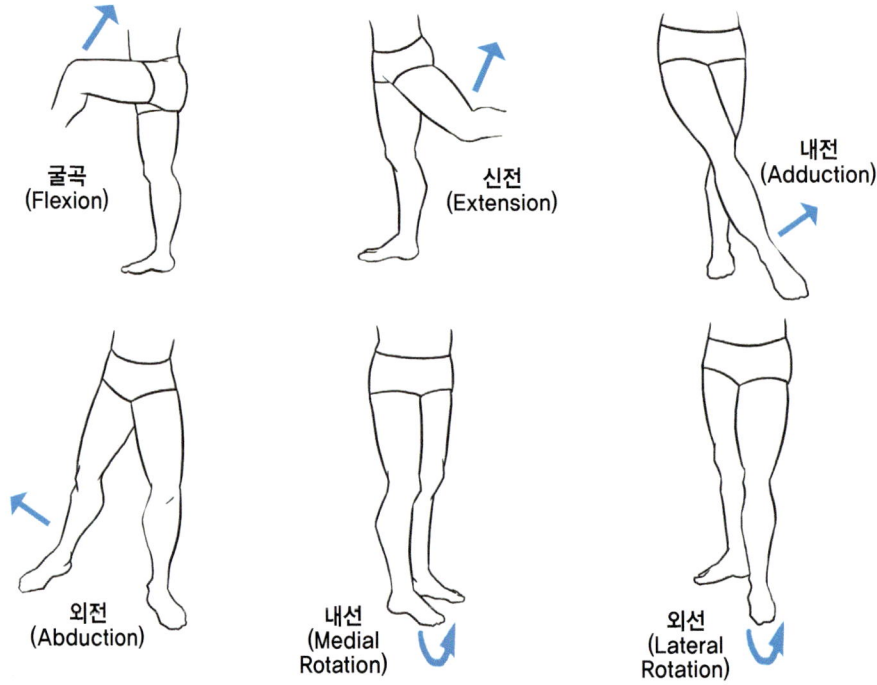

그림 32. 엉덩관절에서의 운동

(6) 슬관절(무릎) : 굴곡, 신전

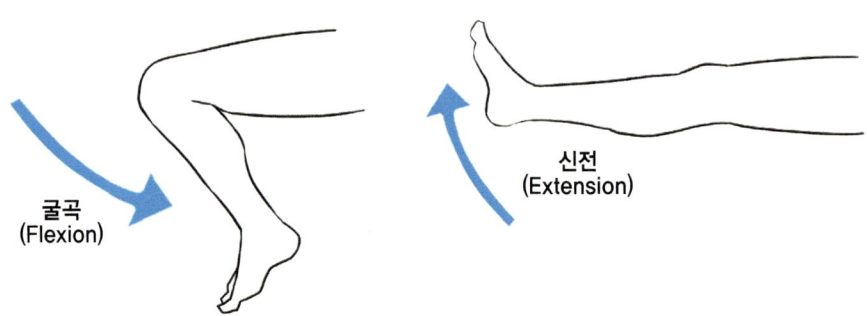

그림 33. 무릎관절에서의 운동

(7) 족관절(발목) : 배측굴곡, 저측굴곡, 내번, 외번

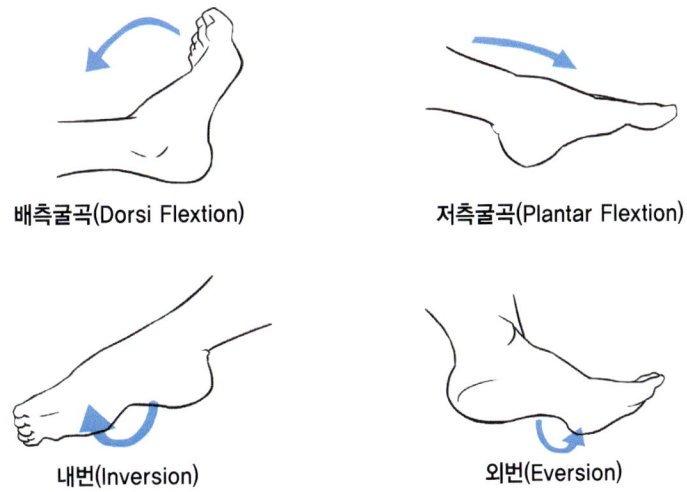

그림 34. 발목관절에서의 운동

태권도 생체역학
THE BIOMECHANICS OF TAEKWONDO

A

Delayed
Depolarization

B

Double
Discharge

운동학

1. 기본 물리량

2. 운동 단위계

3. 운동의 형태

III. 운동학

1. 기본 물리량

인체가 실시한 운동의 물리량을 정량적으로 측정하기 위해서 알아야 할 기본 물리량으로는 질량(mass), 거리(shifting distance), 시간(time) 그리고 힘(force) 등이 있다.

1) 질량

질량이란 장소나 상태와 관계없이 일정한 물체 고유의 양으로, 일반적인 단위는 킬로그램(kg)이다. 모든 물체는 외력이 작용하지 않는 한, 현재의 운동상태(또는 정지상태)를 계속 유지하려는 성질, 즉 운동상태의 변화에 저항하는 성질이 있다. 이것을 관성이라고 하며 이는 질량에 직접 비례하므로 질량이 클수록 관성이 크다. 태권도 경기의 체급 차이는 이러한 질량의 차이에 따른 구분으로 볼 수 있다. 중량급의 선수는 질량이 크기 때문에 같은 속도로 움직일 때 더 큰 운동량을 갖게 되는 장점이 있지만, 그만큼 몸을 가속하는 데는 더 큰 힘이 필요하므로 민첩한 움직임이 어려워지는 것을 볼 수 있다.

2) 거리

거리란 공간상에서 물체가 이동한 궤적의 길이를 말한다. 선(병진)운동에서는 선거리, 각(회전)운동에서는 각거리를 의미하며 측정단위는 선거리의 경우 미터(m)를, 각거리의 경우 도(°) 또는 라디안(rad)을 기본으로 사용한다. 일반적으로 선거리 또는 각거리를 측정하는 도구는 자 또는 각도기지만, 인체운동에서의 선거리와 각거리는 자나 각도기 등의 도구로는 직접 측정하기 어려워서 영상기법을 통해 측정한다. 거리와 관련해서는 운동의 형태 단원에서 자세히 다루도록 한다.

3) 시간

시간이란 시각과 시각 사이의 간격으로 초(sec)를 기본단위로 사용한다. 물체가 움직이는데 소요된 시간을 측정하기 위해 스톱워치(stopwatch)를 이용할 수 있지만, 측정결과의 정확성이 떨어진다. 그러므로 인체운동의 영상분석에는 카메라의 프레임 수를 계산하여 측정하는 경우가 많다. 예를 들어, 일반적으로 사용하는 초당 30프레임의 카메라로 태권도 돌려차기 동작을 수행하는 모습을 촬영했을 경우, 차는 발이 지면에서 떨어져 타격부위에 접촉하는 순간까지 프레임 수가 총 15프레임이라고 가정해보자. 그렇다면 돌려차기 동작 수행의 소요시간은 (1/30)×15=0.5초로 계산할 수 있다.

4) 힘

힘이란 물체의 운동상태나 모양을 변화시키는 작용 또는 한 물체가 다른 물체에 미치는 효과라고 정의할 수 있다. 힘에는 크기, 방향, 작용점의 3개 요소가 있으며 이

요소들을 물체에 어떻게 작용하느냐에 따라 물체의 운동상태가 다양하게 변한다. 정지해있는 물체에 힘을 가하면 움직이게 되며, 움직이는 물체에 힘을 가하면 더 빨라지거나 느려지거나 정지한다. 고무줄이나 용수철과 같이 탄성이 있는 물체에 힘을 가하면 늘어나거나 줄어들며 모양이 변형된다.

일반적으로 힘의 종류에는 인장력(tension, 물체를 늘어뜨리는 힘), 압축력(compression, 물체를 찌그러뜨리는 힘), 전단력(shear, 물체에 가하는 힘의 작용점이 동일선상에 있지 않아 물체 일부분이 다른 부분에 대해 상대적으로 미끄러지게 하는 힘)으로 구분할 수 있다.

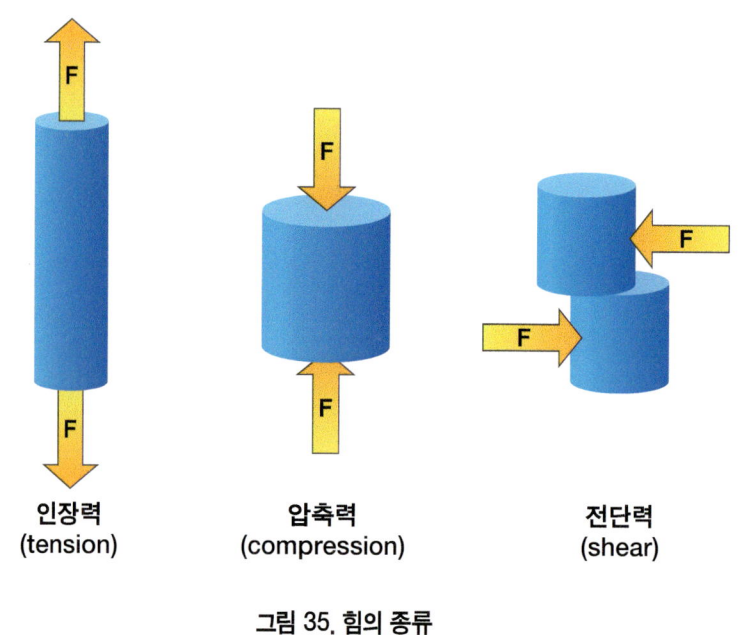

그림 35. 힘의 종류

이러한 힘의 작용으로 물체의 운동상태 변화 또는 모양의 변형이 일어나며, 그 정도는 힘의 크기에 비례한다. 타격한 샌드백이 밀려나는 것, 격파 시 송판이 깨어지는 것 역시 기술을 통해 물체에 힘을 가했기 때문에 일어나는 현상이다.

(1) 근력

근력은 근수축 원리(II장 '해부기능학적 기초'에서 자세히 다룸)에 의해 발생하는 힘을 말한다. 근력은 인체의 내부에서 작용하는 내력으로 그 자체로서는 신체의 이동이나 움직임을 유발할 수는 없지만, 근력을 이용해 지면을 딛고 밀면서 신체의 이동을 유발할 수 있다. 태권도선수가 차기 동작을 수행할 때 다리의 근력을 이용하지만, 발이 닿아있는 지면은 반대로 발을 밀어냄으로써 신체를 전진시키며 효과적인 차기 동작을 가능하도록 한다.

(2) 중력

중력은 일상생활 속에서 대표적인 외력으로 작용하는 힘으로, 질량을 가진 두 물체 사이에 작용하는 인력(잡아당기는 힘)을 말한다. 우리가 땅을 딛고 서 있을 수 있는 것, 지면을 박차고 뛰어올랐다가 다시 착지할 수 있는 것, 또 지면을 밀고 앞으로 나아갈 수 있는 것 등도 모두 중력이 있기에 가능한 것이다. 중력의 크기는 서로 잡아당기고 있는 두 물체의 질량의 곱에 비례하며, 두 물체 사이 거리의 제곱에 반비례한다. 즉 질량이 클수록 당기는 힘은 커지고 두 물체 사이의 거리가 멀어질수록 당기는 힘은 적어진다.

(3) 마찰력

한 물체의 표면이 다른 물체의 표면에 접촉한 상태로 상대적인 움직임을 하는 것을 마찰(friction)이라고 하며, 이때 두 물체 사이에 작용하는 힘을 마찰력(friction force)이라고 한다. 마찰력은 운동에 영향을 주며 물체의 운동방향에 정반대로 작용하는 힘이다. 그 때문에 대부분의 경우 마찰력은 운동에 방해되는 저항으로 생각하는 경우가 많지만, 일상생활에서는 오히려 마찰력을 통해 몸을 추진하고 이동할 수 있게 된다. 우리가 지면을 딛고 앞으로 이동할 수 있는 것도 발과 지면 사이의 마찰력에 의해 가능하게 된다. 마찰력은 지면에 가해지는 수직항력(물체의 표면이 서로 수직으로 눌리는 힘)에 물체의 재질이나 상태에 의해 정해지는 마찰계수의 곱으로 구할 수 있다. 스포츠에 적용된 마찰력의 예를 살펴보면 스피드스케이팅 선수의 경우 최대한 스케이트 날과 빙면의 마찰을 줄여서 속도를 크게 하려고 노력을 하지만, 육상선수의 경우 오히려 바닥과 신발 사이의 마찰력을 키우기 위해 스파이크를 신고 경기를 하게 된다. 태권도 선수의 경우 매트 바닥과 발 사이의 마찰력이 적절해야 좋은 경기력을 보일 수 있다. 마찰력이 너무 작으면 미끄러져서 큰 힘을 낼 수 없지만, 마찰력이 너무 크게 되면 지지발의 회전이 원활하지 못해 발목의 상해를 유발할 수 있다.

(4) 압력

압력(pressure)은 단위면적당 가해지는 힘을 말하며, 가해진 힘에 비례하고 힘이 가해지는 면적에 반비례한다. 즉 압력이 크다는 것은 작은 면적에 큰 힘이 작용하는 것이므로 인체에 가해지는 충격 또한 커지게 된다. 이는 똑같은 힘으로 누르더라도 손가락으로 누르는 것보다 바늘로 찌르는 것이 더 아픈 이유를 설명한다. 태권도 기술의 경우 편손끝, 한손끝 등은 손가락이라는 약하고 상해의 위험이 큰 부위를 사용하지만 큰 위력을 발휘할 수 있는 이유가 바로 그것이다. 압력의 원리는 태권도의 보호장비에도 적용된다. 태권도의 몸통보호구는 넓은 판 형태로 되어있어서 타격을 받았을 때 충격을 몸통 전체로 분산시킨다. 즉 받아내는 힘은 같지만 받아내는 면적을 넓게 함으로써 압력을 줄이는 효과를 통해 몸을 보호하는 것이다.

2. 운동 단위계

운동역학에서는 흔히 MKS 단위계(길이 m, 질량 kg, 시간 sec를 기본단위로 하는 단위계)가 사용되며 힘의 단위는 뉴턴(N)을 쓴다. 1N(1kg·m/s^2)은 질량 1kg의 물체에 작용하여 1m/s^{2}의 가속도를 일으키는 힘의 크기를 말한다.

표 5. 단위계

	MKS 단위계	CGS 단위계	FPS 단위계
길이(length)	m	cm	ft
질량(mass)	kg	g	slug
시간(time)	sec	sec	sec
힘(force)	N	dyne	lb

표 6. 측정단위

물리량	MKS단위계	단위
가속도(acceleration)	meter/second^2	m/s^2
각도(angle)	radian(degree)	rad(deg)
면적(area)	meter^2	m^2
밀도(density)	kilogram/meter^2	kg/m^2
에너지(energy)	joule	J
충격량(impulse)	newton·second	N·s
관성모멘트(moment of inertia)	kilogram·meter^2	kg·m^2
운동량(momentum)	kilogram·meter/second	kg·m/s
일(work)	joule	J
일률(power)	watt	W
압력(pressure)	pascal	Pa
저항력(resistance)	ohm	Ω
속력/속도(speed/velocity)	meter/second	m/s
회전력(torque)	newton·meter	N·m

3. 운동의 형태

물체가 시간의 경과에 따라 위치변화가 발생할 때 이를 운동이라 한다. 운동을 일으키는 원인은 힘이며, 내력(internal force)과 외력(external force)으로 구분할 수 있다.

일반적으로 운동의 형태는 선운동(직선, 곡선), 각운동, 선운동과 각운동이 동시에 일어나는 복합운동으로 분류할 수 있다.

1) 선(병진)운동

병진운동(translational motion)이란 물체나 신체의 모든 부분이 같은 거리, 방향, 시간으로 평행이동하는 운동을 말한다. 병진운동은 물체의 중심을 향해 힘이 작용할 때 발생하며, 운동의 형태에 따라 직선 병진운동과 곡선 병진운동으로 나눌 수 있다.

(1) 직선 병진운동

직선 병진운동은 물체의 모든 부분이 직선으로 나아가는 병진운동으로, 태권도 기술 중 연속적인 앞굽이 몸통지르기 동작에서 몸통의 움직임을 예로 들 수 있다.

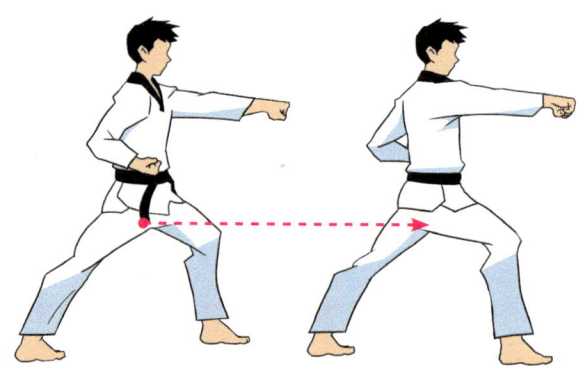

그림 36. 직선 병진운동

(2) 곡선 병진운동

곡선 병진운동은 물체의 모든 부분이 곡선을 그리며 움직이는 병진운동으로, 태권도에서 뛰어 앞차기 동작을 수행할 때 몸통의 움직임을 예로 들 수 있다.

그림 37. 곡선 병진운동

뛰어 앞차기 동작 수행 시 몸은 지면을 차는 힘을 이용해 전방으로 도약한 후 중력의 영향을 받아 곡선형태의 궤적을 그리며 움직이게 된다.

2) 선운동과 관련된 물리량

선운동과 관련된 물리량에는 위치를 나타내는 거리와 변위, 시간에 따른 위치의 변화를 나타내는 속력과 속도, 시간에 따른 속도의 변화를 나타내는 가속도 등이 있다.

(1) 거리와 변위

거리(distance)는 물체가 이동했을 때 시작점에서 끝점까지 지나간 경로의 총량(스칼라양)을 나타내는 것이고, 변위(displacement)는 경로와 무관하게 시작점과 끝점을 직선으로 나타내는 것(벡터양)으로 방향을 표시해야 한다. 거리는 항상 +값을 갖고, 변위는 그 방향에 따라 앞에 +/-부호가 붙는다.

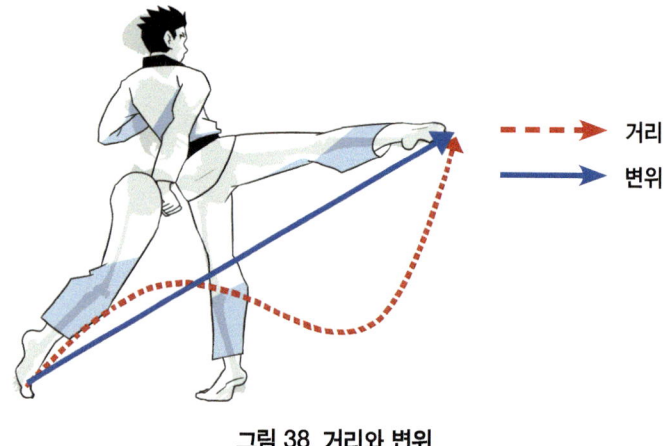

그림 38. 거리와 변위

태권도 돌려차기 동작에서 발끝이 이동한 경로의 총량은 거리로 나타낼 수 있으며, 발을 움직임이 시작된 지점에서 타격이 이루어져 끝나는 지점까지의 직선거리를 변위라고 한다. 일상생활에서는 편리한 거리개념을 사용하지만, 운동역학에서는 변위를 주로 사용한다.

(2) 속력과 속도

속력(speed)이란 물체가 이동하는 빠르기를 나타내는 것으로, 물체가 이동한 거리를 소요된 시간으로 나눈 값을 뜻한다.

속력 = 이동한 거리 / 소요된 시간

$$s = \frac{d}{\Delta t}$$

일반적으로 속력이라 함은 특별한 설명이 없는 한 평균속력을 말하는 것으로, 어느 특정 순간에 그러한 속력으로 이동한다는 것을 의미하는 것이 아니다.

속도(velocity)란 속력에 거리 대신 변위를 대입한 것으로 크기와 방향을 가지고 있으며, 변위를 소요된 시간으로 나누어 그 값을 구할 수 있다.

속도 = 변위 / 소요된 시간

$$v = \frac{\Delta d}{\Delta t}$$

운동역학에서는 속력보다 크기와 방향이 나타나는 속도를 주로 사용하게 되는데 그 이유는 운동의 순간동작의 경우 극히 짧은 시간 동안의 순간속도를 이용하면 속력과 방향을 정확하게 표현할 수 있기 때문이다.

(3) 가속도

물체의 속도가 변하지 않고 일정하면 등속도운동이라고 한다. 그러나 우리 주변에서 운동하는 대부분 물체는 속도가 변화한다. 이 경우 가속도(acceleration)를 가지고 있다고 하며, 가속도는 시간에 따라 물체의 속도가 변하는 정도를 나타낸다. 가속도는 속도의 변화량을 소요된 시간으로 나누어 값을 구한다.

가속도 = 속도의 변화량 / 소요된 시간

$$a = \frac{\Delta v}{\Delta t} = \frac{v_f - v_0}{\Delta t}$$

v_f 는 나중 속도이고 v_0 는 처음 속도이다. 이 공식을 통해 t 초 후의 속도를 구하고자 한다면 다음과 같이 계산하면 된다.

t초 후의 속도 = 가속도 × t + 처음속도

$$v_t = a \times t + v_0$$

가속도가 0이면 물체는 등속도운동을 하고 양(+)의 수일 경우 속도가 증가하고 음(-)의 수일 경우 속도가 감소한다.

3) 각(회전)운동

회전운동(rotational motion)이란 고정된 축을 중심으로 물체의 모든 점이 원을 그리며 움직이는 것을 말한다. 태권도 뒤후려차기 동작 시 몸의 움직임을 예로 들 수 있다.

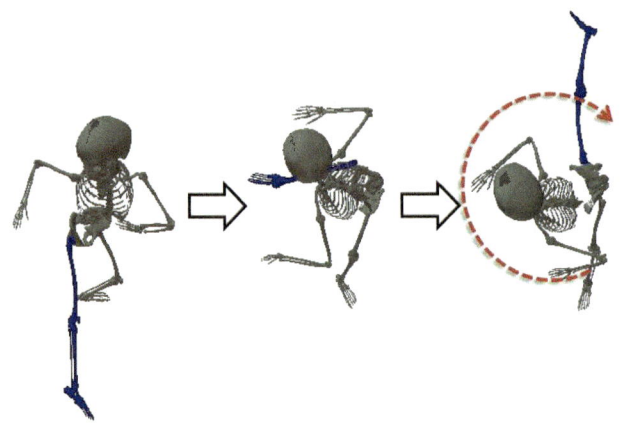

그림 39. 회전운동

뒤후려차기 동작 수행 시 인체의 몸통은 가상의 한 축을 기준으로 원을 그리며 회전운동을 하게 된다.

4) 각운동과 관련된 물리량

각운동과 관련된 물리량에는 각거리와 각변위, 각속력과 각속도, 각가속도 등이 있다. 각도의 단위는 레볼루션(revolution), 도(degree), 라디안(radian) 등을 사용한다.

1레볼루션은 1회전을 의미하며 360°이며, 'rev'로 표시하고, 1도는 '°' 또는 'deg'로 표시하며 1레볼루션을 360으로 나눈 값이다. 라디안은 호의 길이가 반지름의 길이와 같을 때의 중심각 크기이며, 'rad'로 표시하고, 1라디안은 약 57.3°이다.

$$1 \text{ rev} = 360° = 2\pi \text{rad}$$

(1) 각거리와 각변위

선운동의 거리와 변위개념과 유사하다. 각거리(angular distance)는 물체가 회전운동을 할 때 각도가 변하는 양을 측정하여 변화된 각도의 크기 총량을 나타내는 것이고, 각변위(angular displacement)는 회전운동에서 처음 위치와 마지막 위치의 각도 차이를 나타내는 것이다.

예를 들어, 시계추가 50°의 호를 그리며 진동한다면 한번에 50°만큼 각거리를 이동한 것이다. 각거리는 회전에 의한 각도 변화량을 모두 합한 값이기 때문에 이동했던 추가 원래 위치로 50°만큼 되돌아온다면 50°+50°로 총 100°의 각거리를 움직인 것이다.

그러나 위의 경우를 각변위의 개념으로 생각하면 처음 위치와 마지막 위치가 같기에 50°-50°로 각변위는 0°가 된다. 만약 앞차기 동작의 타격하는 다리의 무릎관절 내각이 90°에서 170°로 변한다면, 무릎에서의 각거리와 각변위는 80°이다. 만약 처음 90°의 위치로 무릎을 다시 접어들인다면, 전체 각 이동 거리는 160°(80°+80°)이지만 각변위는 0°이다. 왜냐하면, 관절의 마지막 위치가 처음 위치와 같기 때문이다.

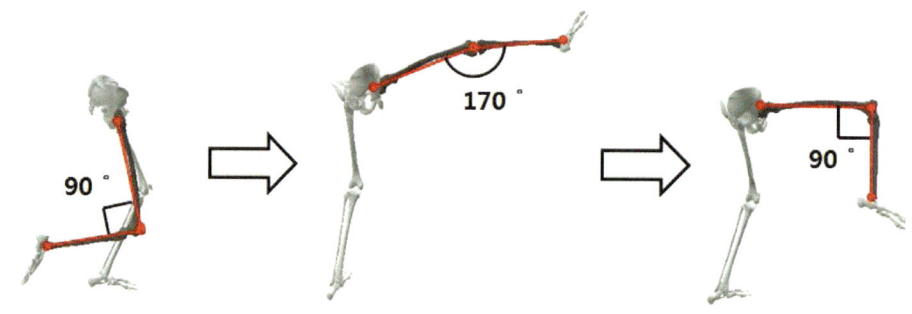

각거리 : 80° + 80° = 160°

각변위 : 80° - 80° = 0°

그림 40. 각거리와 각변위

선운동의 경우와 같이 각거리는 항상 양의 값을 가지고 각변위는 크기와 방향을 가지며 반시계방향과 시계방향으로 구분한다. 반시계방향을 양의 방향(+), 시계방향을 음의 방향(-)으로 나타낸다.

태권도 오른발 돌려차기와 뒤후려차기의 방향은 +와 -로 서로 반대이다. 인체의 움직임을 나타낼 때는 주로 굴곡/신전, 또는 내전/외전 등 관절의 움직임 용어를 사용하여 각변위의 방향을 나타낸다.

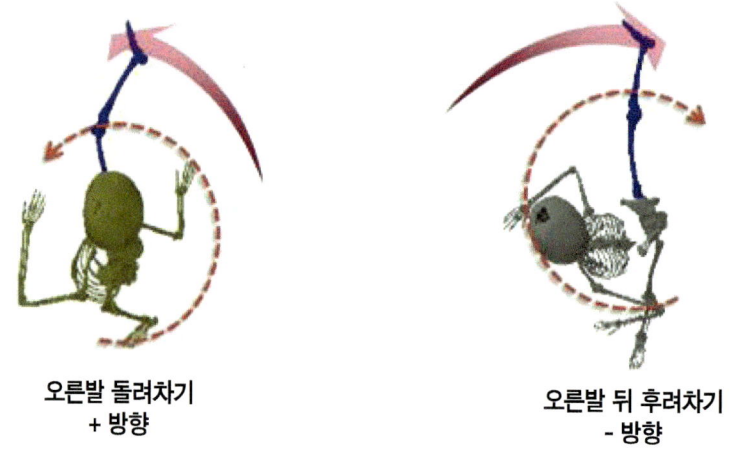

오른발 돌려차기
+ 방향

오른발 뒤 후려차기
- 방향

그림 41. 회전방향

(2) 각속력과 각속도

각속력(angular speed)은 속력과 마찬가지로 스칼라양이며 단위 시간 동안 회전한 각거리를 의미한다.

각속력 = 각거리 / 소요된 시간

$$\sigma = \frac{\varphi}{\Delta t}$$

시그마(σ)는 각속력을, 파이(φ)는 각거리를 나타내며, Δt는 소요된 시간을 나타낸다.

각속도(angular velocity)는 속도와 마찬가지로 벡터양이며 단위 시간 동안 움직인 각변위를 의미한다.

각속도 = 각변위 / 소요된 시간

$$\omega = \frac{\theta}{\Delta t}$$

오메가(ω)는 각속도를, 시타(θ)는 각변위를 나타내며, Δt는 소요된 시간을 나타낸다. 각속도는 각변위에 기초한 것이므로 회전이 일어나는 방향을 정의해야 한다.

각속력과 각속도의 단위는 각거리나 각변위를 소요된 시간 단위로 나누어주면 된다. deg/s(초당 도 변화량), rad/s(초당 라디안 변화량), rev/s(초당 회전수) 등이 있다. 흔히 알고 있는 rpm은 revolutions per minute로 rev/m(분당 회전수)이다.

(3) 각가속도

각가속도(angular acceleration)는 단위 시간 동안 각속도의 변화율로 각속도의 변화량을 소요된 시간으로 나누어 값을 구할 수 있다.

각가속도 = 각속도의 변화량 / 소요된 시간

$$\alpha = \frac{\Delta \omega}{\Delta t} = \frac{\omega_f - \omega_0}{\Delta t}$$

각속도의 변화량($\Delta \omega$)은 나중 위치의 각속도와 처음 위치의 각속도 간의 차이를 나타낸다.

각가속도는 선운동의 가속도의 개념과 마찬가지로 0, 양(+)의 수, 음(-)의 수로 나타난다. 각가속도가 0일 경우 각속도가 일정하고 양(+)의 수일 경우 각속도 값은 양(+)의 방향으로 증가하며 음(-)의 방향으로 감소한다. 각가속도가 음(-)의 수일 경우 각속도 값은 음(-)의 방향으로 증가하고 양(+)의 방향으로 감소한다.

각가속도의 단위는 각속도를 소요된 시간 단위로 나눈 것으로, 일반적으로 deg/s^2, rad/s^2, rev/s^2 등이 있다.

5) 복합운동

복합운동(composite motion)은 병진운동과 회전운동의 복합적인 형태를 가진 운동으로, 인체의 운동은 대부분 복합운동이다. 예를 들면, 자전거를 타는 경우 하지는 엉덩관절, 무릎관절, 발목관절에 의한 회전운동을 하면서 신체는 전방으로 나아가는 병진운동을 한다. 태권도의 돌려차기나 돌개차기의 경우에서도 신체는 회전운동을 함과 동시에 전방으로의 병진운동도 함께 나타나는 것을 볼 수 있다.

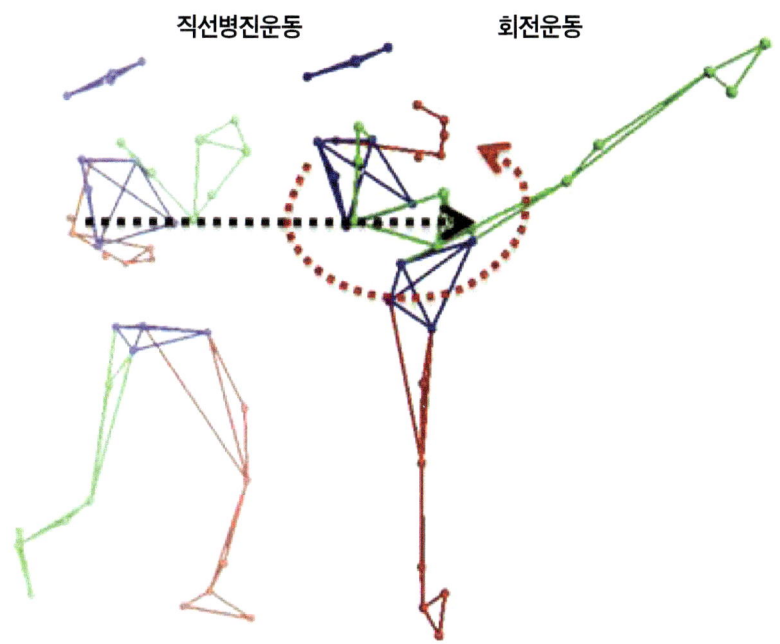

그림 42. 복합운동

태권도 생체역학
THE BIOMECHANICS OF TAEKWONDO

A

B

Delayed
Depolarization

Double
Discharge

운동역학

1. 뉴턴의 운동법칙

2. 벡터

3. 운동량

4. 충격량과 충격력

Ⅳ. 운동역학

1. 뉴턴의 운동법칙

1) 제1법칙 : 관성의 법칙

모든 물체는 외부로부터 힘이 작용하지 않는 한 자신의 현재 운동 상태를 그대로 유지하려는 성질이 있다. 이것을 관성이라고 하며 관성은 물체 질량의 크기에 비례한다. 관성의 법칙에 따르면 외부의 힘이 가해지지 않으면 정지해있는 물체는 계속 정지해있고, 이동하던 물체는 끝없이 등속도운동을 하며, 회전하던 물체는 끝없이 같은 방향으로 회전하게 된다. 예를 들어, 정지해있던 버스가 갑자기 출발하면 안에 타고 있던 승객들은 뒤로 쏠리게 되고, 달리던 버스가 갑자기 멈추면 승객들은 앞으로 쏠리게 되는 현상이 승객들에게 관성의 법칙이 적용되어 발생한 것이다.

관성의 법칙은 태권도 기술에서도 찾아볼 수 있다. 태권도 선수가 공중에 뛰어올라 뛰어옆차기로 상대를 가격할 수 있는 이유는 두 발 모두 지면에서 떨어져 있는 상태에서도 전방으로 운동하던 신체가 계속해서 운동 상태를 유지하려는 관성이 작용하기 때문이다.

중력을 제외한
외부 힘의 평형상태

그림 43. 뛰어옆차기의 관성

2) 제2법칙 : 가속도의 법칙

가속도의 법칙이란 물체에 힘이 가해지면 그 힘의 크기에 비례하고 물체의 질량에 반비례하는 가속도를 유발하는 것을 말한다.

태권도 수련 중 샌드백을 발로 가격하면 샌드백이 흔들리게 된다. 샌드백에 힘을 가함으로써 샌드백의 운동 상태가 변화한 것이다. 샌드백에 가해진 힘은 샌드백의 질량과 가속도를 곱한 것이다. 이것을 공식으로 나타내면 다음과 같다.

$$F = ma$$

(F=힘, m=질량, a=가속도)

가속도의 법칙은 다음 그림과 같이 샌드백을 발로 차는 경우 가해지는 힘의 방향으로 힘의 크기에 비례하고 질량에 반비례하는 가속도가 생긴다.

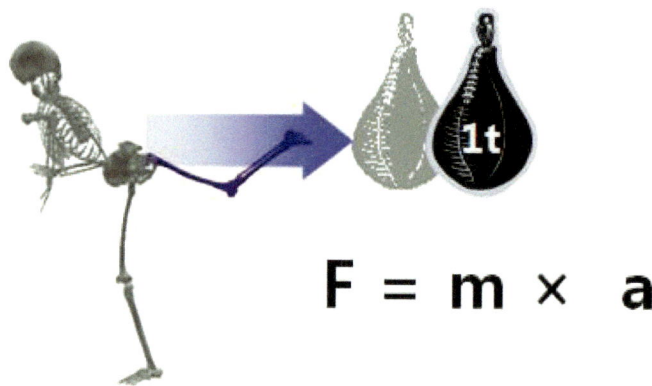

그림 44. 가속도의 법칙(1)

물체의 질량이 일정하다고 가정할 때 발로 차는 힘을 2배로 하면 물체의 가속도는 힘에 비례하여 2배가 된다.

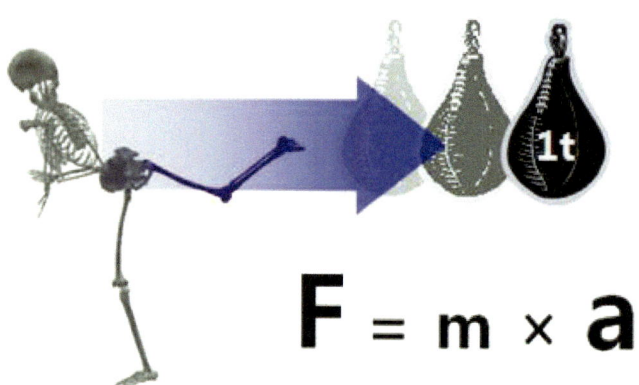

그림 45. 가속도의 법칙(2)

물체에 가해진 힘이 일정할 경우, 물체의 질량이 2배가 되면 가속도는 1/2배가 된다.

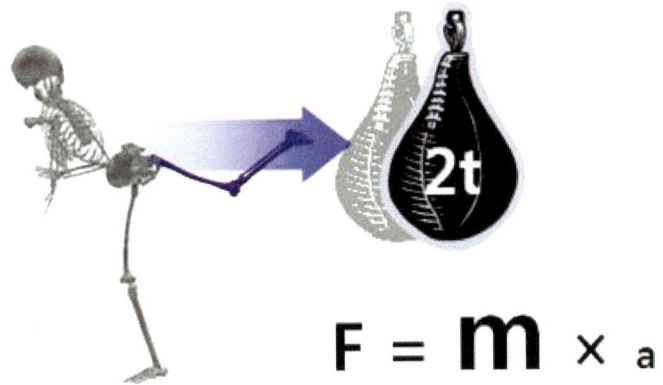

그림 46. 가속도의 법칙(3)

이 공식은 운동역학에서 가장 많이 사용하는 공식 중 하나이며, 가속도의 법칙의 특성을 정리하면 다음과 같다.

첫째, 물체에 힘을 가하면 가속도가 생긴다.

둘째, 힘의 방향으로 가속도가 생긴다.

셋째, 힘의 크기에 비례하여 가속도가 생긴다.

넷째, 질량에 반비례하여 가속도가 생긴다.

3) 제3법칙 : 작용·반작용의 법칙

물체 A가 다른 물체 B에 힘을 가하면 물체 B도 받은 힘과 크기가 같고 방향은 반대인 힘을 물체 A에 가하게 되는데 이를 작용·반작용의 법칙이라 한다.

예를 들면, 태권도 기술은 바닥 면에서 걷고, 달리고, 뛰고, 차고, 치고, 도는 운동으로 발로 바닥 면에 힘을 가할 때마다 바닥 면에서 크기가 같고 방향은 반대인 힘이 작용하기 때문에 동작이 일어난다. 만약 차기 동작을 딱딱한 바닥이 아닌 모래나

얼음 위에서 수행한다면 마찰에 의한 반작용 힘을 생성할 수 없어 제대로 된 동작이 어려울 뿐만 아니라 강한 타격을 하기 어려울 것이다.

차기로 목표물을 타격할 때에도 목표물에서 같은 크기의 반대 힘이 발생해 발에 충격을 주게 된다.

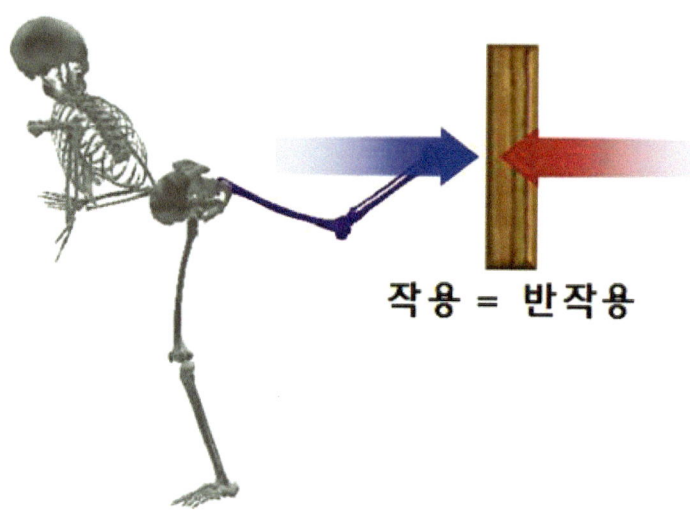

그림 47. 작용·반작용의 법칙(1)

만약 목표물에 타격하는 차기의 작용력이 목표물의 반작용력과 같으면 목표물은

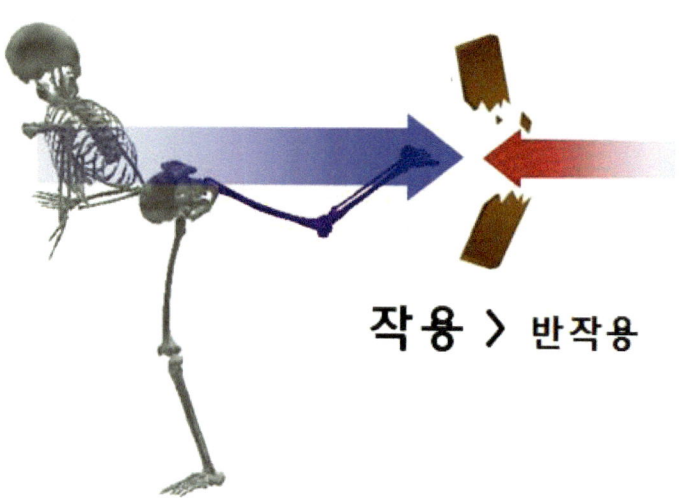

그림 48. 작용·반작용의 법칙(2)

격파되지 않을 것이다. 효과적으로 목표물을 격파하기 위해서는 가해지는 작용력이 반작용력을 초과해야 하는데, 이는 뉴턴의 작용·반작용의 법칙에 따른 것이다.

2. 벡터

1) 힘 벡터

힘은 크기와 방향을 갖는 벡터(vector)이며, 작용한 힘의 방향과 크기를 알 때, 이 둘을 합친 것을 힘 벡터(force vector)라고 한다. 힘을 결정하는 3가지 요소는 크기와 방향, 작용점이기 때문에 같은 크기의 힘을 쓰더라도 방향과 작용점이 다르면 그 효과는 달라진다.

역학에서는 힘 벡터를 화살표로 나타내기도 하는데, 화살표의 머리는 힘이 작용하는 방향을 가리키고, 길이는 힘의 크기, 꼬리는 작용점을 나타낸다. 화살표의 방향을 따라 일직선으로 그은 것을 힘 벡터의 작용선이라고 한다. 기호로 나타내면 $\vec{A}$ 와 같이 문자 위에 방향을 넣어 표시해야 한다. 벡터의 크기만 나타낼 경우 $|\vec{A}|$ 혹은 A 로 표시한다.

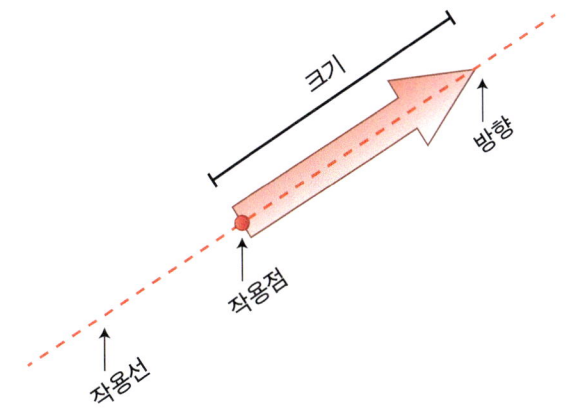

그림 49. 힘 벡터의 구성요소

2) 벡터의 합

두 개 이상의 벡터는 하나의 벡터로 합쳐질 수 있는데, 이를 벡터의 합, 즉 합 벡터라고 한다. 일반적인 3차원 공간에서 벡터 A와 B의 합은 다음과 같은 방법으로 구할 수 있다.

$$A+B=(A_x,A_y,A_z)+(B_x,B_y,B_z)\\=(A_x+B_x,A_y+B_y,A_z+B_z)$$

위의 식에서 보는 바와 같이 벡터의 합은 벡터 각각의 성분끼리의 합으로 구할 수 있다. 다음은 여러 가지 2차원 평면상에서 두 벡터의 합을 구하는 방법을 알아보도록 한다.

(1) 동일 선상에서 두 벡터의 합

동일 선상에서 두 벡터가 작용할 때는 두 벡터의 방향이 같은 경우와 반대인 경우가 있다. 두 벡터의 방향이 같은 경우 벡터의 크기만 더하면 된다. 방향이 같은 벡터 A의 크기가 3이고 벡터 B의 크기가 2이면 합 벡터는 5가 된다. 한편, 벡터 A와 벡터 B가 방향이 반대라고 하면 합 벡터의 방향은 크기가 큰 벡터 A의 방향을 따라가고, 크기는 두 벡터의 크기의 차가 되며 결과는 1이 된다.

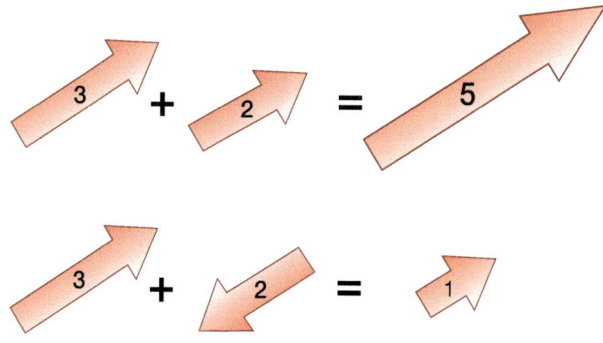

그림 50. 동일 선상에서 두 벡터의 합

(2) 방향이 서로 직각인 두 벡터의 합

두 벡터 A와 B의 방향이 서로 직각일 때 합 벡터는 R이 되며 R의 방향과 크기를 구하는 방법은 다음과 같다.

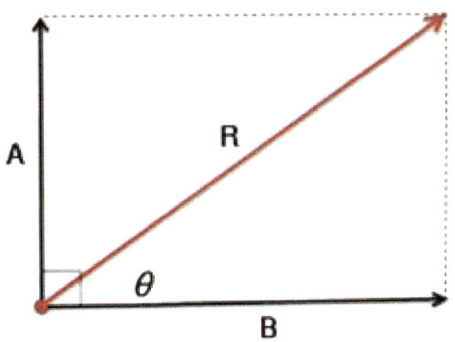

그림 51. 방향이 서로 직각인 두 벡터의 합

먼저 두 벡터의 작용점을 일치시키고 두 벡터를 변으로 하는 직사각형을 만든 후 합쳐진 두 벡터의 작용점에서 마주 보는 꼭짓점까지 대각선으로 연결한다. 이 대각선이 합 벡터가 되고 합 벡터의 크기는 대각선의 길이가 되며, 방향은 작용점에서 꼭짓점을 향하는 방향이 된다.

합 벡터의 크기는 피타고라스의 정리를 이용하거나 삼각함수를 통해 구할 수 있다. 피타고라스의 정리를 이용한 방법은 다음과 같다.

$$R^2 = A^2 + B^2, \quad R = \sqrt{A^2 + B^2}$$

삼각함수를 이용한 방법은 다음과 같다.

$$R\sin\theta = A, \; R = \frac{A}{\sin\theta} \;, \; R\cos\theta = B, \; R = \frac{B}{\cos\theta}$$

(3) 일반각인 두 벡터의 합

일반적으로 두 벡터의 방향이 서로 평행하거나 직각이 되는 경우는 특수한 경우이고 대부분 일반각으로 이루어진 경우가 많다. 두 벡터의 방향이 일반각일 경우 합 벡터의 크기와 방향은 평행사변형법으로 구한다.

먼저 두 벡터의 작용점을 일치시키고 두 벡터를 마주 보는 변으로 하는 평행사변형을 만든다. 합쳐진 두 벡터의 작용점에서 마주 보는 꼭짓점까지 선을 연결한다. 이때 두 벡터의 합의 크기는 작용점과 꼭짓점을 연결한 선의 길이가 되고 방향은 작용점에서 꼭짓점을 향하는 방향이 된다.

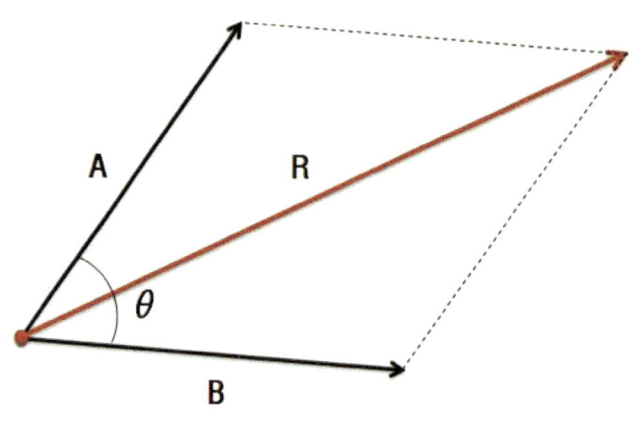

그림 52. 일반각인 두 벡터의 합

두 벡터가 이루는 각이 θ일 때 합 벡터의 크기는 R이며, 방향은 R의 화살표 방향이다. 합 벡터 R의 실질적인 크기는 코사인(cosine) 제2 법칙을 이용하여 구할 수 있다.

$$R^2 = A^2 + B^2 - 2AB\cos(180 - \theta)$$
$$R^2 = A^2 + B^2 + 2AB\cos\theta$$
$$R = \sqrt{A^2 + B^2 + 2AB\cos\theta}$$

(4) 벡터의 분해

벡터의 합성과 반대로 하나의 벡터를 두 개 이상의 벡터로 나누는 것을 벡터의 분해라고 한다. 벡터의 분해는 일반적으로 직삼각형을 이용하는 방법이 있다.

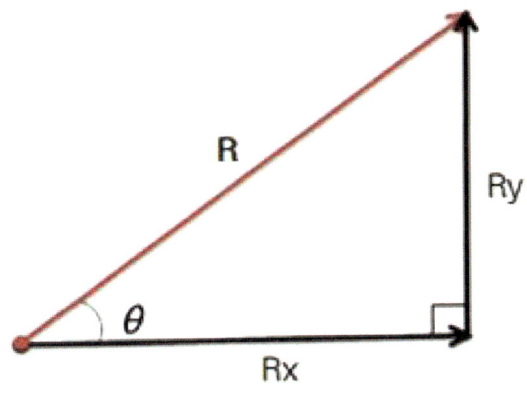

그림 53. 벡터의 분해

하나의 벡터 R 은 수평분력 R_x 과 수직분력 R_y 로 분해된다. 세 개의 선은 직삼각형을 이루며, 벡터 R 의 수평분력 R_x 과 수직분력 R_y 의 크기는 다음과 같이 구할 수 있다.

$$R_x = Rcos\theta$$
$$R_y = Rsin\theta$$

스포츠에서는 운동특성에 따라 수평분력이 커야 좋은 경우가 있고 반대로 수직분력이 커야 좋은 경우가 있다.

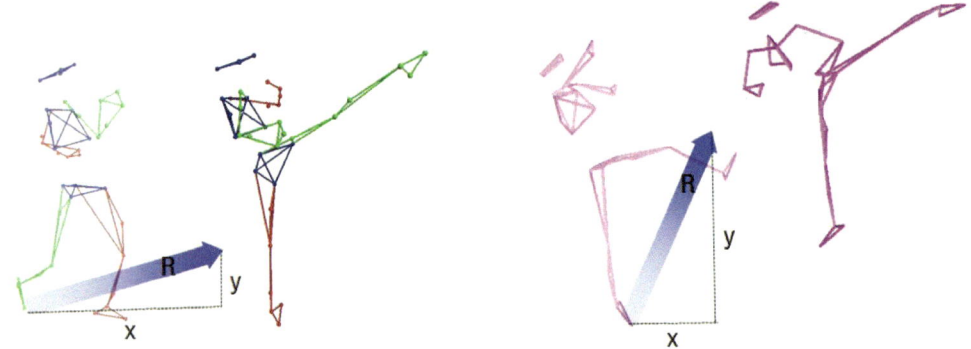

그림 54. 돌려차기와 540도 뒤후려차기 동작 시 지면반력벡터의 분해

태권도의 동작을 예로 들면, 겨루기에서 떨어져 있는 상대를 효과적으로 공격하기 위한 돌려차기의 경우 지지하는 발에서 발생하는 지면반력은 수평분력이 큰 것이 유리하지만, 시범에서의 540도 뒤후려차기와 같이 체공이 필요한 동작을 위한 지면반력은 수직분력이 큰 것이 유리하다.

3. 운동량

운동량(momentum)이란 물체가 어떻게 운동하는지 말해주는 물리량이다. 물체의 질량(m)에 속도(v)를 곱한 것으로 식으로 나타내면 다음과 같다.

$$P = mv$$

위의 식을 통해 운동량은 물체의 질량과 속도에 비례한다는 것을 알 수 있다.

태권도의 격파에서는 격파물이 고정되어있고 격파자가 신체 일부를 이용하여 고정된 격파물을 가격하게 된다. 따라서 앞서 설명한 유효 질량을 크게 하거나 가격하는 신체 부위의 속도를 빠르게 하는 것, 또는 그 두 가지 모두를 크게 하는 것이 운동량을 크게 하는 방법이다.

하지만 운동량이 같다고 해서 타격 시 얻을 수 있는 효과도 같은 것은 아니다. 타격 시의 효과는 충격량과 충격력에 관련된 부분으로 다음 장에서 알아보도록 한다.

4. 충격량과 충격력

물체의 운동상태나 형태를 변화시키는 것은 작용하는 힘의 크기뿐 아니라 힘이 작용하는 시간에 따라서도 영향을 받게 된다. 충격량(impulse)이란 이러한 관계를 나타낸 것으로 작용한 힘(F)과 작용한 시간(t)의 곱으로 나타내는 물리량이다.

$$I = Ft$$

위 공식은 일정한 시간 동안 작용한 힘을 나타내며 이 힘은 시간에 따라 순간순간 변화한다. 이때 순간적으로 작용하는 힘의 크기를 충격력이라고 하며 단순한 방정식이 아닌 적분을 통해 구할 수 있다.

물체에 작용하는 충격량은 곧 운동량의 변화량과 같다는 충격량-운동량 정리(impulse-momentum theorem)를 이용하여 충격량을 계산할 수 있다.

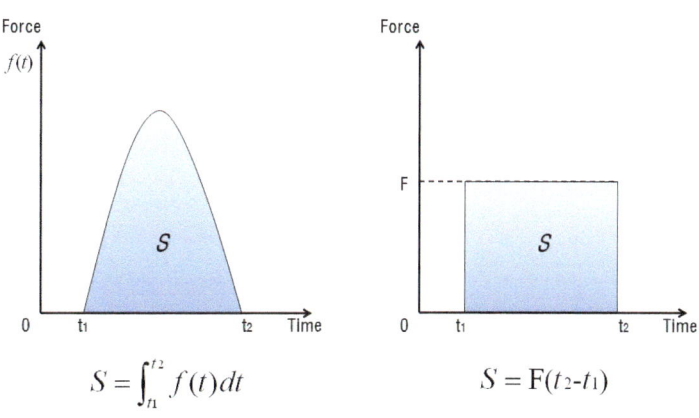

그림 55. 충격량

위 그래프에서 보듯이 충격량은 일정 시간 동안 충돌 시 가해진 힘을 모두 합한 것(그래프에서 면적의 넓이)이며, 두 그래프에 나타난 면적의 크기는 같아서 충격량도 동일하다.

충격량-운동량 정리를 식으로 나타내면 다음과 같다.

평균충격력 × 충돌시간 = 운동량의 변화량

$$Ft = P_2 - P_1$$

즉, 충격량은 충돌 후의 운동량에서 충돌 전의 운동량을 뺀 값이다. 이 식을 힘에 대해 정리하면 다음과 같이 된다.

평균충격력 = 운동량의 변화량 / 충돌시간

$$F = \frac{(P_2 - P_1)}{t}$$

여기서 중요한 점은 평균충격력이 클수록 충돌하는 물체가 받는 충격량이 커지며, 충격량이 동일한 경우 충돌시간이 짧을수록 평균충격력이 커진다는 점이다. 예를 들어, 자동차 범퍼를 강철이 아닌 플라스틱이나 알루미늄으로 제작하는 것은 충돌 시 충돌시간을 길게 하여 충격력을 줄이기 위함이다.

태권도 기술에서 상대적으로 큰 충격을 주거나 격파물을 깨기 위해서는 가격하는 신체 부위와 물체의 충돌시간을 가능한 한 짧게 하여야 하며, 이것이 기술 수행 시 신체 부위의 속도를 빠르게 해야 하는 이유이다.

각운동역학

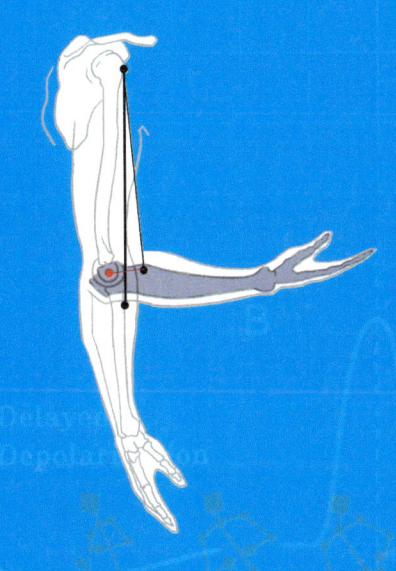

1. 평형
2. 구심력과 원심력
3. 관성모멘트
4. 각운동량

V. 각운동역학

1. 평형

1) 토크

물체에 힘이 작용하면 병진운동이나 회전운동 또는 복합운동이 일어난다. 만약 축으로 고정된 물체에 중심축을 통과하는 힘이 작용한다면 물체는 어떠한 움직임도 나타나지 않을 것이다. 그러나 힘이 중심축 이외에 다른 지점을 통과한다면 물체는 회전운동이 발생할 것이다.

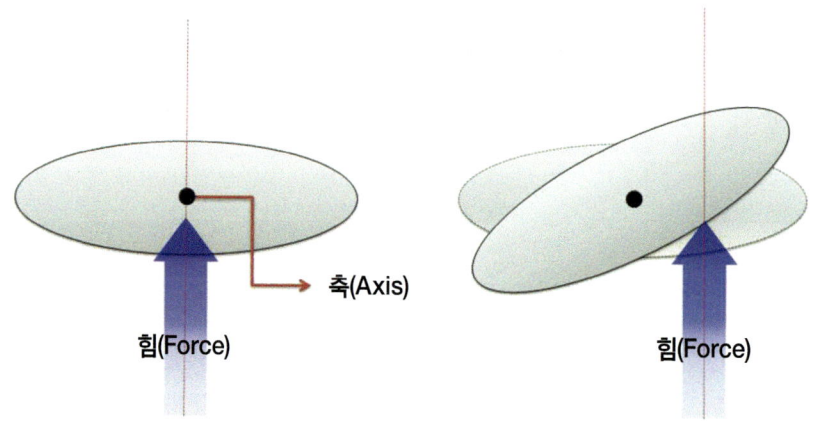

그림 56. 토크

이처럼 물체의 중심축과 힘의 작용선이 일치하지 않을 때 생기는 힘, 즉 편심력에 의해서 생성된 회전 효과를 토크(torque) 또는 모멘트(moment)라고 한다. 회전력이라고 할 수 있는 토크는 선운동에서의 힘과 동등한 각운동에서의 값이다. 토크는 회전축에 대한 힘의 작용선으로부터의 수직거리(d), 즉 모멘트 암(moment arm)과 힘(F)의 곱으로 나타낸다.

$$T = Fd$$

힘의 크기와 모멘트 암의 길이 모두 토크에 영향을 미치며, 회전축을 통과하는 힘은 그 힘의 모멘트 암의 크기가 0이기 때문에 토크가 발생하지 않는 것이다.

모멘트 암은 회전축과 힘의 작용선 사이의 가장 짧은 거리(수직거리)이며, 힘이 작용하는 방향에 따라서 생성되는 토크의 크기가 달라진다. 그리고 토크는 벡터양으로 크기뿐 아니라 방향도 가지기 때문에 반시계방향으로 회전할 시 양(+)의 값으로, 시계방향으로 회전할 시 음(-)의 값으로 표시한다.

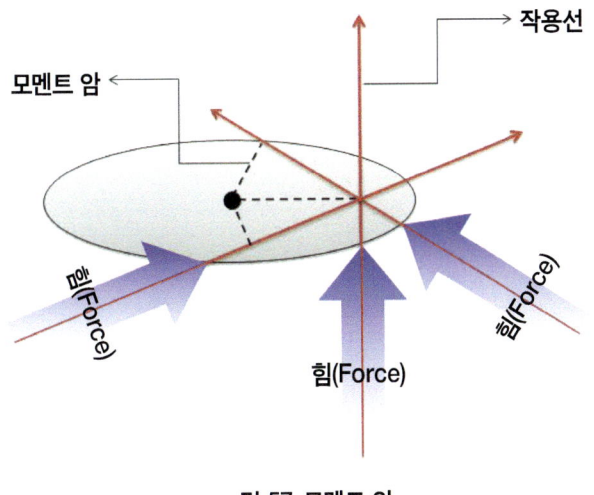

그림 57. 모멘트 암

인체 내부에서 관절 중심에 대한 근육의 모멘트 암은 근육의 작용선과 관절 중심 사이의 수직거리이다. 관절이 가동범위 안에서 움직이면 관절을 가로지르는 근육의 모멘트 암의 크기에 변화가 생긴다. 일반적으로 근육에 의해 잡아당겨지는 힘의 방향과 뼈의 각도가 90°에 가까울 때 모멘트 암이 가장 크다. 이 각도가 90°보다 커지거나 작아질수록 모멘트 암은 점차 감소한다. 모멘트 암의 변화는 곧바로 근육이 발생시키는 토크에 영향을 미치기 때문에 모멘트 암이 줄어들면 근육은 더 많은 힘이 필요하게 된다.

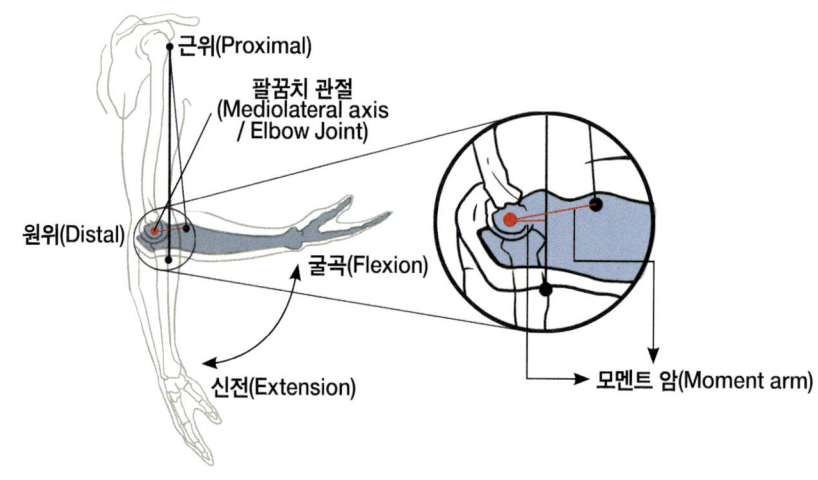

그림 58. 관절의 모멘트 암

모멘트 암의 중요성은 태권도 기술 중 뒤후려차기를 수행하는 데 있어 나타난다. 태권도 선수가 회전을 시작할 때 회전을 일으키는 토크는 지면을 미는 발에 의해 크기는 같고 방향은 반대인 반작용력으로 발생한다. 이처럼 크기는 같고 방향은 반대인 힘의 짝을 짝힘(couple)이라고 한다. 짝힘 관계에 있는 힘들은 회전중심축의 반대편에 위치하기 때문에 같은 방향의 토크를 발생시킨다. 태권도 선수의 발 위치가 넓어질수록 회전할 때 발의 위치에 의해 발생하는 짝힘에 대한 모멘트 암은 더욱 커진다.

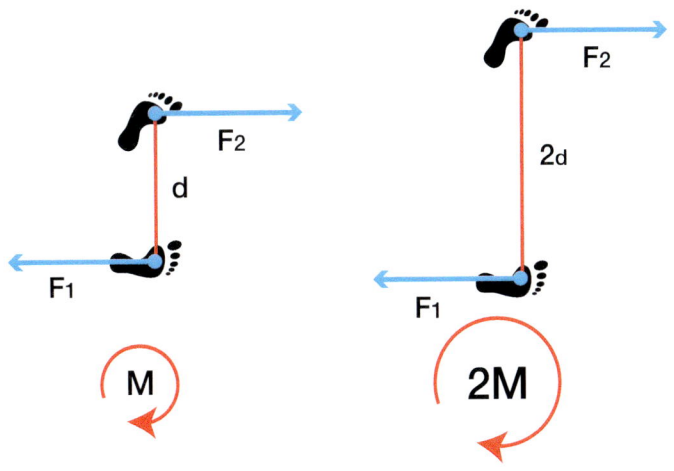

그림 59. 뒤후려차기 동작 시 발의 위치와 짝힘

2) 지레

지레는 받침점에 대해 회전하는 막대라고 할 수 있다. 근육이 장력을 발생시킬 때 신체분절들을 움직이기 위해서 관절 중심점을 받침점으로 하여 뼈를 당기는 지렛대(lever) 역할로 작용한다. 지레에 작용한 힘은 항력을 극복하고 신체 부위를 움직이게 한다. 인체에서 뼈는 막대에 해당하고, 관절은 축 또는 받침점에, 근육은 힘에 해당한다. 작용한 힘, 항력, 그리고 지레에 대한 회전축의 세 가지 상대적인 배열이 아래 그림에 나타나 있다.

1종 지레(first class lever)에서 작용하는 힘과 항력(작용점)은 축(받침점)을 기준으로 서로 반대편에 위치하며 시소나 가위에 적용되는 원리가 바로 이것이다. 태권도 앞차기 동작에서 무릎관절 중심점을 축으로 대퇴전면부의 근육들을 이용하여 다리를 펴는 동작은 1종 지레의 작용과 유사하다. 1종 지레에서 힘점과 작용점은 축으로부터 같은 거리에 있을 수도 있고, 하나는 다른 하나보다 축에서 더 멀리 떨어져 있을 수 있다.

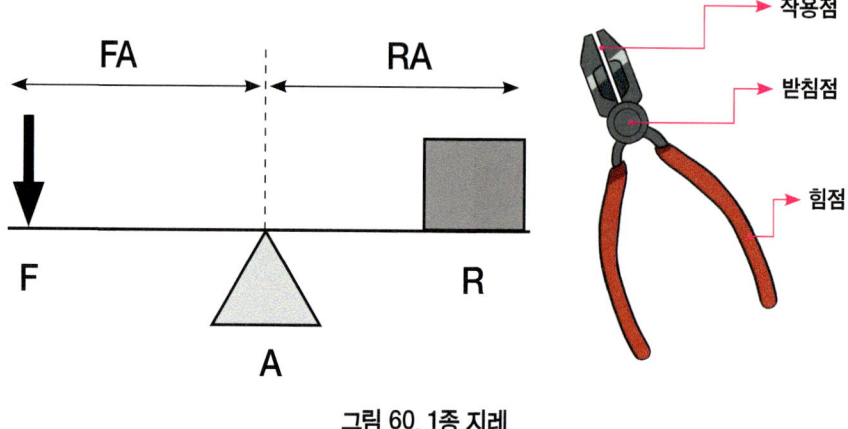

그림 60. 1종 지레

2종 지레(second class lever)에서 작용하는 힘과 항력(작용점)은 축(받침점)으로부터 같은 쪽에 있고, 축에 더 가까운 지점에 항력이 위치하고 있다.

너트렌치나 손수레, 병따개 등이 2종 지레의 예이다. 인체의 동작에서는 2종 지레와 완벽하게 같은 예를 발견할 수 없다.

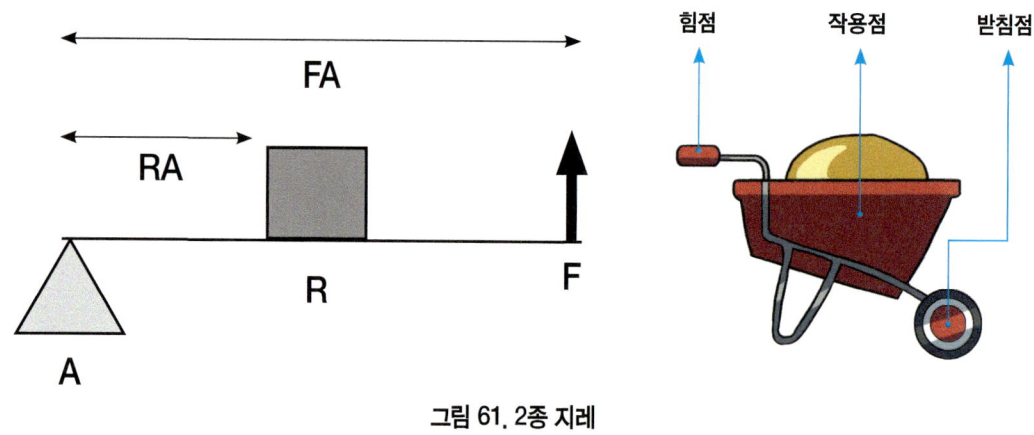

그림 61. 2종 지레

3종 지레(third class lever)에서 작용하는 힘과 항력(작용점)은 축(받침점)으로부터 같은 쪽에 있으나 작용하는 힘이 축에 더 가까이 있다. 삽이나 죽도, 낚싯대 등을 3종 지레의 예로 볼 수 있다. 1, 2종 지레와 달리 항력보다 더 많은 힘을 가해야 하므로 힘의 이득을 볼 수 없다. 대부분의 인체 근골격계는 3종 지레의 작용과 같이 근육이 뼈를 당기는 힘점이 분절의 무게중심이나 물체를 들 때 생기는 저항에 비해 관절 중심점으로부터 가까운 데 위치하여 단축성수축을 한다.

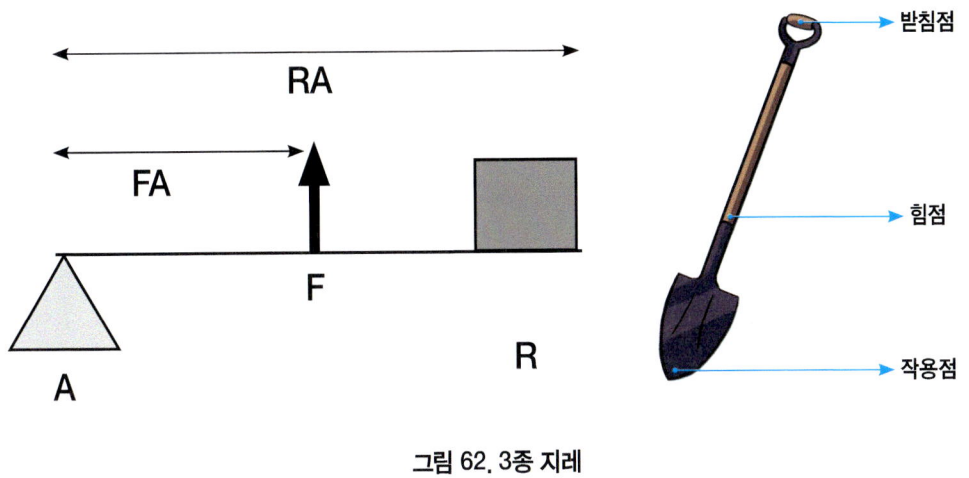

그림 62. 3종 지레

지레시스템은 두 가지 목적 중 하나를 만족하게 할 수 있다. 받침점을 기준으로 작용점의 거리가 힘점보다 가까우면 더 작은 힘으로 큰 저항을 이겨낼 수 있고, 반대로 작용점의 거리가 힘점보다 멀면 힘점의 움직임에 비해 더 먼 거리를 움직여서 작용할 수 있다. 인체의 근골격계에서는 주로 1종, 3종 지레와 유사한 작용을 하며 1종 지레와 유사한 작용에서도 힘점과 받침점의 거리가 힘점과 작용점의 거리보다 짧아서 우리 인체는 힘에서보다는 속도에서 더 효율적인 형태로 볼 수 있다.

2. 구심력과 원심력

원운동은 아래 그림의 점 O를 중심으로 하는 반지름 r의 원주상에서 일정의 속도 V로 회전하고 있는 신체의 운동을 뜻한다. 신체 운동 시 회전하는 속도가 일정하더라도 운동방향이 계속 변화하고 있는 것이 원운동의 특징이며, 속도의 방향이 끊임없이 변화하므로 가속도가 일어난다는 것을 의미한다. 가속도는 아래 그림에서 표시하는 것과 같이 중심방향의 크기 $a=v^2/r$이다.

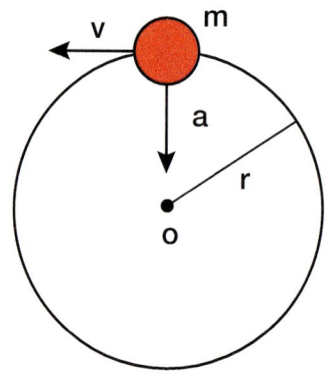

그림 63. 속도와 가속도

이런 신체가 원운동을 계속하고 있는 동안에 중심을 향하여 잡아당기는 힘이 작용하는데 이를 구심력이라 한다. 즉 구심은 '중심을 찾는' 또는 '중심을 향한'의 뜻으로 그 크기는 신체의 질량을 m으로 할 때 $F=ma$, $a=v^2/r$, $F=mv^2/r$이다.

아래 그림과 같이 신체에는 구심력과 같은 크기로 역방향의 원심력이 생기게 된다. 즉, '밖을 향한' 또는 '밖으로 나가려는' 힘을 의미한다.

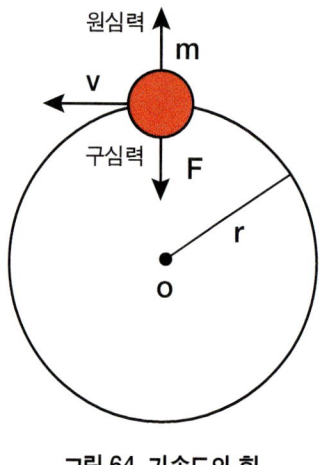

그림 64. 가속도와 힘

아래 그림에서 표시하는 바와 같이 반지름 r과 속도 v를 변화시키는 것에 따라서 원심력의 크기 F를 변화시킬 수 있다.

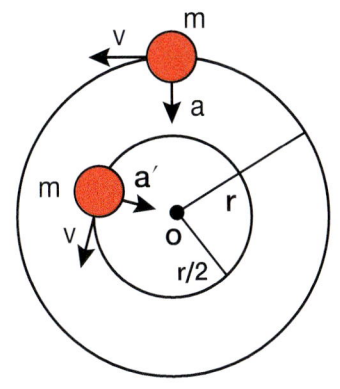

그림 65. 회전반경을 작게 함에 따라 가속도는 증가한다.

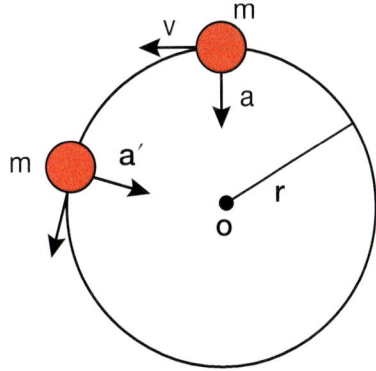

그림 66. 속도를 빠르게 함에 따라 가속도는 증가한다.

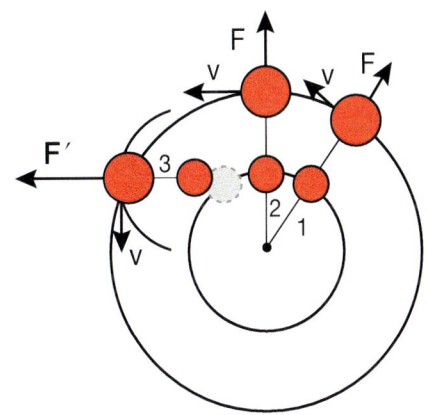

그림 67. 중심점의 이동에 따른 원심력의 증가

이러한 원운동을 이용한 기술에는 몸통 안막기를 들 수 있다. 몸통 안막기는 서기자세에서 회전할 때 막는 손을 순간적으로 큰 구심력을 생성하여 몸의 회전 중심점으로 끌어들이면서 작은 원운동이 이루어지도록 하여야 빠른 동작이 가능하다.

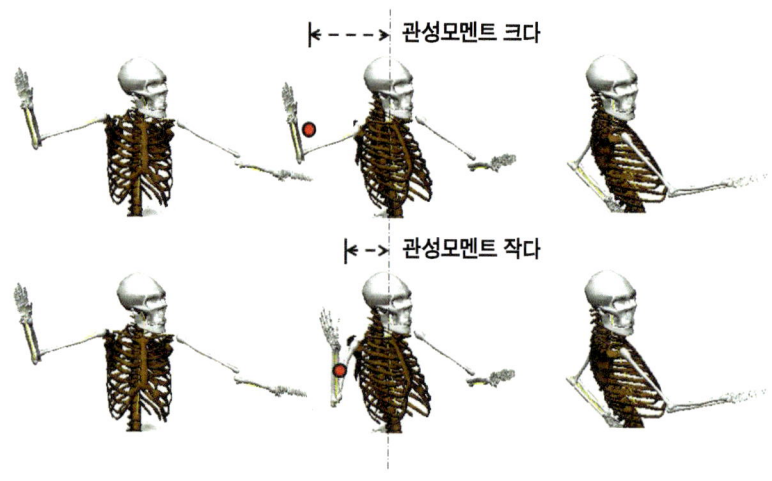

그림 68. 몸통 안막기의 관성모멘트

3. 관성모멘트

관성이란 가속도에 저항하여 운동상태를 유지하려는 물체의 성질이며 그 물체의 질량에 비례한다. 뉴턴의 제2 법칙에 따르면, 물체의 질량이 커질수록 선가속도에 대한 저항이 더 커진다. 이처럼 질량은 병진운동의 관점에서 물체의 관성적인 특성이라고 할 수 있다. 관성모멘트(moment of inertia)는 물체의 회전운동에서의 관성적인 특성이라고 할 수 있다. 즉, 관성모멘트는 각가속도에 저항하려는 물체의 성질이며, 관성의 경우와 마찬가지로 질량이 커질수록 각가속도에 대한 저항도 커지게 된다. 그러나 관성모멘트는 회전축에 대한 질량의 분포에 더 큰 영향을 받기 때문에 질량이 회전축에 가까울수록 회전하기 더 쉬워지고, 반대로 회전축으로부터 멀수록 회전하기가 더 어려워진다.

모든 물체는 주어진 회전축으로부터 특정한 거리에 있는 각각의 질량입자들로 구성되어 있다. 하나의 질량입자에 대한 관성모멘트 I는 다음과 같이 표현된다.

$$I = mr^2$$

이 공식에서 m은 물체의 질량이고, r은 회전반경이다. 물체 전체의 관성모멘트는 물체가 포함하고 있는 모든 질량입자의 관성모멘트의 합으로, 식으로 표현하면 다음과 같다.

$$I = \sum mr^2$$

공식에서 보면 회전반경 r을 제곱으로 하므로 각가속도에 대한 저항을 결정할 때 회전축에 대한 질량의 분포가 물체의 총질량보다 더 중요하다. r은 주어진 질점과 회전축 사이의 거리이므로 r의 값은 회전축이 변화할 때 바뀌게 된다. 즉, 작은 힘으로 회전하기 위해서는 회전축으로부터의 거리를 짧게 하는 것이 좋다.

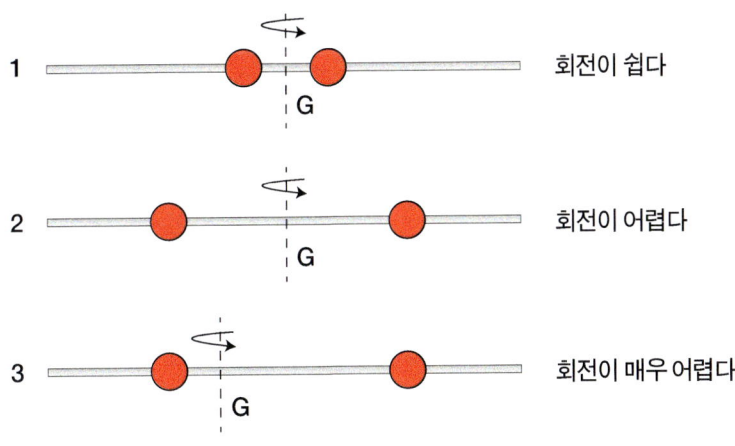

그림 69. 관성모멘트와 회전의 조절

뒤후려차기의 경우 몸통의 회전운동이 얼마나 빠르냐에 따라서 차는 발의 속도에 큰 영향을 준다. 지지발의 회전축으로부터 차는 발의 거리가 가까우면 보다 관성모멘트를 작게 할 수 있다. 따라서 차는 발끝을 지지발로 빠르게 끌어들이면서 차기를 한다면 몸통 회전이 더욱 쉽게 이루어진다.

인체 내에서 회전축에 대한 질량의 분포는 매우 중요하다. 예를 들어, 태권도 차기 동작을 할 때 엉덩관절의 회전축에 대한 관성모멘트는 차는 다리의 질량분포와 무릎의 각도에 크게 의존한다. 앞차기 동작을 수행할 때 다리를 편 상태로 끌어올리는 동작보다 무릎에 힘을 빼고 저절로 접혀지도록 끌어올리는 동작이 동작의 소요시간을 더 짧게 할 수 있다. 그 이유는 무릎이 접혀짐으로써 종아리 분절의 질량분포가 엉덩관절에 더 가까워짐에 따라 관성모멘트가 줄어들어서 엉덩관절을 축으로 한 각속도를 더 빨리할 수 있기 때문이다.

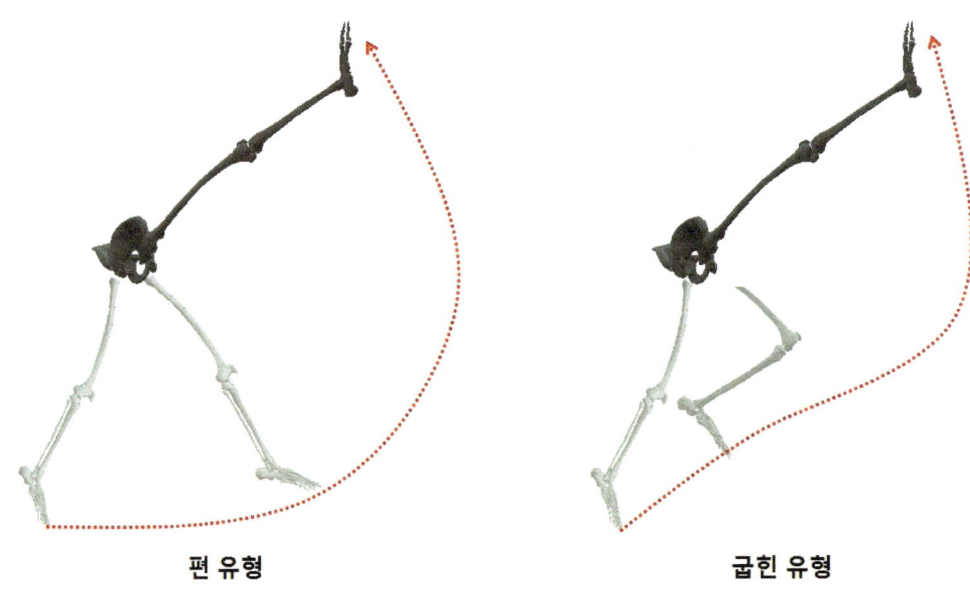

편 유형　　　　　　　　　　　굽힌 유형

그림 70. 앞차기 동작 시 다리의 회전반경

4. 각운동량

1) 각운동량

관성모멘트는 회전운동에 대한 관성적 성질을 갖고 있기 때문에 다른 각운동학적 양의 중요한 구성성분이다. 앞서 다루어진 바와 같이 물체가 가지고 있는 운동의 양을 운동량(momentum)이라 한다. 선운동량은 선속도와 질량의 곱이다. 이와 마찬가지로 회전하고 있는 물체가 가지고 있는 각운동의 양을 각운동량(angular momentum)이라고 하며 각운동량 H는 관성모멘트 I와 각속도 ω의 곱이다.

$$H = I\omega = mr^2\omega$$

물체의 각운동량 크기에 영향을 미치는 세 가지 요인은 질량, 회전축에 대한 질량의 분포, 그리고 물체의 각속도이다. 만약 물체의 각속도가 0이라면, 각운동량도 0이 된다. 그리고 질량이나 각속도가 증가할 때 각운동량도 비례하여 증가한다. 각운동량에 가장 많은 영향을 미치는 요인은 관성모멘트와 마찬가지로 회전축에 대한 질량의 분포이다. 그 이유는 앞서 설명한 바와 같이 관성모멘트가 회전반경의 제곱에 비례하기 때문이다. 각운동량은 질량의 단위, 면적의 단위, 각속도의 단위를 곱한 결과($kg \cdot m^2/s$)로 나타낸다.

인체와 같이 여러 개의 분절로 이루어진 물체에서 주어진 회전축에 대한 각운동량은 신체 분절 각각의 각운동량의 합으로 나타낸다. 공중회전운동을 수행하는 동안 신체 전체의 무게중심을 통과하는 주회전축에 대하여 다리와 같은 하나의 분절에 대한 각운동량은 자전각운동량(local term)과 공전각운동량(remote term)의 두 가지

구성요소로 이루어져 있다. 자전각운동량은 각 분절 자체의 무게중심에 대한 분절의 각운동량이며 주회전축에 대한 분절의 각운동량은 자전각운동량과 공전각운동량의 합과 같다.

$$H = I_s \omega_s + mr^2 \omega_g$$

자전각운동량에서 I_s는 분절의 관성모멘트이고, ω_s는 분절의 각속도이다. 두 가지 모두 분절 자체의 무게중심을 통과하는 회전축에 대한 값이다. 공전각운동량에서 m은 분절의 질량이고, r은 분절의 무게중심과 신체 전체의 무게중심 사이의 거리이다. 그리고 ω_g는 주회전축에 대한 분절무게중심의 각속도이다. 주회전축에 대한 모든 신체분절 각운동량의 합으로 주축에 대한 신체 전체의 각운동량을 산출한다.

2) 각운동량 보존

외부로부터 다른 회전력이 작용하지 않고 중력이 유일한 외력으로 작용할 때 각운동량은 보존된다. 각운동을 하는 동안 각운동량 보존의 법칙은 '총 각운동량은 외적 토크가 없는 한 일정하게 유지된다.'는 원리이다. 물체의 무게중심에 작용하는 중력은 모멘트 암의 길이가 0이기 때문에 어떠한 토크도 만들어내지 않으며, 각운동량에 어떠한 변화도 만들어내지 않는다.

각운동량 보존의 법칙은 인체가 공중에서 회전운동을 하게 되는 다이빙, 트램펄린, 체조와 같은 경기에서 주로 사용되며, 태권도의 고난도 차기의 회전동작에서도 이용된다. 공중에서 540°를 회전하는 태권도 선수는 고정된 각운동량을 가지고 도약한다. 각운동량 보존의 법칙에 의해 각운동량이 이륙순간부터 공중동작 전반에 걸쳐 일정하게 유지된다. 선수가 팔을 쭉 편 상태에서 오므린 상태로 가면 회전반경이 줄어들고, 내외축에 대한 인체의 주관성모멘트가 감소한다. 각운동량은 일정하게 유지되기 때문에 각속도의 보상적인 증가는 관성모멘트의 감소를 수반하게 된다. 팔을 더 몸통 쪽으로 붙일수록 각속도는 커진다. 예를 들어, 피겨스케이팅 선수의 3회전 점프에서 도약 전 팔을 한껏 펼쳤다가 도약 시 팔을 몸에 바짝 붙이는 행위 또한 각운동량 보존의 원리를 적용한 것이다. 각운동량이 보존되기 때문에 도약 시 회전반경을 줄여 관성모멘트를 감소시킴으로써 각속도를 증가시켜 회전을 쉽게 하기 위함이다. 이는 태권도 기술에서도 적용된다. 540도 뒤후려차기 동작을 하는 선수는 도약 초기에 관성모멘트를 크게 하여 작은 회전속도에서도 큰 각운동량을 생성하려 노력한다. 도약 후에는 팔을 몸쪽으로 붙여 관성모멘트를 줄임으로써 회전속도를 크게 하지만 공중동작이 이루어지는 동안 몸 전체의 각운동량은 일정하게 유지된다.

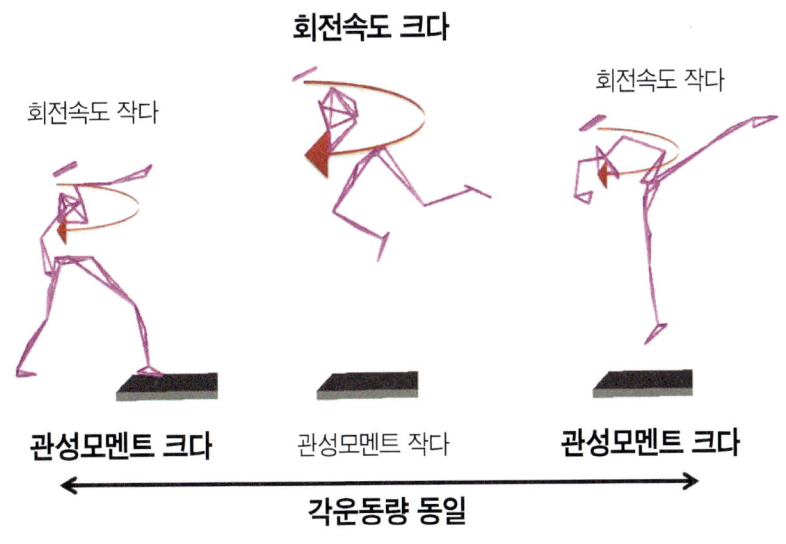

그림 71. 540도 뒤후려차기 동작의 각운동량 보존

인체의 총 각운동량이 0일 때에도 공중에서 회전이 가능한 경우가 있다. 체조선수나 다이빙선수는 총 각운동량이 0인 상태에서 각운동량 보존의 법칙을 위반하지 않고도 고양이 회전(cat rotation)이라 불리는 과정을 통해 몸의 각위치를 변화시킬 수 있다. 이는 인체가 여러 개의 분절로 이루어져 있기 때문에 가능하다.

고양이 회전은 두 개의 국면을 기초로 진행되며, 두 신체분절이 90°의 파이크 자세일 때 가장 잘 수행된다. 그래서 한 분절의 회전반경이 다른 분절의 장축에 대하여 최대가 된다.

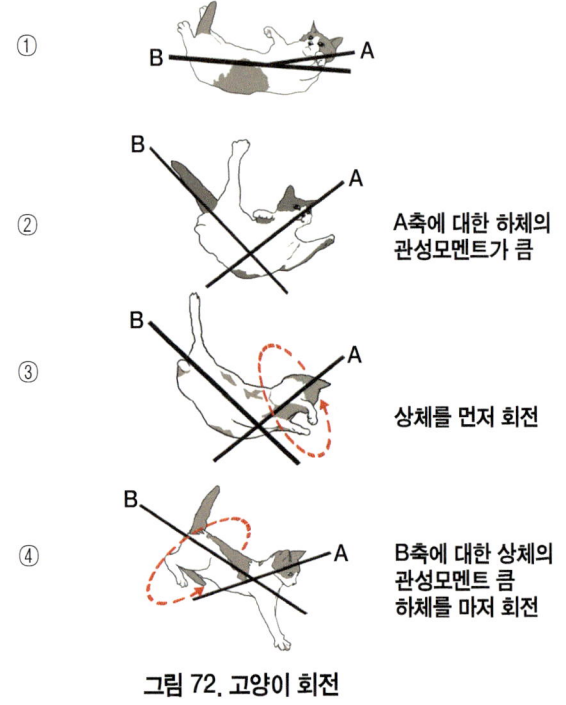

그림 72. 고양이 회전

첫 번째 국면은 상체의 축 A를 중심으로 회전하는 내부에서 발생하는 상체의 회전이다. 각운동량이 보존되어 있기 때문에 상체의 장축 중심으로 반대방향으로 회전하는 하체의 보상회전이 나타난다. 그러나 보상회전의 결과로 나타나는 회전은 상대적으로 속도가 작다. 왜냐하면, 상체의 회전반경에 비하여 하체의 회전반경은 상대적으로 크기 때문이다. 두 번째 국면은 하체의 장축을 도는 하체의 회전으로 구성된다. 하체의 회전과 함께 상체는 하체의 축 B 주위를 하체가 돌아가는 반대방향으로 보상회전을 일으킨다. 다시 하체에 대한 상체의 회전반경이 상대적으로 크기 때문에 상체의 각속도는 상대적으로 작다. 이렇게 공중동작 시 총 각운동량은 일정하지만, 신체 일부가 각운동량을 만들면 다른 부위에서 보상하는 원리를 이용한다. 이를 각운동량이 전이된다고 하며, 이 과정을 사용하여 숙련된 다이빙선수는 공중에서 트위스트를 시작할 수 있다. 장축에 대한 신체의 총 관성모멘트는 내외축이나 전후축에 대한 인체의 총 관성모멘트보다 훨씬 작아서 내외축이나 전후축보다 장축을 중심으로 회전을 유발시키는 것이 보다 쉽다.

3) 각충격량

외적 토크가 작용할 때, 토크는 물체의 각운동량을 변화시킨다. 선운동량의 변화와 마찬가지로 각운동량의 변화는 외적인 토크들이 작용하는 크기와 방향뿐만 아니라 각 토크가 작용하는 시간 간격에 따라서도 변한다.

$$선충격량 = Ft$$
$$각충격량 = Tt$$

각충격량(angular impulse)이 물체에 작용하면 물체의 총 각운동량은 변화한다. 각충격량–각운동량의 상관관계는 아래와 같이 표현한다.

$$Tt = \Delta H = (I\omega)_2 - (I\omega)_1$$

$T, t, \Delta H, I, \omega$ 는 각각 토크, 시간, 각운동량의 변화량, 관성모멘트, 각속도를 나타낸다.

태권도 생체역학
THE BIOMECHANICS OF TAEKWONDO

태권도와 운동역학

1. 태권도기술의 원리
2. 태권도 기술을 유도하는 단서
3. 태권도 기본동작의 기능학
4. 태권도 품새의 기능학
5. 태권도 경기겨루기의 기능학
6. 태권도 격파의 기능학

VI. 태권도와 운동역학

1. 태권도기술의 원리

　　인체의 모든 운동기술의 동작은 동일한 원리에 의해 이루어지며 태권도기술 또한 다르지 않다. 태권도 기술동작을 효과적으로 수행하기 위해서는 먼저 정확한 자세가 요구된다. 자세란 에너지가 몸에 축적된 형태를 말하며 정확한 자세에서 생체역학적인 원리에 따라 몸통(체간)에서 팔다리(체지)로 힘이 전달되는 동작을 정확한 동작이라고 한다. 그리고 태권도 기술동작에서 마지막 손발의 속도를 더 빠르게 하기 위해서는 최대한 많은 분절을 사용하고 분절의 사용에서는 신체질량 중심점으로부터 팔다리의 근위분절에서 원위분절로 에너지가 차례로 전달되어야 한다. 분절 간 에너지가 효율적으로 전달되려면 각 분절이 적절한 타이밍에 움직여 리드미컬하게 협응동작이 이루어져야 한다. 이렇게 태권도 기술동작을 정확하고 빠르게 하는 데에 파워존의 활용이 매우 중요하다. 파워존은 복부에서 무릎 위까지의 신체 부위로 상체와 하체의 연결다리 역할을 하며 강한 힘을 발현시키는 근원이다. 파워존을 활용하여 신체 질량 중심점을 먼저 움직임으로써 효과적인 동작을 수행할 수 있다. 또한, 근육의 이완, 내력과 외력(지면반력), 연결동작원리, 관성모멘트, 강체화 등 큐(단서)의 원인을 제공함으로써 효과적인 동작을 유도할 수 있으며 이를 도식화하면 다음과 같다.

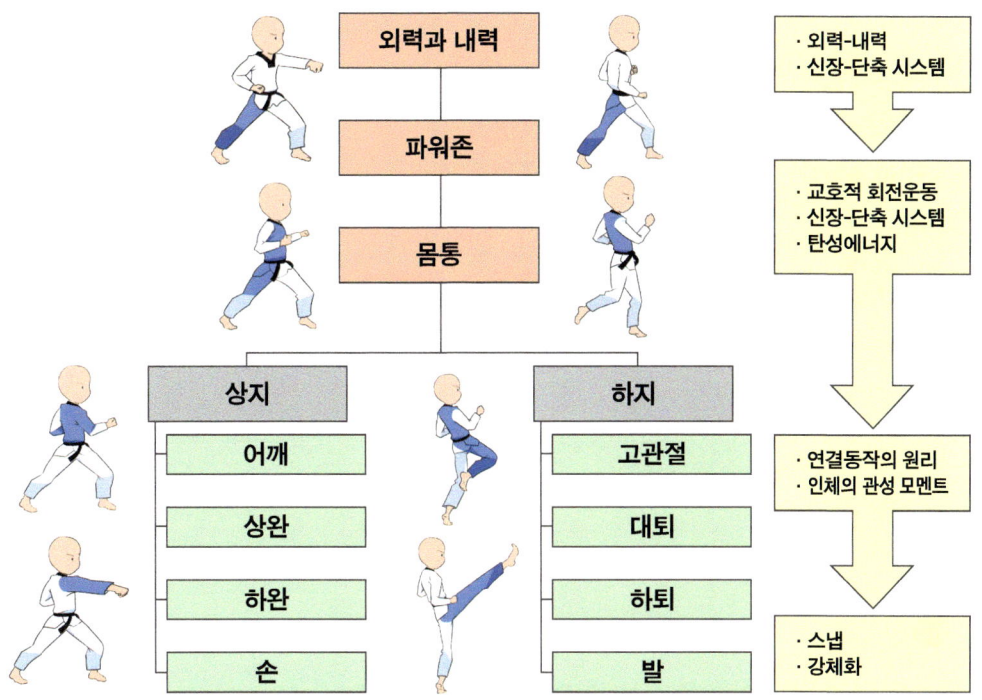

그림 73. 태권도기술의 광의의 원리

1) 내력과 외력

　내력이란 인체의 내부에서 발생하는 힘을 말하며 대부분의 경우는 골격근에 의해 발생한 근력을 일컫는다. 반면 외력은 외부에서 발생하는 힘으로써 인체가 외부에 가한 힘에 대한 반작용력이나 마찰력 또는 중력을 들 수 있다. 즉, 인체 외부에서 발생하여 인체에 영향을 주는 힘을 말한다. 태권도의 동작을 수행함에서는 이 두 가지 힘의 조화로운 활용이 매우 중요하다.

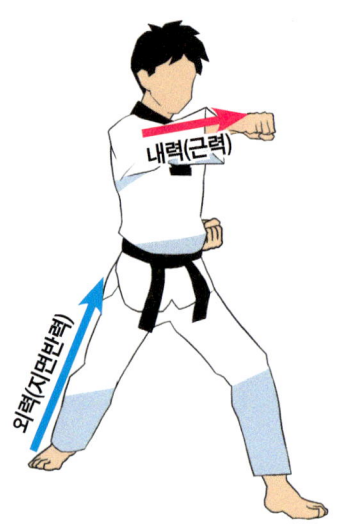

그림 74. 지르기 동작의 내력과 외력

지르기 동작을 예로 들어, 단순히 주먹을 앞으로 뻗는 동작만을 생각하면 어깨관절이나 팔꿈치 관절의 근수축에 의한 내력을 생각하게 되는데, 이러한 동작이 효과적으로 수행되기 위해서는 인체의 중심부위, 즉 '파워존(power zone)'에서부터 힘이 발생하여야 하고 그러기 위해서는 하체를 이용해 지면을 딛는 지면반력, 즉 외력에 의한 작용이 효과적으로 이루어져야 한다. 여기서 말하는 지면반력은 체중이 접지하고 있는 발을 통해 가하는 힘의 반작용으로 생기는 크기가 같고 방향은 반대인 힘으로, 작용·반작용 법칙에 의하여 설명되는 힘을 말한다. 체중 이동 시 생기는 지면반력은 자연스럽게 몸통으로 전달되어 병진운동을 일으킴에 있어 중요한 역할을 한다. 지르기 동작을 효과적으로 수행하기 위해서는 큰 운동량을 생성하는 것이 중요하다.

$$운동량(P) = mv = mat = Ft$$

위 공식에서 보듯이 운동량을 극대화하기 위해서는 지면반력을 최대화시키고 안정된 자세에서 지속적인 지면반력을 생성시킴으로써 고관절, 견관절, 상완, 하완, 손으로 이어지는 힘의 전달이 차례로 이루어져야 한다.

2) 파워존

파워존(power zone)은 복부에서 무릎 위에 이르는 인체부위를 일컫는 말로 배꼽 아래 단전부위와 엉덩이, 허벅지 등 우리 몸에서 가장 크고 강한 근육들이 모여 있는 부위를 말한다. 그래서 파워존은 강한 힘을 발현시키는 근원으로써 운동선수들의 경기력 향상을 위해서도 매우 중요한 역할을 한다. 육상선수의 질주 동작이나 야구 타자의 강한 스윙 동작은 물론이고 강한 지르기, 막기, 차기와 같은 태권도 동작 수행을 위한 힘도 파워존에서 나온다.

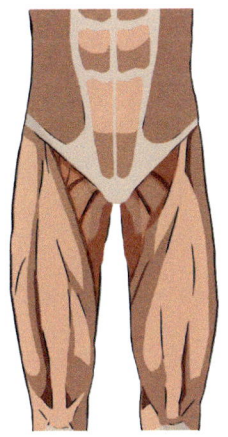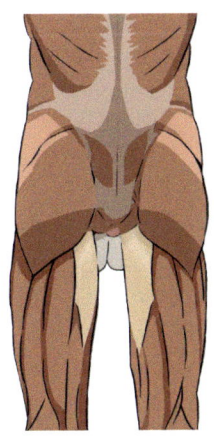

그림 75. 파워존을 이루는 대근육들

태권도의 동작은 몸통과 골반의 상대적인 움직임, 그리고 골반에 대한 대퇴의 움직임이 중요하게 작용하기 때문에 이러한 움직임에 관여하는 근육들로 구성된 파워존의 중요성이 강조된다. 더욱 자세히 설명하면 태권도 동작에서 파워존의 기능은 힘의 발현지점이자 상체와 하체를 연결해주는 역할로 설명할 수 있다. 태권도의 지르기, 막기 등 상체의 동작을 수행하기 위해서는 지면을 지지하고 있던 하체로부터 전달된 각운동량을 상체로 효과적으로 전달하여야 하는데, 이때 연결다리 역할을 하는 부위가 바로 파워존이다. 또한, 차기 동작을 하기 위해서 역시 몸통에 생성된 각운동량을 하체로 순차적인 회전을 통해 전달하여야 하는데 이때 역시 파워존의 역할이 중요하게 작용한다. 파워존의 근육들에 의해 생성된 힘을 이용해 강하게 지면을 박차며 힘을 생성하게 되고, 이러한 힘의 반작용으로 생성된 지면반력에 의한 각운동량에 의해 관성모멘트가 가장 큰 부위인 몸통 전체에 각운동량을 생성하게 된다. 이렇게 생성된 몸통의 각운동량을 다시 하지로 전달하는 과정에서 탄성에너지를 축적하여 발끝에서 최대속도를 생성할 수 있는 동작을 가능하게 해주는 부위가 바로 파워존이다. 이러한 동작은 몸통이 비틀어지는 동작이 크게 나타나는 회전차기 동작에서 더욱 두드러진다.

이러한 개념은 대근육과 소근육의 분류를 통해서도 확인할 수 있다. 우리 몸의 근육은 단면적이 넓고 파워가 큰 대근육과 상대적으로 단면적이 작고 섬세한 동작이 가능한 소근육으로 나뉘는데 주로 인체 중심부로부터 가까울수록 대둔근 및 대퇴근, 상체의 대흉근 등과 같이 대근육이 분포하고 크기가 상대적으로 작은 근육들은 인체 중심부로부터 멀리 있는 팔과 다리에 분포하는 것을 알 수 있다. 그 이유는 인체 중심부의 근육들일수록 몸통을 기준으로 몸 전체, 또는 팔다리 전체의 무게와 관성모멘트를 감당해야 하기 때문이다. 결국, 최대의 효과를 얻기 위해서 관절의 움직임을 근위에서 원위로 순차적으로 움직이기 위해서는 먼저 몸의 중심부에 가까운 대근육을 사용하고 순차적으로 소근육의 움직임으로 전환해야 함을 알 수 있다.

태권도의 동작들은 이러한 원리가 적용된 복합적이고 다양한 동작들을 수행하기 때문에 대근육과 소근육을 고루 발달시킬 수 있는 장점이 있다.

3) 코어의 중요성

코어라는 단어는 그 범위가 학자마다 차이가 있으나 일반적으로 척추를 에워싸고 체중을 지탱해주는 기둥 역할의 근육들을 일컫는 말이다. 코어를 단련하기 위해서는 주로 복횡근(Transversus Abdominis), 다열근(Multifidus), 골반기저부(Pelvic floor), 횡경막(Diaphragm) 등 몸의 심부근육을 강화하는 형태로 운동하게 된다. 이러한 근육 외에도 척추 주변을 감싸고 있는 많은 복직근, 외복사근, 내복사근, 척추기립근 등을 모두 일컬어 코어라고 말할 수 있다. 이러한 코어 근육들의 역할은 몸의 자세를 바로 세우는 역할도 할 뿐만 아니라 민첩한 동작 수행을 가능하게 한다. 태권도에서 코어근육들의 가장 큰 역할은 몸통이 비틀렸다가 복원되는 동안 각각의 근육들이 신장하였다가 수축하면서 그 탄성에너지 또는 신장성수축에서 단축성수축으로 전환되는 동안 나타나는 근육의 특성에 의해 팔 또는 다리를 이용한 기술을 효과적으로 수행하기 위한 힘의 발현 능력을 증진 시킨다.

4) 교호적 회전운동

외적인 토크가 없이 각운동량이 일정하더라도 하나의 주회전축으로부터 또 다른 축으로의 각속도의 전이가 가능하다. 태권도 선수가 뒤후려차기 동작을 할 경우 차는 순간 상체를 차는 발과 반대방향으로 틀어주는 동작은 비록 상체와 하체 각운동량의 총합은 방향과 크기에서 일정하다 할지라도 상체의 각속도를 하체로 전달해서

차기의 충격량을 보다 크게 할 수 있다.

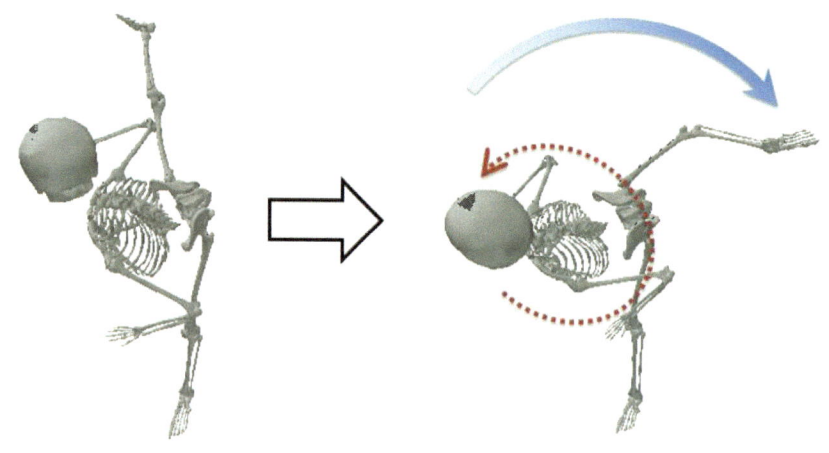

그림 76. 교호적 회전운동

이러한 몸통의 교호적 회전운동은 차기 동작뿐만 아니라 모든 태권도 동작에서 중요하게 적용되는 원리이다. 위의 예처럼 반대 동작을 통해 상체와 하체의 반작용을 이용한 경우뿐 아니라 지르기, 치기 등의 손기술, 또는 돌려차기와 같은 빠른 차기 동작에서 골반과 상부 몸통의 움직임 시간 간격을 두는 것 역시 몸통의 교호적 회전운동을 통해 효율을 높이는 동작으로 볼 수 있다. 후자에 따른 예는 근육의 신장-단축 시스템의 원리가 몸통에 적용된 예로 이해할 수 있다. 즉, 몸의 순간적인 비틀림에 의해 몸통의 근육들이 신장하면서 저장된 탄성에너지와 신장성수축 이후에 단축성수축으로 돌아서면서 나타나는 근수축 특성에 따른 결과이다.

5) 근육의 신장-단축 시스템

준비 동작의 역할은 본 동작이 효율적으로 행해지도록 최적의 조건을 만드는 것이다. 이것은 원칙적으로 사전 동작에 달려있다. 사전 동작은 동작 자체의 효율과 소요시간을 결정하기 때문에 겨루기에서 매우 중요한 요소이다.

일반적인 스포츠에서의 사전 동작은 어떠한 동작을 수행하기 위해 반대방향으로의 반동을 주는 백스윙 동작을 예로 들 수 있다. 예를 들면, 테니스나 골프에서 공을 치기 위해 먼저 공의 반대 방향으로 스윙하거나 태권도의 주먹격파에서 지르는 쪽의 팔을 후방으로 빼는 동작을 들 수 있다. 이러한 동작들은 주먹의 속도를 높이려는 방법으로, 힘을 가하는 시간과 거리를 길게 하는 방법을 사용한다. 하지만 실제 경기 겨루기 현장에서는 이러한 백스윙 동작을 충분히 수행할 여유가 없으므로 이를 보완할 장치가 필요하다.

태권도의 겨루기 경기에서 선수들이 제자리에서 가볍게 반동을 주며 뛰고 있는 모습을 볼 수 있다. 이렇게 몸에 반동을 주게 되면 발이 지면에 닿으면서 발등이 정강이에 가까워지는 발목관절의 배측굴곡이 일어나는 동안 오히려 근육은 반대방향으로의 수축을 하는 신장성수축이 일어나게 된다. 순간적인 신장성수축이 일어난 후 바로 단축성수축이 일어나게 되면 근육에 축적된 탄성에너지를 이용하여 더욱 큰 수축에너지를 획득할 수 있기 때문에 몸의 이동이나 차기 동작을 수행하기 위한 소요시간을 줄일 수 있고 동작의 효율 또한 높일 수 있다. 이러한 시스템을 근육의 신장-단축 시스템이라고 말한다.

근육의 신장-단축 시스템은 겨루기에서의 발놀림뿐만 아니라 태권도의 여러 동작에서 적용되고 있다. 지르거나 차기 동작에서 몸통과 골반의 각도 차이가 만들어내는 순간적인 교호적 회전운동이 이러한 근육의 신장-단축 시스템의 원리로 설명할 수 있다.

6) 연결 동작 원리

신체 말단분절의 속도를 빠르게 하기 위해서는 신체 중심축의 회전 움직임이 사지분절로 잘 전달되어야 한다. 질량이 가장 큰 몸통에서 회전 움직임이 발생하면서 큰 각운동량이 생성되는데 각운동량이란 관성모멘트(I), 즉 회전에 대한 저항의 크기에 각속도(ω)를 곱한 값이므로 각운동량이 질량 즉, 관성모멘트가 작은 사지분절로 전이되면 각운동량의 형태는 다음과 같이 바뀌게 된다.

$$(I \times \omega) \rightarrow (I \times \boldsymbol{\omega})$$

각운동량 보존의 법칙에 의해 최종분절은 빠른 각속도를 만들어내게 되어, 팔과 다리에서는 채찍과 같은 움직임이 나타나게 된다. 이러한 움직임을 채찍 동작(whip-like action) 또는 던지는 동작(throw-like pattern)이라고 한다. 그 움직임을 설명하자면 연결된 분절들에서 앞의 분절이 최대속도에 이르렀을 때 다음 분절의 가속이 시작되는 순차적인 패턴을 보인다.

7) 인체의 관성모멘트

관성모멘트는 회전하는 물체에 작용하는 관성으로 회전에 대한 저항이다. 그래서 특정 회전축에 관해서만 규정될 수 있다. 관성모멘트는 어느 한 축을 중심으로 한 질량의 크기와 분포에 따라 민감하게 달라진다. 일반적으로 걷기나 태권도의 앞차기와 같이 전후면상에서의 움직임을 할 때에 하지분절은 그 분절의 엉덩관절을 중심으로 회전한다고 볼 수 있기 때문에 하지분절의 질량분포를 엉덩관절 가까이에 위치시키느냐 멀리 위치시키느냐에 따라 하지의 관성모멘트, 즉 회전저항의 크기가 달라진다. 뒤후려차기의 경우 몸통의 회전운동이 얼마나 빠르냐에 따라서 차는 발의 속도에 큰 영향을 준다. 지지발의 회전축으로부터 차는 발의 거리가 가까우면 보다 관성모멘트를 작게 할 수 있는 것이다. 따라서 차는 발끝을 지지발로 빠르게 끌어들이면서 차기를 한다면 몸통 회전이 더욱 쉽게 이루어진다.

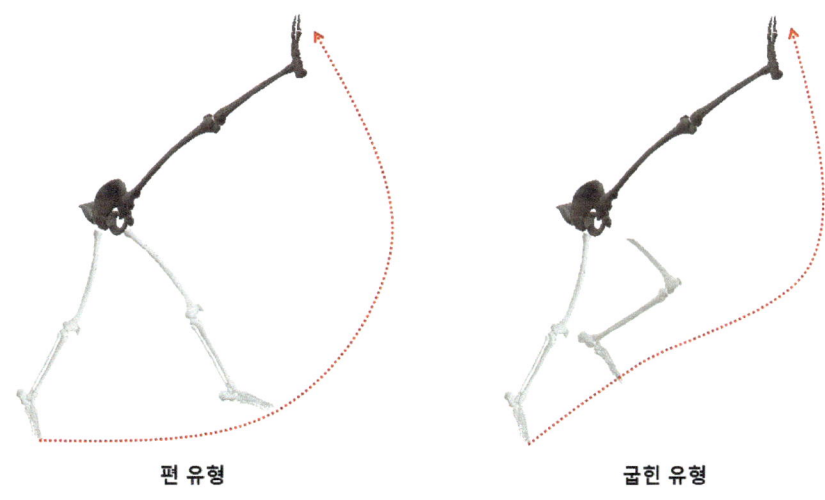

편 유형   굽힌 유형

그림 77. 앞차기 동작 시 다리의 회전반경

인체 내에서 회전축에 대한 질량의 분포는 매우 중요하다. 예를 들어, 태권도 차기 동작을 할 때 엉덩관절의 회전축에 대한 관성모멘트는 차는 다리의 질량분포와 무릎의 각도에 크게 의존한다. 앞차기 동작을 수행할 때 다리를 편 상태로 끌어올리는 동작보다 무릎이 접힌 상태에서 끌어올리는 동작이 동작의 소요시간을 더 짧게 할 수 있다. 그 이유는 무릎이 접힘으로써 하퇴분절의 질량분포가 엉덩관절에 더 가까워짐에 따라 관성모멘트가 작아져서 엉덩관절을 축으로 한 각속도를 더 빨리할 수 있기 때문이다.

8) 스냅

일반적으로 태권도에서의 스냅이란 파워존에서 발생한 힘을 연결 동작 원리(kinetic link principle)에 따라 체간에서 체지(몸통→상완/대퇴→하완/하퇴→손/

발)로 각운동량을 전달할 때 최종분절의 각속도가 최대가 되는 채찍과 같은 동작 형태를 말하는 것으로 앞서 설명한 내용과 맥락을 같이한다. 하지만 주로 구기운동에서 공을 던지거나 칠 때의 손목의 움직임 또는 그 힘을 말한다. 포환던지기, 원반던지기, 창던지기에서 손목이나 손가락을 이용하여 투척물이 손에서 떨어지는 순간 최후의 힘을 가하는 동작이나 투구, 타격 등을 할 때 손목을 충분히 움직여 속구를 던지거나 타격하는 것을 스냅이란 말로 설명하는 경우가 있다. 이는 동작 형태에 따른 최종분절의 관성모멘트와 관련이 있다. 특정 구기종목의 경우 최종분절에 속하는 공의 무게에 따라 순차적으로 각속도의 증가가 나타나지 않을 수 있기 때문에 최종관절의 움직임을 이용해 공의 속도를 높이는 동작을 활용하며 이를 스냅이라고 하기도 한다.

태권도에서는 막기, 지르기, 치기, 차기 등을 할 때 손목, 발목 또는 무릎관절의 굽힘(굴곡), 폄(신전), 젖힘(과신전), 엎침(회내), 뒤침(회외) 운동이 일어나는 것이 스냅에 해당하며 특히 내려차기 동작에서는 발바닥굽힘(저측굴곡)과 발등굽힘(배측굴곡)이 일어나 스냅을 발생시킨다

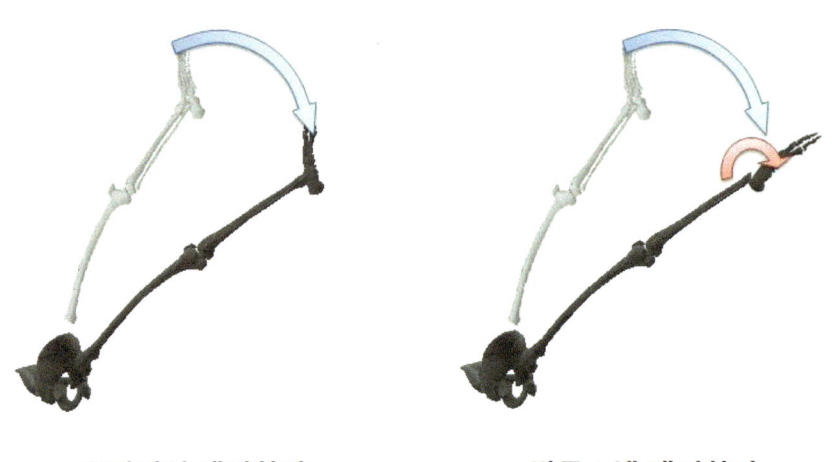

일반적인 내려차기 　　　　　 발목스냅 내려차기

그림 78. 내려차기 동작의 타격순간 발목스냅

태권도 내려차기의 예를 들면, 원칙적으로는 무릎이 접히도록 대퇴를 끌어올려 내려차는 것이 바람직하지만, 일부 수련생의 경우 단봉과 같이 무릎관절을 편 상태로 다리를 들어 올려 내려차는 것을 볼 수 있다. 그러나 이 경우에도 타격순간 발목관절을 발바닥굽힘(저측굴곡) 함으로써 발의 속도를 배가시킬 수 있다. 다시 말해, 내려차기는 무릎이 펴진 상태에서 타격이 이루어지는 차기이기 때문에 쌍절곤과 같이 분절의 순차적인 가속으로 타격에 이루어지는 돌려차기나 앞차기처럼 큰 타격속도를 내기 어려운 차기이나 타격 순간 발목관절의 스냅을 통해 발의 속도를 더욱 빠르게 할 수 있다.

9) 강체화

일반적으로 공격을 위한 동작을 수행할 때 체중을 실어서 가격해야 한다는 말을 많이 한다. 손과 발을 이용한 태권도의 타격기술은 팔이나 다리 부분의 질량만을 이용해서 타격하는 형태와 질량이 상대적으로 큰 몸통까지 타격에 가담할 수 있도록 하는, 즉 체중을 실어서 타격하는 형태로 나뉠 수 있다. 타격의 크기를 결정하는 운동량은 타격하는 질량에 속도를 곱한 값이기 때문에 속도만 충분히 빠르다면 팔이나 다리의 질량만을 이용해서도 충분한 타격 효과를 낼 수 있다. 그러나 더 큰 충격량을 얻기 위해서나 강한 물체를 격파할 경우에는 몸 전체의 질량을 이용하는 것이 필요하다.

타격 시 타격에 가담하는 질량을 크게 하기 위해서는 타격 순간에 관절의 자유도를 고정하여 가능한 많은 신체 부위가 하나의 분절과 같은 역할을 해야 한다. 지르기 같은 경우 타격이 이루어지는 순간 손목, 팔꿈치, 어깨관절을 단단히 고정하여 마치 몸통과 팔이 하나의 분절과 같은 역할을 함으로써 상체 전체의 질량을 타격에 이용할 수 있게 된다. 이처럼 실제 타격에 이용되어 영향을 주는 질량을 효과질량(effective mass)이라고 한다. 효과질량을 증가시키기 위한 강체화는 타격 시 운동량을 결정하는 질량과 속도 중 질량을 크게 하고, 물체의 반작용에 의한 힘을 억제함으로써 충격량을 크게 하는 역할을 한다.

2. 태권도 기술을 유도하는 단서

큐(cue, 단서)는 기술을 리드하는 사고의 초점을 말한다. 학습자가 주의집중을 어디에 하느냐에 따라서 학습능률이 차이가 난다는 것은 운동학습이론에서 많은 연구를 통해 입증된 사실이다. 태권도 동작을 지도함에서 수련자에게 어떠한 단서의 제공을 통해 지도하느냐에 따라 수련자의 동작을 긍정적으로 이끌어 낼 수 있다.

1) 손기술 동작에 대한 단서

태권도의 손기술 중에서 가장 기본이 되는 막기와 지르기 동작을 3차원 모션캡쳐 시스템을 활용해 분석한 자료를 보여주고 있다.

연구자는 국가대표 품새선수 10명에게 품새에 가장 빈번하게 사용되는 동작인 내려막기, 몸통막기, 몸통지르기 동작을 다음 세 가지 방법으로 구분하여 수행하였다. 첫째, 단서를 제공하지 않은 경우, 둘째, 설정한 목표물을 향해 최대한 빠르게 동작을 수행하는 경우, 셋째, 지도자가 수련자의 신체 동작에 대한 지도를 통해 단서를 제공한 경우이다. 본 실험의 세 번째 방법에서 지도자가 제공한 단서는 다음과 같다.

첫째, 몸에 힘을 뺀 상태에서 근육의 수축에 의한 움직임(내력)이 아닌
　　접지한 발로 지면을 민첩하게 밀어내 외력을 얻어 골반을 회전시킨다.
둘째, 골반이 먼저 틀어진 후 몸통의 교호적 회전운동에 의해 속근육이

순간적으로 비틀리면서 생성되는 탄성에너지를 활용하도록 한다.

셋째, 골반-몸통-어깨-상완-하완-손의 순서로 각운동량을 순차적으로 전이하여 채찍과 같은 움직임이 되도록 한다.

넷째, 팔의 움직임은 손으로부터가 아니라 상완을 먼저 빠르게 움직임으로써 하완과 손이 자연스럽게 따라 나오도록 한다.

위의 단서를 제공하여 연습한 후 각 동작 시 손의 선속도를 비교해본 결과 다음과 같은 차이가 나타났다.

(1) 내려막기

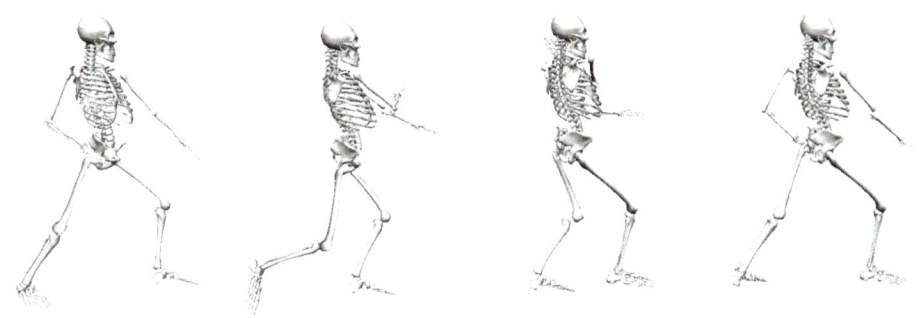

그림 79. 내려막기 동작

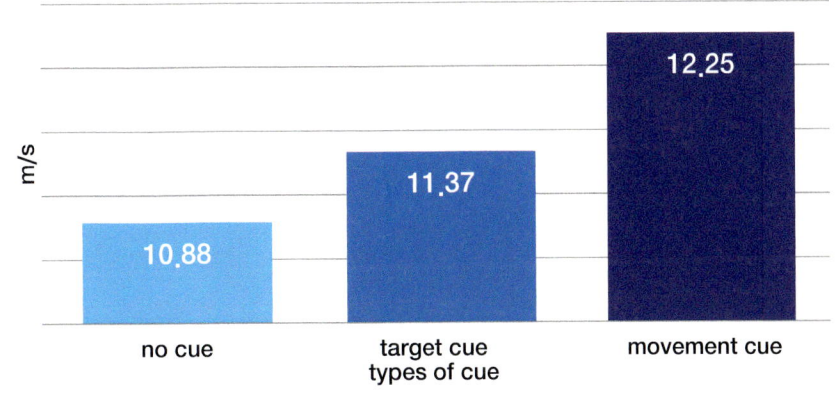

그림 80. 내려막기 속도

내려막기 동작에서 손의 선속도를 비교한 결과를 살펴보면 신체 움직임에 대해 다양한 단서를 제공해 준 경우 12.25m/s, 목표물을 향해 최대한 빠르게 동작을 수행하도록 하는 경우 11.37m/s, 단서를 제공하지 않은 경우 10.88m/s를 나타내어 신체 움직임에 대해 다양한 단서를 제공해 준 경우에 손에서 가장 빠른 선속도를 보였으며 그다음으로 목표물에 대한 단서를 준 경우, 그리고 단서를 제공하지 않은 경우 순으로 나타났다.

(2) 몸통막기

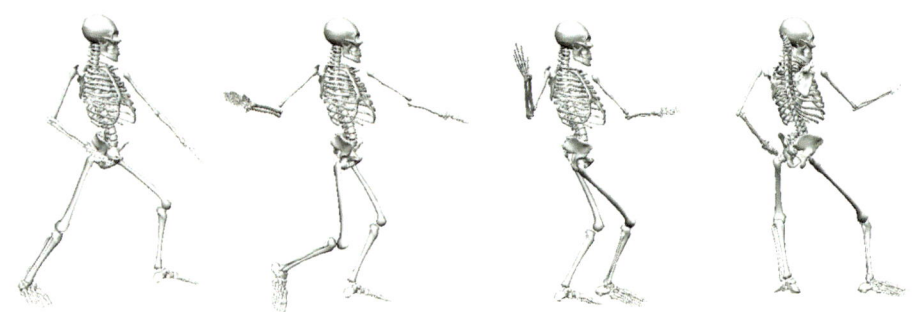

그림 81. 몸통막기 동작

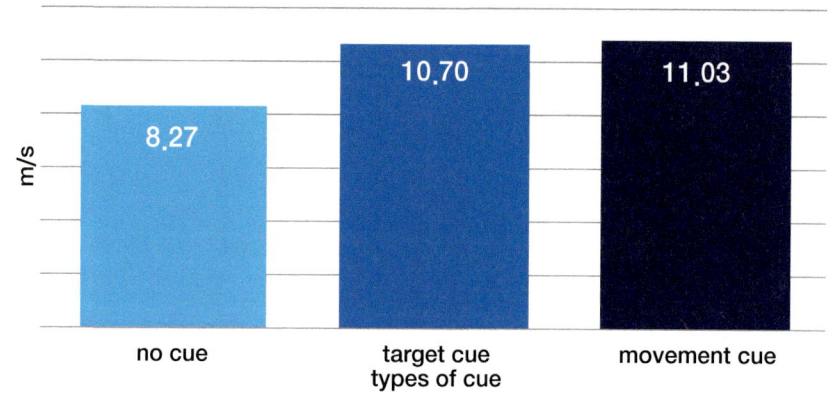

그림 82. 몸통막기 속도

몸통막기 동작에서 손의 선속도를 비교한 결과를 살펴보면 신체 움직임에 대해 다양한 단서를 제공해 준 경우 11.03m/s, 목표물을 향해 최대한 빠르게 동작을 수행하도록 하는 경우 10.70m/s, 단서를 제공하지 않은 경우 8.27m/s를 나타내어 신체 움직임에 대해 다양한 단서를 제공해 준 경우에 손에서 가장 빠른 선속도를 보였으며 그다음으로 목표물에 대한 단서를 준 경우, 그리고 단서를 제공하지 않은 경우 순으로 나타났다.

(3) 몸통지르기

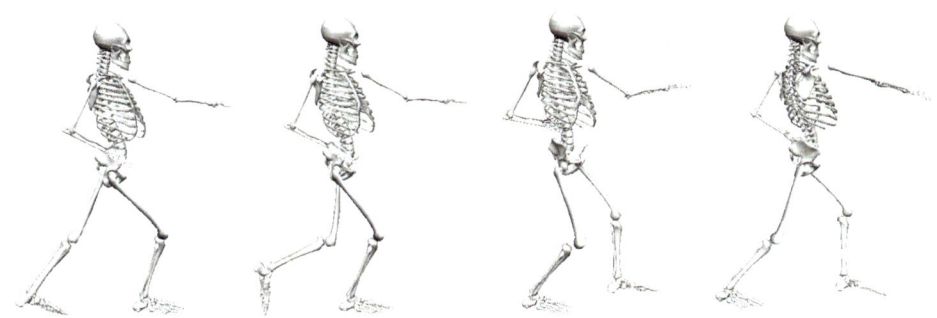

그림 83. 지르기 동작

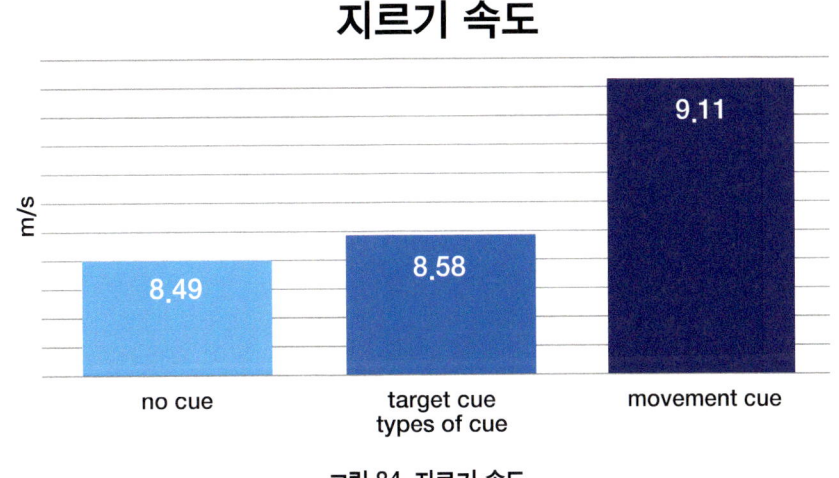

그림 84. 지르기 속도

몸통지르기 동작에서 손의 선속도를 비교한 결과를 살펴보면 신체 움직임에 대해 다양한 단서를 제공해 준 경우 9.11m/s, 목표물을 향해 최대한 빠르게 동작을 수행하도록 하는 경우 8.58m/s, 단서를 제공하지 않은 경우 8.49m/s를 나타내어 신체 움직임에 대해 다양한 단서를 제공해 준 경우에 손에서 가장 빠른 선속도를 보였으며 그다음으로 목표물에 대한 단서를 준 경우, 그리고 단서를 제공하지 않은 경우 순으로 나타났다.

이처럼 다양한 단서를 제공함에 따라 손기술에서 속도의 차이가 나타남을 알 수 있었다. 단서를 제공하지 않거나 목표물에 집중하여 동작을 수행하기보다는 신체 부위의 움직임 원리에 집중하도록 단서를 제공하는 것이 품새선수들의 우수한 동작을 이끌어낼 수 있는 것으로 나타났다. 그러므로 지도자는 선수들 또는 수련자들의 기술수행능력을 향상하기 위해 동작의 문제점을 찾아내고 원인을 규명하여 그에 맞는 신체 움직임의 메커니즘에 대한 정보를 제공해주어야 한다.

2) 발기술 동작에 대한 단서

태권도의 발기술 중 겨루기에서 가장 많이 사용되는 돌려차기, 내려차기, 뒤차기, 뒤후려차기 기술동작을 3차원 모션캡쳐 시스템을 활용해 분석한 자료를 보여주고 있다.

연구자는 국가대표 겨루기선수 10명에게 겨루기에서 가장 많이 사용되는 돌려차기, 내려차기, 뒤차기, 뒤후려차기 동작을 다음 세 가지 방법으로 구분하여 수행하였다. 첫째, 단서를 제공하지 않은 경우, 둘째, 설정한 목표물을 향해 최대한 빠르게 동작을 수행하는 경우, 셋째, 지도자가 수련자의 신체 동작에 대한 지도를 통해 단서를 제공한 경우이다.

(1) 돌려차기

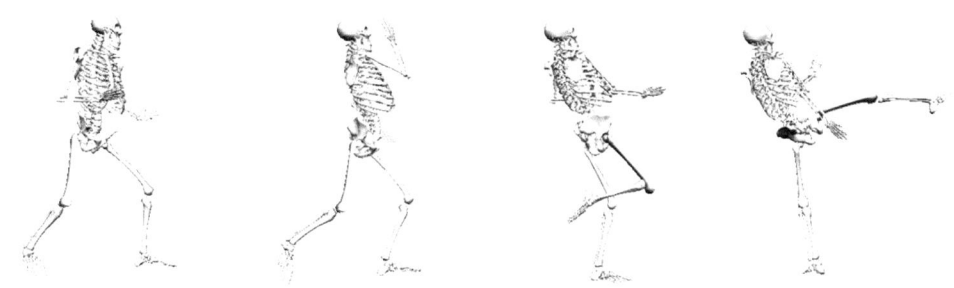

그림 85. 돌려차기 동작

본 실험에서 돌려차기 동작 시 세 번째 방법에서 몸의 움직임에 대해 지도자가 제공한 단서는 다음과 같다.

첫째, 몸에 힘을 뺀 상태에서 지면을 민첩하게 밀어 얻어낸 외력으로
   골반을 빠르게 회전시킨다.
둘째, 골반이 먼저 틀어진 후 몸통의 교호적 회전운동에 의해 속근육이
   순간적으로 비틀리면서 생성되는 탄성에너지를 활용하도록 한다.
셋째, 대퇴는 신체 중심선과 가깝게 지지발에 스치듯 끌어올리고 무릎은
   힘을 빼 자연스럽게 접히도록 하여 몸통과 하지분절의
   관성모멘트(회전저항)를 최소화시킨다.
넷째, 하지근육의 수축에 의한 움직임이 아닌
   몸통-골반-대퇴-하퇴-발로 이어지는 각운동량의 순차적인 전이로
   채찍과 같은 움직임이 되도록 한다.

위의 단서를 제공하여 연습한 후 돌려차기 동작 시 발의 선속도를 비교해본 결과 다음과 같은 차이가 나타났다.

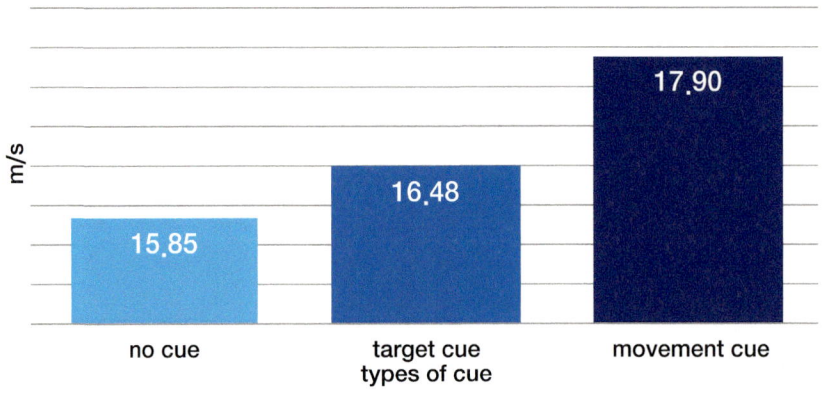

그림 86. 돌려차기 속도

    돌려차기 동작에서 발의 선속도를 비교한 결과를 살펴보면 신체 움직임에 대해 다양한 단서를 제공해 준 경우 17.90m/s, 목표물을 향해 최대한 빠르게 동작을 수행하도록 하는 경우 16.48m/s, 단서를 제공하지 않은 경우 15.85m/s를 나타내어 신체 움직임에 대해 다양한 단서를 제공해 준 경우에 발에서 가장 빠른 선속도를 보였으며 그다음으로 목표물에 대한 단서를 준 경우, 그리고 단서를 제공하지 않은 경우 순으로 나타났다.

(2) 내려차기

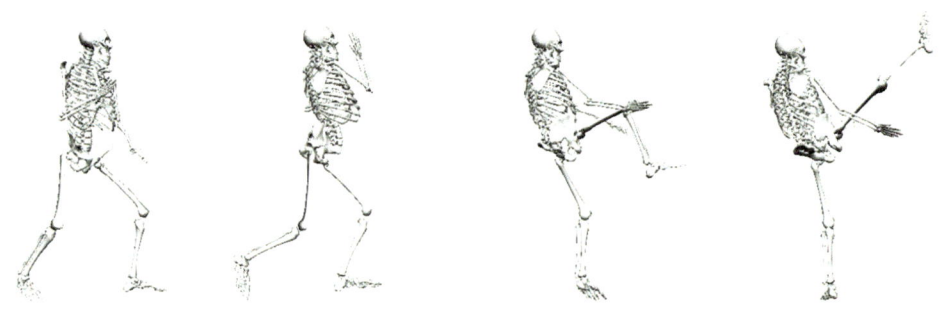

그림 87. 내려차기 동작

본 실험에서 내려차기 동작 시 세 번째 방법에서 몸의 움직임에 대해 지도자가 제공한 단서는 다음과 같다.

첫째, 몸에 힘을 뺀 상태에서 지면을 민첩하게 밀어 얻어낸 외력으로
  골반을 빠르게 회전시킨다.
둘째, 골반이 먼저 틀어진 후 몸통의 교호적 회전운동에 의해 속근육이
  순간적으로 비틀리면서 생성되는 탄성에너지를 활용하도록 한다.
셋째, 대퇴를 끌어올릴 시 무릎에 힘을 빼 자연스럽게 접히도록 한다.
넷째, 발을 내려찍으려 하지 말고 끌어올려진 다리의 위치에너지와
  대퇴후면근육들의 탄성에 의한 움직임이 되도록 하며 타격 순간
  발목의 스냅을 통해 발의 속도를 배가시킨다.

위의 단서를 제공하여 연습한 후 내려차기 동작 시 발의 선속도를 비교해본 결과 다음과 같은 차이가 나타났다.

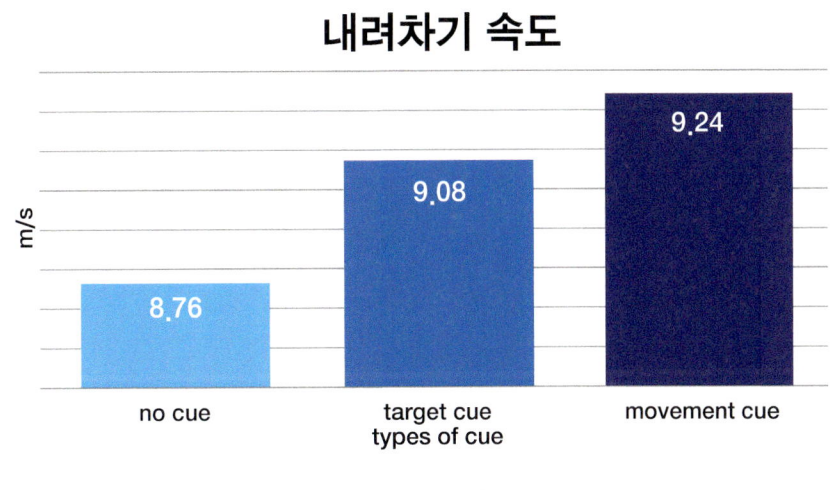

그림 88. 내려차기 속도

내려차기 동작에서 발의 선속도를 비교한 결과를 살펴보면 신체 움직임에 대해 다양한 단서를 제공해 준 경우 9.24m/s, 목표물을 향해 최대한 빠르게 동작을 수행하도록 하는 경우 9.08m/s, 단서를 제공하지 않은 경우 8.76m/s를 나타내어 신체 움직임에 대해 다양한 단서를 제공해 준 경우에 발에서 가장 빠른 선속도를 보였으며 그다음으로 목표물에 대한 단서를 준 경우, 그리고 단서를 제공하지 않은 경우 순으로 나타났다.

(3) 뒤차기

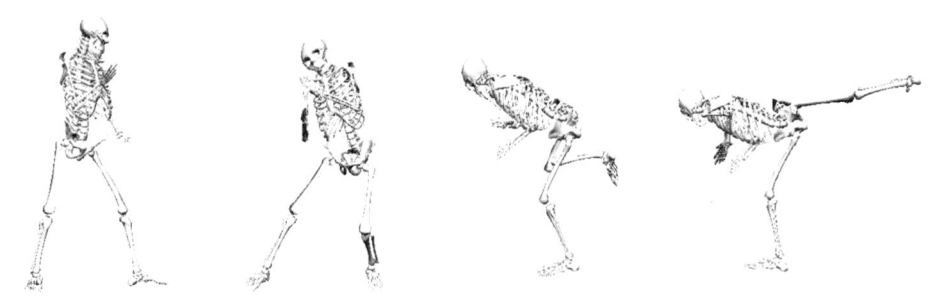

그림 89. 뒤차기 동작

본 실험에서 뒤차기 동작 시 세 번째 방법에서 몸의 움직임에 대해 지도자가 제공한 단서는 다음과 같다.

첫째, 몸에 힘을 뺀 상태에서 지면을 민첩하게 밀어 얻어낸 외력으로
　　골반을 빠르게 후방회전시킨다.
둘째, 차는 발이 지면에서 떨어지는 순간 발을 대퇴 쪽으로 빠르게
　　끌어올려 하지분절의 관성모멘트(회전저항)를 최소화시킨다.
셋째, 차는 발은 회전축과 가깝게 지지발을 스치듯 목표물을 향해
　　직선으로 나아가야 하며 발을 뻗어주는 형태가 아닌 대퇴를
　　빠르게 밀어주며 타격이 이루어지도록 한다.

위의 단서를 제공하여 연습한 후 뒤차기 동작 시 발의 선속도를 비교해본 결과 다음과 같은 차이가 나타났다.

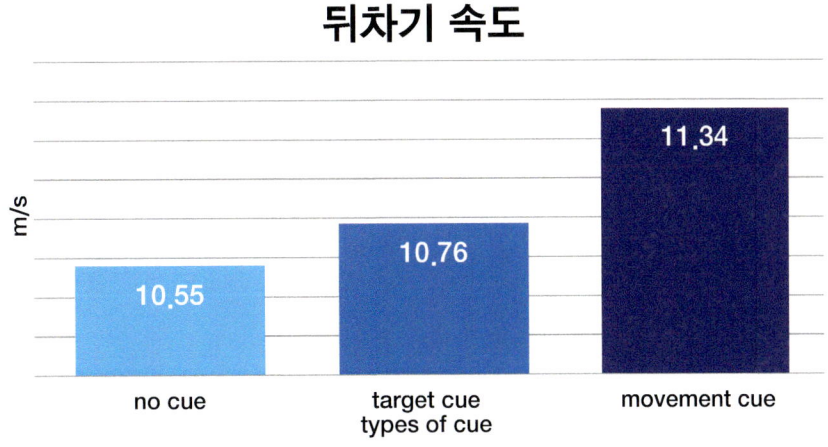

그림 90. 뒤차기 속도

뒤차기 동작에서 발의 선속도를 비교한 결과를 살펴보면 신체 움직임에 대해 다양한 단서를 제공해 준 경우 11.34m/s, 목표물을 향해 최대한 빠르게 동작을 수행하도록 하는 경우 10.76m/s, 단서를 제공하지 않은 경우 10.55m/s를 나타내어 신체 움직임에 대해 다양한 단서를 제공해 준 경우에 발에서 가장 빠른 선속도를 보였으며 그다음으로 목표물에 대한 단서를 준 경우, 그리고 단서를 제공하지 않은 경우 순으로 나타났다.

(4) 뒤후려차기

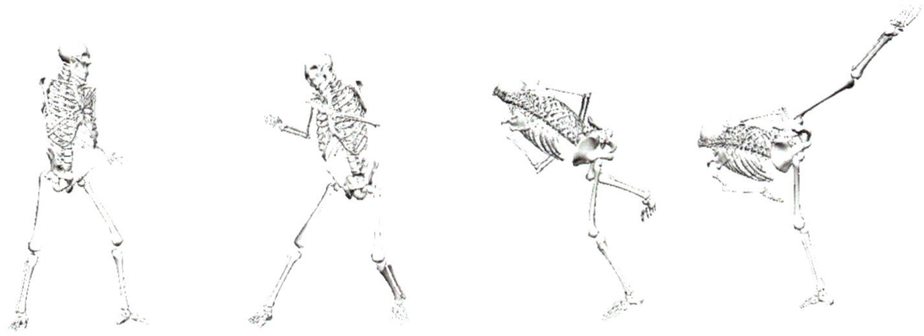

그림 91. 뒤후려차기 동작

본 실험에서 뒤후려차기 동작 시 세 번째 방법에서 몸의 움직임에 대해 지도자가 제공한 단서는 다음과 같다.

첫째, 몸에 힘을 뺀 상태에서 지면을 민첩하게 밀어 신체질량 중심점을
지지발로 이동시키며 축을 세우고 골반을 빠르게 후방회전시킨다.
둘째, 차는 발이 지면에서 떨어지는 순간 발을 대퇴 쪽으로 빠르게
끌어올려 하지분절의 관성모멘트(회전저항)를 최소화시킨다.
셋째, 골반이 먼저 틀어진 후 몸통의 교호적 회전운동에 의해 속근육이
순간적으로 비틀리면서 생성되는 탄성에너지를 활용하도록 한다.
넷째, 하지근육의 수축에 의한 움직임이 아닌
몸통-골반-대퇴-하퇴-발로 이어지는 각운동량의 순차적인
전이로 단봉 형태가 아닌 쌍절곤의 형태로 타격이 이루어지도록
하며 무릎과 발목의 스냅을 이용하여 발의 속도를 배가시킨다.
다섯째, 차는 발이 목표물에 수평 방향으로 타격이 이루어질 수 있도록
수평거리를 확보해야 하며 타격 순간 상체를 뒤로 눕히지 않도록 한다.

위의 단서를 제공하여 연습한 후 뒤후려차기 동작 시 발의 선속도를 비교해본 결과 다음과 같은 차이가 나타났다.

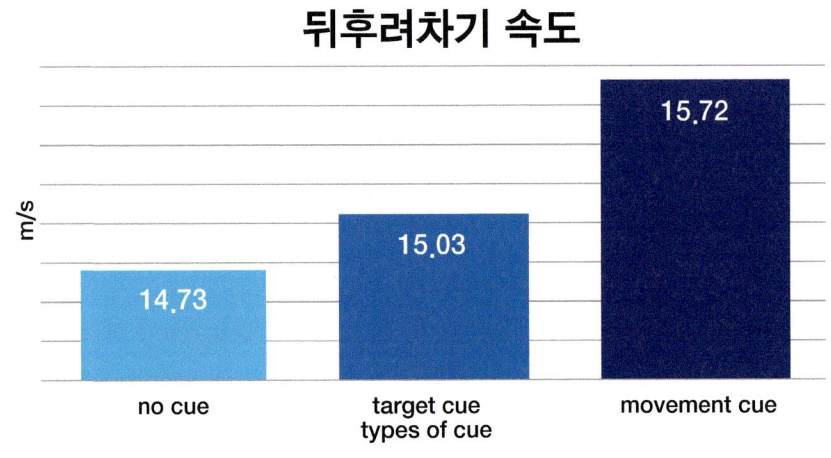

그림 92. 뒤후려차기 속도

뒤후려차기 동작에서 발의 선속도를 비교한 결과를 살펴보면 신체 움직임에 대해 다양한 단서를 제공해 준 경우 15.72m/s, 목표물을 향해 최대한 빠르게 동작을 수행하도록 하는 경우 15.03m/s, 단서를 제공하지 않은 경우 14.73m/s를 나타내어 신체 움직임에 대해 다양한 단서를 제공해 준 경우에 발에서 가장 빠른 선속도를 보였으며 그다음으로 목표물에 대한 단서를 준 경우, 그리고 단서를 제공하지 않은 경우 순으로 나타났다.

이처럼 발기술에서 역시 다양한 단서를 제공함에 따라 차이가 나타나며, 특히 차기 특성에 따라 몸의 움직임 원리에 대해 다양한 단서제공을 함으로써 선수들의 우수한 동작을 이끌어낼 수 있는 것으로 나타났다. 그래서 지도자는 가장 효율적으로 선수들 또는 수련자들의 기술수행능력을 향상하기 위해 동작의 문제점을 찾아내고 원인을 규명하여 그에 맞는 신체 움직임의 메커니즘에 대한 정보를 제공해주어야 한다.

3. 태권도 기본동작의 기능학

기본동작이란 태권도에서 기술 수행을 위한 가장 기초적인 동작을 말한다. 기본동작이 응용되고 발전되어 품새, 겨루기, 호신술, 시범, 격파 등이 가능하게 되는 것이기 때문에 태권도 기술의 근간을 이루는 항목이라고 할 수 있다. 태권도 기본동작의 종류로는 대표적으로 서기, 딛기, 막기, 지르기, 찌르기, 치기, 차기 등으로 나눌 수 있다.

1) 태권도 서기 및 딛기의 기능학

(1) 서기의 개요

서기란 모든 태권도 동작을 수행하거나 시작하기 위한 기본자세로서 두 발을 제외한 몸의 어떠한 부분도 지면과 맞닿아 있지 않은 상태를 말한다. 자세란 신체에 에너지가 축적된 형태로, 서 있는 사람의 인체는 두 발의 위치와 움직임에 따라 평형성, 안정성, 민첩성에 영향을 미치기 때문에 태권도의 기술 발휘에서 서기자세는 공격 또는 방어로 전환되는 동작 연결에 매우 중요한 요소로 작용한다.

(2) 서기의 유의사항

① 상체는 허리를 곧게 펴고 어깨에는 과도하게 힘이 들어가지 않도록 긴장을 풀고 있어야 한다. 허리가 곧게 펴져 있지 않다면 자세가 무너져 올바른 동작을 수행하기가 어려워지며 어깨에 힘이 들어가면 주변 근육들이 경직되어 분절의 원활한 협응과 가속에 방해된다.

② 몸의 중심부인 하복부에 적절히 힘을 주어 자세가 무너지지 않도록 한다. 하복부의 강화를 위해서는 평소에 단련이 필요하며 대표적으로 코어트레이닝을 통해 하복부와 같은 중심부의 속근육을 강화할 수 있다.

③ 기저면 중앙에 수직축으로부터 신체질량 중심점을 맞추어 균형을 유지한다.

④ 무릎관절의 탄력성을 효과적으로 이용해야 하며 이를 위해서는 신체질량 중심점을 낮게 하고, 상하로 급격히 움직이지 않도록 주의해야 한다.

⑤ 몸의 방향은 목표를 향해 정확하게 유지해야 한다.

(3) 서기의 안정성

서기의 안정성(stability)은 신체의 평형이 무너지는 것에 대한 저항으로 정의할 수 있으며 질량의 크기, 기저면의 넓이, 무게중심의 높이, 수직중심선(중력선) 등과 같은 역학적 요소가 안정성에 영향을 준다. 안정성이 증가하면 강력한 힘의 발휘와 전달은 가능하지만 민첩한 이동이 힘들어질 수도 있기 때문에 기술의 목적에 따라 안정성과 이동성을 고려하여 적절히 조절하여야 한다.

① 기저면

기저면은 인체 또는 물체 등이 지면과 접촉하는 각 부위의 가장 바깥쪽 가장자리들을 연결하여 이루어진 전체 면적을 말한다. 기저면은 무게중심의 안정성이 유지되는 영역으로 기저면이 넓을수록 무게중심이 기저면을 벗어날 경우가 적어진다. 즉, 서기자세에서 다리를 벌려 기저면을 넓게 하면 안정성을 높일 수 있다.

예를 들어, 한 발로 지지하고 선 학다리서기 자세보다는 두 발로 지지하는 나란히서기나 앞서기의 경우 기저면이 넓어져 안정성이 높아지며, 두 발을 넓게 벌린 주춤서기나 앞굽이 등의 자세를 취하는 경우 안정성은 더욱 높아진다고 할 수 있다.

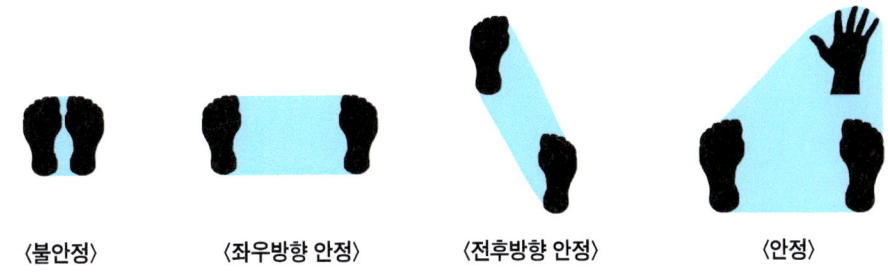

〈불안정〉　　〈좌우방향 안정〉　　〈전후방향 안정〉　　〈안정〉

그림 93. 인체의 기저면과 안정성

② **무게중심**

안정성은 인체나 물체의 무게중심 높이와 반비례한다. 무게중심이 높으면 안정성이 떨어지고 중심이 낮으면 안정성이 높아진다. 태권도에서 몸통지르기를 수련할 때 높은 안정성을 유지하기 위하여 무게중심이 낮은 주춤서기 자세로 훈련하는 것을 예로 들 수 있다. 레슬링이나 유도와 같이 상대의 공격에 저항하기 위해 높은 안정성이 요구되는 경기종목에서 자세를 최대한 낮추는 것 역시 이러한 이유 때문이다.

그림 94. 인체의 무게중심과 안정성

③ **수직중심선**

무게중심을 지나는 수직중심선이 기저면의 어디에 위치하느냐에 따라 안정성은 달라질 수 있다. 수직중심선이 기저면의 중앙에 가까울수록 안정성은 높아지고 멀어질수록 안정성은 떨어진다.

한편, 인체에 중력을 제외한 외력이 작용할 경우, 수직중심선이 외력이 작용하는 쪽에 가까울수록 안정성은 높아지고, 외력이 작용하는 반대쪽에 가까울수록 안정성은 낮아진다. 예를 들어 앞굽이 몸통지르기 자세는 지르기를 통해서 목표물로부터 받은 반작용력(외력)에 대한 안정성을 높이기 위해 기저면을 넓히고 무게중심을 앞쪽에 위치시킨 자세로 볼 수 있다.

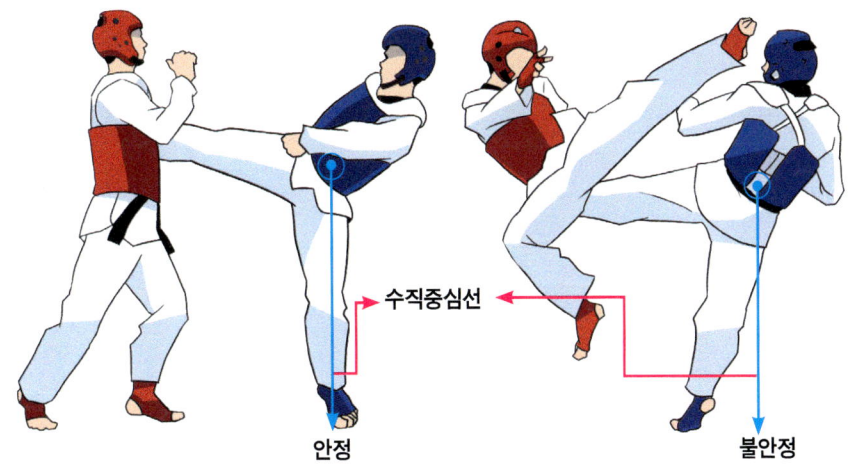

그림 95. 인체의 수직중심선과 안정성

(4) 서기의 종류

태권도 서기의 종류	곁다리서기 Gyeotdariseogi
	꼬아서기 Kkoaseogi
	나란히서기 Naranhiseogi
	뒷굽이 Dwitgubi
	모서기 Moseogi
	모아서기 Moaseogi
	범서기 Beomseogi
	앞굽이 Apgubi
	앞서기 Apseogi
	옆서기 Yeopseogi
	주춤서기 Juchumseogi
	학다리서기 Hakdariseogi

① 나란히서기

나란히서기는 태권도의 서기자세 중 가장 기본이 되며 두 발의 넓이는 발길이 정도로 벌리고, 발날등을 서로 나란히 되게 하며, 체중은 두 다리에 똑같이 나누어 실어 무게중심을 기저면의 한가운데 위치시킨다. 나란히서기는 기저면의 넓이가 적당하고 무게중심이 기저면의 정중앙에 위치해 있어 모든 방향으로의 이동성과 안정성의 평형을 이루고 있기 때문에 준비동작에서 많이 이용되는 서기자세이다.

② 주춤서기

주춤서기는 두 발의 뒤축 사이를 발 길이의 두 배 거리로 벌린 자세에서 발끝은 약간 안쪽으로 넣어 발날등이 서로 나란히 되게 하며, 무릎만 약간 굽힌 후 엉덩이를 뒤쪽으로 살짝 내밀어 허리를 곧게 편 자세이다. 주춤서기는 넓은 기저면과 낮은 무게중심을 유지하고 있으며 무게중심이 기저면의 중앙에 위치하기 때문에 매우 안정적인 자세이다. 안정적이고 흔들림이 없는 자세인 만큼 주로 손기술을 이용한 공방 동작을 수행할 때 사용한다.

③ 모아서기

모아서기는 차려 자세와 같은 방법으로 무릎을 곧게 편 상태에서 두 발을 가지런히 모아 발날등이 붙도록 한 자세이다. 모아서기는 나란히서기에 비해 기저면이 좁아 안정성은 떨어지지만, 동작을 시작하기 전 또는 동작의 중간에 정신과 호흡을 가다듬고 심리적 안정을 취하는 기본적인 자세이다.

④ **앞서기**

 앞서기는 일반적인 걸음걸이와 같은 자세로 무릎을 편 상태에서 무게중심은 기저면의 중앙에 위치시키며 두 발 사이의 보폭은 한 발 길이 정도로 벌리고 두 발의 내측 면이 일직선상에 놓이게 한다. 체중은 두 다리에 똑같이 놓고 뒷발의 각도는 자연스럽게 벌어지도록 하지만 전방을 향한 상태에서 30°를 벗어나지 않게 한다. 앞서기는 전후선상의 기저면이 비교적 넓어 전방에서의 외력에 대한 안정성이 높고 신체의 무게중심이 높아 전방으로의 이동과 차기공격 등에 용이하다.

⑤ **앞굽이**

 앞굽이는 두 발의 좌우 폭은 고관절 만큼 벌리고 전방으로 뒷발의 뒤축부터 시작하여 발 길이의 4배 반 정도 벌려 전방에 위치한 발은 내려다봤을 때 무릎에 가려 발끝이 보일 듯 말 듯하게 하며 하퇴는 지면과 수직이 되도록 한다. 뒷발은 발가락이 전방을 향한 상태에서 바깥으로 30° 이상 벗어나지 않도록 하고 무릎은 완전히 펴서 상체를 지탱한다. 신체의 무게중심은 기저면의 중앙에 위치하며 허리를 곧게 편 자세이다. 앞굽이는 전방으로의 넓은 기저면과 낮은 무게중심을 가지고 있어 전방에서의 외력에 대해 매우 안정적이며 무게중심이 약간 전방에 위치해 전방으로의 이동성이 비교적 쉬워 주로 상체를 이용한 공격 동작에 사용된다.

⑥ **뒷굽이**

 뒷굽이는 앞발이 전방을 향한 상태에서 앞발과 뒷발의 각도가 90°를 이루게 하고 보폭은 뒷발의 뒤축 선에서 시작하여 발 길이의 세 배 정도 벌린다. 허리를 반듯하게 세우고 가볍게 주춤 앉은 자세에서 무릎의 굽은 방향 역시 발과 같게 하며 뒷발은 지면과 60~70°, 앞발은 지면에서 약 100~110°가량 되도록 구부린다. 두 다리를 앞뒤로 벌려서는 다른 서기와 예외로 뒷굽이에서는 뒤에 있는 다리를 기준으로 표시하며, 예로 오른다리가 뒤에 있으면 오른뒷굽이라고 한다. 뒷굽이는 전후선상의 기저면이 넓고 신체 무게중심이 낮아 전후방에서의 외력에 대해 안정적이며, 앞굽이에 비해 좌우선상의 기저면이 넓어 좌우방향에서의 외력에 대한 안정성도 고려되었으며, 신체 무게중심이 약간 뒤쪽에 위치하여 전방보다는 후방으로의 이동성이 쉬우며 주로 상체를 이용한 방어 동작에 사용된다.

⑦ **범서기**

범서기는 양발이 모두 전방을 향한 상태에서 뒷발을 30° 정도 살짝만 바깥으로 틀고 앞발을 한 발 길이로 내디딘 상태에서 주춤 앉는다. 주춤서기처럼 엉덩이를 살짝 뒤로 내밀고 뒷발에 모든 체중이 실리도록 한 후 위에서 내려다봤을 때 뒷발의 발끝과 무릎이 일직선이 되도록 하며 앞발은 발끝 부분만 지면에 닿도록 뒤축을 들어준다. 무릎은 안쪽으로 모아주고 체중은 뒷발에 모두 싣는다. 범서기는 기저면이 좁아 불안정하나 전방으로의 이동성이 높으며 체중이 뒷발에 실려 있어 앞발을 이용한 차기공격에 쉽다.

⑧ **꼬아서기**

꼬아서기는 옆으로 이동할 때 이루어지는 순간 동작의 자세를 말한다. 옆으로 꼬아서기 할 때, 왼발과 오른발을 교차시키면 자연스럽게 다리가 꼬아진다. 앞꼬아서기 시 옮기는 발을 앞으로 하고, 반대 발을 뒤로하여 뒤에 있던 발은 지면에 먼저 중심을 잡고 서게 되며 뒤꼬아서기 시에는 반대로 옮기는 발을 뒤로하고 앞으로 나아가며 꼬아 설 때는 뒷발이 앞발 뒤축 바깥으로 꼬아야 한다. 정강이와 장딴지는 붙여야 하며 두 발의 간격이 벌어지거나 무릎을 펴지 않도록 주의해야 한다.

꼬아서기는 이동 시 한발에 무게중심이 완전히 실린 순간의 매우 불안정한 자세에서 무릎을 굽혀 무게중심을 낮추고 뒷발을 앞발의 뒤축 바깥쪽에 위치시켜 기저면적을 최대한 유지함으로써 상체를 이용한 공방이 가능하도록 안정성을 높인 자세이다.

⑨ 학다리서기

학다리서기는 딛는 다리의 무릎을 주춤서기와 같이 구부려 낮추고 다른 발을 끌어올려 발날등이 딛는 다리의 무릎 안쪽에 오도록 한다. 끌어올린 무릎은 전방을 향하도록 조여야 하며 바깥으로 벌리게 되면 중심이 흐트러지기 쉬워 동작을 수행하기 불편하게 된다. 학다리서기는 기저면의 넓이에 비해 무게중심의 높이가 가장 높은 자세로 품새 등을 통해 균형감각을 기르는 훈련의 목적으로 주로 사용되며 딛는 다리에 모든 체중이 실려 있기 때문에 범서기와 마찬가지로 차기 동작을 위한 무게중심 이동에 걸리는 시간을 단축시킬 수 있어 신속한 차기 동작의 수행에 쉬운 서기자세이다.

학다리서기의 응용자세인 오금서기는 학다리서기와 같이 딛는 다리 무릎을 주춤서기와 같이 굽혀 서지만, 끌어올리는 발은 딛는 다리의 오금(무릎 뒤)에 위치시킨다. 오금서기는 앞으로 뛰어나가는 힘을 딛는 다리로 제동을 걸어 멈출 때 뒤따라오는 발을 오금에 닿도록 하며 도움을 주는 서기자세이다.

(5) 딛기의 개요

딛기는 상대의 자세, 위치, 거리, 타이밍 등을 고려하여 공격과 방어를 수행하는 데 있어 중추적인 역할을 하는 것으로, 상대방의 공격력을 약화시키거나 상대의 허점을 유도하여 효과적인 공방을 수행하기 위한 발놀림을 의미한다. 또한, 차기 동작의 공격과 반격을 연결하는 기능적 역할도 한다.

태권도의 겨루기 자세에서 무게중심은 지면에 접지한 양발을 둘러싼 기저면 위에 있다. 그러나 이동하는 중에는 한쪽 발만을 지면에 접지해 있는 경우가 생기게 되고 중심은 기저면 위에 있지 않게 되지만 선수들은 나름의 신체균형을 유지하면서 민첩하게 움직인다. 이는 동적 균형에 의한 것으로, 겨루기자세를 취했을 때 몸을 이동시키기 위해 지면에 가한 힘에서 생기는 지면반력이 작용하는 동안에는 서 있을 때의 정적 안정성과는 다른 동적 안정성이 요구된다.

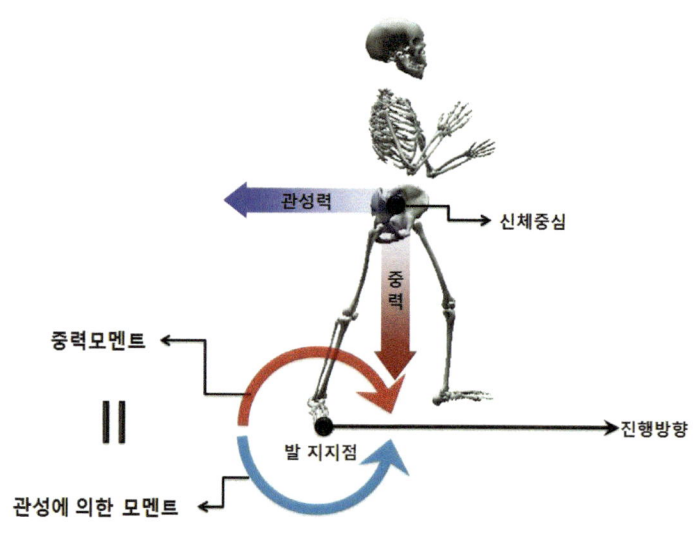

그림 96. 인체의 동적 안정성

겨루기자세에서 전후로 이동하는 발놀림을 예로 들면, 한쪽 발은 가볍게 띄워서 지면 위를 미끄러지기 때문에 지면으로부터는 힘을 받지 않는다. 다른 발은 지면을 찬 반작용으로 받는 지면반력을 가진다. 지면으로부터의 힘에서 무게중심은 뒤에서 앞쪽으로 가속도가 생기게 된다. 이때 무게중심에는 관성력이 이동하는 방향의 반대방향으로 작용하게 된다. 이 관성력은 몸을 뒷발을 중심으로 뒤로 회전하는 경향 즉, 모멘트를 가진다. 반대로 무게중심에 작용하는 중력 즉, 체중은 몸을 앞으로 쓰러지게 하는 모멘트(중력모멘트)를 가지므로 양쪽의 모멘트가 균형을 이루었을 때 몸은 어느 방향으로도 회전하는 경향을 보이지 않고 이동할 수 있다.

앞으로 이동할 때는 뒷발을 이용하여 뒤로 지면을 차며 이동하고, 뒤로 이동할 때는 앞발을 이용하여 앞으로 지면을 차며 이동하기 때문에 중력선을 앞발에 가깝게 두면 뒷발을 중심으로 하는 중력모멘트가 커지면서 앞으로 이동하기에 유리하며, 중력선을 뒷발에 가깝게 두면 앞발을 중심으로 하는 중력모멘트가 커지면서 뒤로 이동하기에 유리하다.

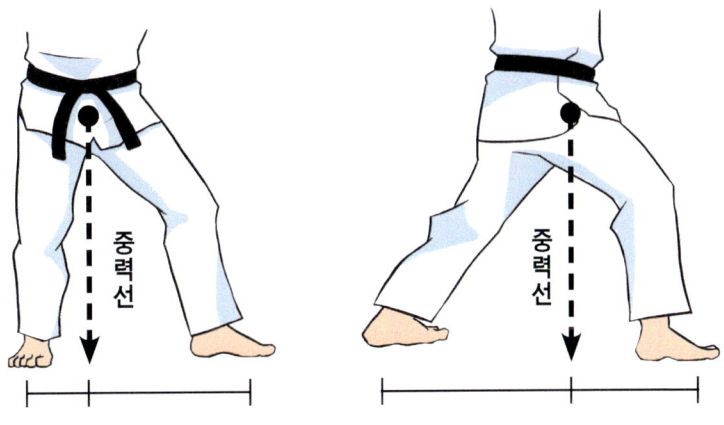

그림 97. 서기자세에 따른 중력선의 위치

(6) 딛기의 유의사항

① 한쪽 발이 먼저 가 지면에 닿은 후 몸을 끌어당기는 형태가 아닌 접지한 발로 지면을 차 얻은 지면반력을 이용하여 신체의 무게중심을 먼저 이동 시키는 형태로 동작이 이루어져야 한다.

② 하복부에 힘을 주어 이동 시 하체와 상체가 따로 움직이지 않도록 해야 한다.

③ 공격 시에는 중력선이 기저면의 중앙에서 약간 전방에 위치하는 것이 좋으며

받아차기 반격 시에는 중력선이 기저면의 중앙에서 약간 후방에 위치하는 것이 좋다.

④ 수직으로 높이 뛰게 되면 체공시간이 길어져 상대에게 허점이 노출되므로 최대한 낮고 빠르게 이동해야 한다.

⑤ 딛기를 응용한 차기 동작, 즉 내딛고 돌려차기, 물러 딛고 받아차기 등을 수행할 시에는 딛기 착지와 동시에 지면을 민첩하게 밀어 운동량을 극대화시키며 즉각적으로 차기 동작을 수행할 수 있도록 한다.

⑥ 시선은 항상 상대를 주시해야 하고 특히 돌아 딛기 시 빠르게 시선을 돌려야 한다.

(7) 딛기의 종류

태권도 딛기의 종류	
	내딛기 Naeditgi
	돌아딛기 Doraditgi
	모딛기 Moditgi
	물러딛기 Mulleoditgi
	옆딛기 Yeopditgi
	제자리딛기 Jejariditgi

2) 태권도 막기의 기능학

(1) 막기의 개요

태권도의 방어기술이란, 상대방의 공격을 저지, 제압하거나 상대방의 공격을 이용하여 반격의 기회를 얻기 위한 기술로 공격보다는 방어를 우선으로 하는 태권도에서 매우 중요하다. 그 중 대표적인 기술인 막기 동작은 상대방이 공격 시 단순히 방어하는 것을 넘어 단련된 손날과 팔목을 이용하여 상대의 급소에 타격을 줌으로써 팔다리를 더이상 사용하지 못하도록 하고 방어 후 공격으로 빠르게 전환하기 위한 동작이라고 할 수 있다.

막기 동작은 팔을 목표지점의 반대로 이동시키는 예비동작과 실제로 상대의 공격으로 반응하게 되는 본 동작으로 구분할 수 있다. 예비동작은 목표지점에 더욱 빠르고 정확한 도달을 위한 사전적 행위로 볼 수 있으며, 예비동작에서 본 동작으로 접어들면서 구체적인 분절의 가속을 해주는 것을 기본으로 한다.

막기는 방어부위, 방향, 방법, 사용부위 등에 따라서 구분할 수 있다. 막기를 통한 방어부위는 크게 얼굴, 몸통, 아래 세 가지로 구분할 수 있으며, 막기에 사용되는 신체 부위로는 주로 손과 팔로써 안팔목, 바깥팔목, 손날, 손날등, 굽힌손목, 바탕손 등으로 나눌 수 있고, 막는 방법에 따른 용어로는 비틀어막기, 거들어막기, 헤쳐막기, 눌러막기, 추켜막기, 엇걸어막기 등으로 다양하다. '사용부위+방어부위+방법'의 조합을 통해 막기의 명칭이 결정되며 그 예를 들면 '한손날 몸통 바깥막기'와 같이 조합될 수 있다. 이렇듯 태권도의 막기는 여러 가지 조합을 통해 매우 다양하게 응용될 수 있기 때문에 그 종류를 일일이 나열하기엔 너무나도 많은 경우의 수를 가지고 있다.

태권도 막기 기술의 기본 원리는 상대가 전해온 운동량을 상쇄시키는 것이다. 대부분의 경우 상대의 공격에 의한 운동량 모두를 받아내는 것 보다는 적은 힘을 이용해서 상대로부터 전달된 운동량의 방향을 바꾸어 주는데 의미를 둘 수 있다. 앞에서 설명한 벡터의 합성 원리는 태권도의 막기 동작에서 역시 중요하게 작용한다. 바깥막기 동작을 예로 들어, 상대방의 지르기 동작을 반대방향의 힘으로 온전히 받아낸다면 상대방의 공격에 실린 운동량만큼의 충격량을 고스란히 받는다. 하지만 상대방 공격의 측면에서 힘을 가하여 공격의 방향을 바꾸어주면 상대적으로 충격량을 적게 받으면서 효과적으로 방어할 수 있다.

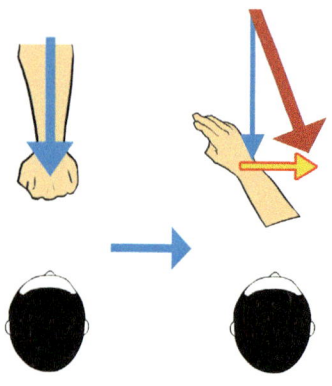

그림 98. 바깥막기의 원리

충격력과 압력 역시 막기 동작에서 중요하게 작용하는 역학적 요인이다. 충격력은 주어진 시간 동안의 충격량을 말하므로 접촉하는 시간과 관련이 있고, 압력은 충격력이 작용하는 면적의 크기에 반비례한다. 피할 수 없는 강한 충격은 접촉면적을 늘리고 접촉시간을 오래 가질수록 유리하게 방어할 수 있다. 그리고 손목부터 팔꿈치까지 이루는 하나의 직선과 팔꿈치로부터 어깨관절까지 이루는 다른 직선의 각을 팔꿈치 각이라고 할 때, 막기 동작 시 관절을 살짝 굽힘으로써 타격에 의한 부하를 근육을 통해 완충시켜 팔꿈치 관절에 직접 가해지는 충격을 완화할 수 있다. 또한, 팔꿈치의 적절한 굴곡을 통해서 방어 시의 접촉시간을 보다 확대할 수 있으며 손목의 회전에 의한 충격력 감소작용을 보다 효과적으로 할 수 있다.

(2) 막기의 유의사항

① 안정된 자세를 유지하고 온몸에 힘을 이완한 상태에서 동작이 부드럽게 이루어져야 한다.
② 팔 근육의 수축에 의해서만 움직임이 이루어져서는 안 되고 지면반력을 통해 골반과 몸통을 회전시키며 생성된 각운동량을 적극적으로 이용해야 한다.

③ 팔은 회전저항을 최소화하기 위해 몸통으로부터 벌리지 말고 신체 중심선에 가까이하여 동작을 시작한다.

④ 몸통에 생성된 각운동량을 연결 동작 원리에 따라 어깨를 통해 상완, 하완, 손으로 순차적으로 전이하여야 하며 효율적인 각운동량의 전이를 위해 분절 간에 움직이는 타이밍을 적절히 맞추어 협응을 이루어야 한다.

⑤ 막기 완료 직전에 각운동량을 극대화하기 위해 상황에 따라 하완의 회내 또는 회외를 실시하고, 강체화를 통해 효과질량을 증가시키며 상대의 공격에 밀려나지 않도록 한다.

⑥ 상대공격의 벡터 또는 모멘트를 파악하고 자신의 피해를 최소화하기 위해 관절각을 조절하여 최소 모멘트 발생부위를 찾아 방어한다.

⑦ 상대의 공격을 방어 후 즉각적인 반격이 이루어질 수 있도록 항상 상대를 주시해야 한다.

(3) 막기의 종류

태권도 막기의 종류	
	가위막기 Gawimakgi
	거들어막기 Geodeureomakgi
	걷어막기 Geodeomakgi
	걸어막기 Georeomakgi
	금강막기 Geumgangmakgi
	내려막기 Naeryeomakgi
	눌러막기 Nulleomakgi
	바깥막기 Bakkanmakgi
	받아막기 Badamakgi
	비틀어막기 Biteureomakgi
	산틀막기 Santeulmakgi
	안막기 Anmakgi
	옆막기 Yeommakgi
	올려막기 Ollyeomakgi
	외산틀막기 Oesanteulmakgi
	차막기 Chamakgi
	쳐막기 Chyeomakgi
	헤쳐막기 Hecheomakgi
	황소막기 Hwangsomakgi

① **바깥팔목 몸통막기**

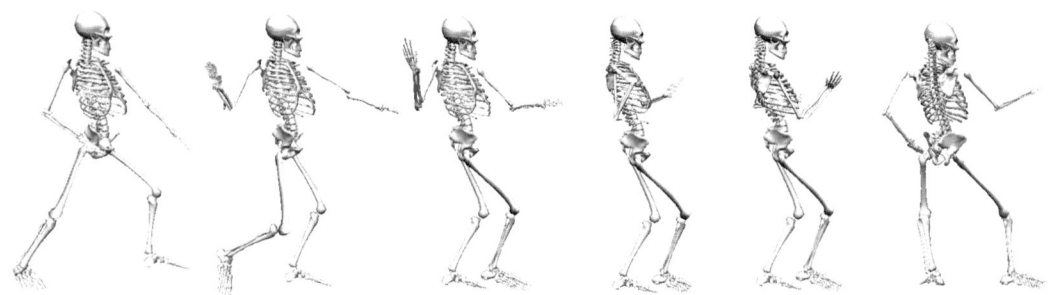

그림 99. 바깥팔목 몸통막기

바깥팔목 몸통막기의 본 동작에 앞서 예비동작을 취하게 된다. 어깨에 힘을 뺀 상태에서 상완은 몸통에 가깝게 위치하도록 하고 최소한의 힘으로 하완을 들어 올려 어깨 측면 가까이 손이 위치하도록 한다. 어깨에 힘을 주어 상완을 수평으로 들고 팔을 'ㄴ'자로 만드는 경우가 많은데 이럴 경우 신체의 질량분포가 신체 중심선에서 멀어져 관성모멘트가 커지게 된다. 관성모멘트가 커질수록 회전이 어렵고 팔의 각속도가 느려지므로 효율적인 동작을 위해 상완을 최대한 몸통으로부터 가깝게 붙여 관성모멘트를 최소화한다. 손은 복싱에서 펀치를 치기 전과 같이 힘을 빼고 가볍게 말아 쥔다.

이후 막는 팔 쪽의 발로 지면을 민첩하게 밀어 지면반력을 얻어내고 이를 통해 골반을 민첩하게 회전시키며 몸통에 각운동량을 발현시킨다. 이때 골반과 어깨의 움직임에 의해 순간적으로 비틀리는 교호적 회전운동이 발생한다. 교호적 회전운동으로 몸통의 근육들이 신장하면서 탄성에너지가 생성되고 이어지는 단축성수축에 탄성에너지가 이용되며 강한 수축이 일어난다. 비틀렸던 몸통이 원상태로 복원되면서 어깨를 강하게 밀어주게 되고 몸통의 각운동량은 어깨를 통해 팔로 전달된다.

몸통에서 전달된 각운동량은 연결 동작 원리에 따라 팔의 근위분절에서 원위분절로 순차적으로 전이되어야 한다. 먼저 근위분절인 상완을 몸통 앞쪽으로 빠르게 회전시키고 이어 적절한 타이밍에 맞추어 하완, 손을 움직여 분절의 가속이 이루어져야 한다. 분절 간 협응이 잘 이루어지면 손의 속도가 최대로 빠르게 되어 각운동량을 크게 할 수 있다. 동작의 마지막에는 손등이 바깥쪽을 향하도록 회외를 하고 몸통과 팔의 관절을 단단히 고정하는 강체화를 통해 효과질량을 크게 하여 각운동량을 높이며 상대의 공격에 밀려나지 않도록 한다. 막기 동작이 완성되었을 때 바깥팔목은 명치선에 위치시키며 팔꿈치 관절각은 90~120°로 한다.

종합해보면 바깥팔목 몸통 막기는 상완을 몸통과 가깝게 위치하도록 하고 최소한의 힘으로 하완을 들어 올려 손을 어깨와 가깝게 당긴 상태에서 지면반력을 이용해 골반을 회전시켜 각운동량을 생성하고 몸통의 교호적 회전운동에 의한 탄성에너지를 이용하여 회전을 빠르게 하며 몸통의 각운동량을 어깨로부터 상완, 하완, 손으로 순차적으로 전달하면서 회전시켜 상대의 공격을 막는 동작이다.

② **내려막기**

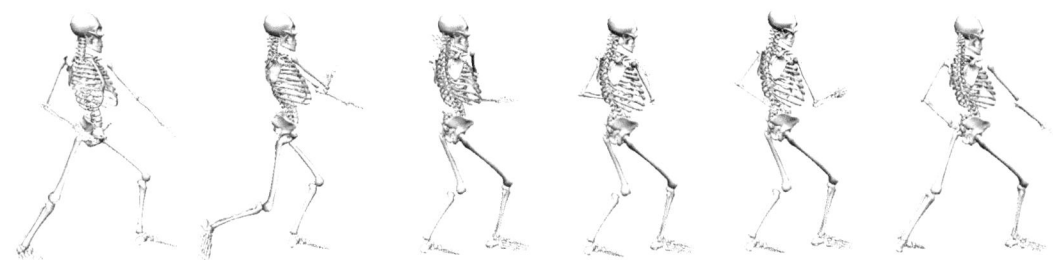

그림 100. 내려막기

내려막기의 예비동작으로 막는 팔을 구부려 손이 반대쪽 어깨 앞에 위치하도록 하고 막는 손은 어깨와 주먹 하나의 간격을 두며 힘을 빼고 가볍게 말아 쥔다. 예비동작

시에는 팔에 힘을 최대한 빼고 있어야 본 동작을 효율적으로 수행할 수 있다.

막는 팔의 반대쪽 발로 지면을 민첩하게 밀어 지면반력을 얻어내고 이를 통해 골반을 빠르게 회전시키며 몸통에 각운동량을 생성한다. 이때 골반과 어깨의 움직임에 의해 순간적으로 비틀리는 교호적 회전운동이 발생한다. 교호적 회전운동으로 몸통의 근육들이 신장하면서 탄성에너지가 생성되고 이어지는 단축성수축에 탄성에너지가 이용되며 강한 수축이 일어난다. 비틀렸던 몸통이 원상태로 복원되며 몸통의 각운동량은 팔로 전달된다.

내려막기는 팔로 전달된 각운동량을 상완, 하완, 손으로 순차적으로 전이시키며 채찍과 같은 움직임으로 상대의 공격을 막는 동작이다. 먼저 상완을 빠르게 바깥쪽으로 밀어주어 각속도가 최대에 이른 시점에 하완을 움직이고, 상완이 감속하고 하완이 가속하면서 속도가 최대가 되면 손이 움직이는 형태로 분절의 협응을 이루어야 한다. 이렇게 순차적으로 가속하여 손에서 최대속도를 만들고 마지막에는 손등이 위를 보도록 회내를 한다. 막는 순간에는 관절을 단단히 고정하는 강체화를 통해 효과질량을 크게 하고 정면에서 보았을 시 막는 팔이 몸통 바깥으로 벗어나지 않도록 주의한다. 품새 시 팔꿈치관절을 다 펴게 되면 완전신전으로 인해 관절에 작용하는 부하가 커 인대에 부상을 입을 가능성이 있다. 그래서 다 펴지 않고 약 10°가량 구부려주어 상완이두근과 삼두근의 완충 작용으로 관절에 직접적인 부하가 가지 않도록 하여 부상을 예방한다.

종합해보면 내려막기는 최소한의 힘으로 막는 팔의 팔꿈치를 구부려 손을 어깨 앞에 위치시킨 상태에서 막는 팔의 반대쪽 발로 지면반력을 얻어내 골반을 회전시키고 몸통의 교호적 회전운동에 의한 탄성에너지를 이용하여 강한 수축을 한 후 몸통에 생성된 큰 각운동량을 상완, 하완, 손으로 순차적으로 전달하여 채찍과 같은 움직임으로 상대의 공격을 막는 동작이다.

3) 태권도 지르기 및 찌르기의 기능학

(1) 지르기 및 찌르기의 개요

태권도기술 중에서 손을 이용한 공격에는 여러 가지가 있으며 그 대표적인 방법으로 지르기와 찌르기를 들 수 있다. 손을 이용하여 공격을 가할 때 어깨관절과 팔꿈치관절이 동시에 신전되면서 손의 이동 경로가 직선 형태로 가격이 이루어지는 기술을 지르기라 한다. 지르기에는 주로 주먹을 사용하며 주먹의 종류로는 바른주먹(정권), 편주먹, 밤주먹 등이 있고 공격 방법으로는 바로지르기, 반대지르기, 세워지르기, 젖혀지르기 등이 있다. 대표적인 예로는 '몸통 바로지르기'를 들 수 있으며 이때 사용부위의 용어가 붙지 않았을 경우에는 바른주먹을 사용한 경우로 이해할 수 있다.

주먹 대신 가격 부위의 면적을 줄여 압력을 높인 기술을 찌르기라고 한다. 압력은 단위면적당 충격력의 크기를 나타내기 때문에 가격 시 충격력이 전달되는 면적이 작아질수록 압력은 커지게 된다. 찌르기의 사용부위로는 편손끝, 가위손끝, 한손끝 등이 있으며 방법으로는 엎어찌르기, 젖혀찌르기, 세워찌르기 등을 들 수 있다. 대표적인 찌르기의 예로 '편손끝 세워찌르기'를 들 수 있다.

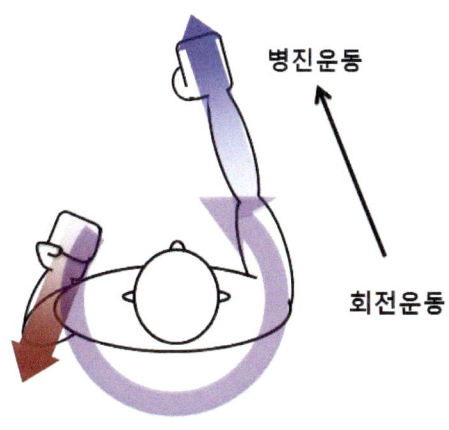

그림 101. 지르기 및 찌르기 동작의 원리

지르기나 찌르기 동작에서는 지르는 동작과 동시에 반대쪽 손을 몸쪽으로 끌어들이는 동작을 볼 수 있다. 지르기 동작에서는 팔의 질량을 전방으로 전달함에 따라 그 질량과 속도에 비례하는 운동량을 전방으로 전달하게 된다. 이에 작용·반작용 법칙에 따라 몸통에는 전방으로 전달한 운동량만큼 후방으로의 운동량이 발생하게 된다. 이때 반대쪽 손을 몸쪽으로 끌어들이는 동작은 몸통에 발생한 후방으로의 운동량을 상쇄시켜줌으로써 자세의 안정성을 유지할 수 있게 된다. 또한, 지르기는 몸통의 회전력을 직선 형태로 바꾸어 타격하는 형태이기 때문에 반대쪽 손을 지르는 손의 반대쪽 옆구리로 끌어들임으로써 몸통의 각운동량을 더 크게 하는 효과도 가져오게 된다.

(2) 지르기 및 찌르기의 유의사항

① 안정된 자세를 유지하고 온몸에 힘을 이완한 상태에서 동작이 부드럽게 이루어져야 한다.
② 처음 손은 장골능에 위치시키고 겨드랑이는 벌리지 않는다.
③ 팔 근육의 수축에 의해서만 움직임이 이루어져서는 안 되고 지면반력을 통해 골반과 몸통을 회전시키며 생성된 각운동량을 적극적으로 이용해야 한다.
④ 몸통에 생성된 각운동량을 연결 동작 원리에 따라 어깨를 통해 상완, 하완, 손으로 순차적으로 전이하여야 하며 효율적인 각운동량의 전이를 위해 분절 간에 움직이는 타이밍을 적절히 맞추어 협응을 이루어야 한다.
⑤ 몸통의 각운동량을 팔로 전이한 후에 어깨가 밀려 나가게 되면 전이되는 각운동량 일부가 소실되기 때문에 몸통을 제어하여 각운동량이 효율적으로 전이되도록 해야 한다.
⑥ 회내, 회외 등의 동작은 분절의 움직임 순서에 따라 동작의 마지막 단계에 실시한다.

⑦ 목표물 타격 직전에 관절을 단단히 고정하는 강체화를 통해 효과질량을 크게 하고 손목이 꺾이지 않도록 한다.

⑧ 지르는 동작과 동시에 반대 손을 자연스럽게 끌어당겨 자세의 안정성을 유지하고 지르는 손의 속도를 배가시킨다.

(3) 지르기 및 찌르기의 종류

태권도 지르기의 종류	금강지르기 Geumgangjireugi
	내려지르기 Naeryeojireugi
	'ㄷ'자지르기 Digeutjajireugi
	당겨지르기 Danggyeojireugi
	돌려지르기 Dollyeojireugi
	뒤지르기 Dwijireugi
	세워지르기 Sewojireugi
	옆지르기 Yeopjireugi
	젖혀지르기 Jeocheojireugi
	쳇다리지르기 Chetdarijireugi
	치지르기 Chijireugi
	표적지르기 Pyojeokjireugi
태권도 찌르기의 종류	세워찌르기 Sewojjireugi
	엎어찌르기 Eopeojjireugi
	젖혀찌르기 Jeothyeojjireugi

① 주춤서 몸통지르기

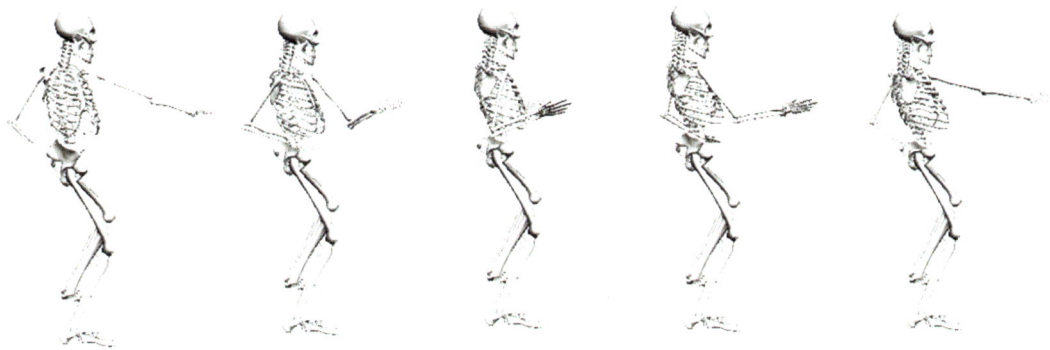

그림 102. 주춤서 몸통지르기

주춤서기 시 두 발의 간격은 어깨너비의 두 배 정도이며 두 발의 발등을 평행하게 하고 발끝은 전방을 향하도록 하여 지면에 고정한다. 몸통은 기저면의 중앙에 수직으로 세우고 지면반력을 즉시 이용할 수 있도록 엉덩관절, 무릎관절, 발목관절을 적절히 구부려 준다. 대퇴와 하퇴가 이루는 각도는 약 120° 정도로 하고 전방에서 보았을 시 하퇴의 기울기가 약 80° 정도 되게끔 무릎을 안쪽으로 조였을 때 허리의 회전범위가 약 70°로 가장 크게 나타나며 주먹을 교대로 지를 때 두 발 사이에 신체질량 중심의 이동이 효과적으로 이루어진다. 여기서 무릎을 더 구부리거나 펴게 되면 허리의 회전에 관여하는 근육의 길이가 짧아지거나 길어진다. 회전 근육의 길이가 짧아지면 허리의 회전범위가 감소하며 반대로 길어지면 근육의 수축력이 감소하기 때문에 허리의 원활한 움직임을 위해서는 적절한 굴곡각을 유지해야 한다. 엉덩이는 과하게 뒤로 빼지 않도록 하고 상체의 요동을 최소화하기 위해 흉식호흡 대신 복식호흡을 한다.

몸통지르기 시 주먹의 시작위치는 장골능이며 몸에 힘을 뺀 상태에서 지르는 쪽의 발로 지면에 힘을 가해 그 반작용으로 생기는 지면반력을 이용하여 골반을 빠르게 회전한다. 골반이 먼저 회전하면서 골반과 어깨는 움직임 시간 간격에 의해 순간적으로 비틀리는 교호적 회전운동이 일어난다. 교호적 회전운동으로 몸통의 근육들이 신장하면서 탄성에너지가 저장되고 이어지는 단축성수축에 탄성에너지가 이용되며 강한 수축을 한다. 비틀렸던 몸통이 원상태로 복원되며 어깨를 강하게 밀어주게 되고 몸통의 각운동량은 어깨를 통해 상지분절로 전달된다. 몸통의 각운동량이 어깨를 통해 상지분절로 전달된 후에는 몸통의 회전력을 제어하여 어깨가 앞으로 밀려나가지 않도록 해야 한다. 어깨가 계속 밀려나가게 되면 상지분절로 전달되는 각운동량의 일부가 소실되기 때문에 어깨를 순간적으로 튕겨주는 듯한 형태로 상지분절을 가속시킨 후 원위치한다.

몸통에서 전달된 각운동량을 연결 동작 원리에 따라 상지분절의 근위분절에서 원위분절로 순차적으로 전달하며 팔꿈치관절을 신전하여 목표물을 타격한다. 먼저 상완을 빠르고 강하게 밀어주고 이어 하완, 손으로 각운동량을 전달하여야 하며 적절한 타이밍에 움직여 분절 간 협응이 잘 이루어지면 손에서는 최고속도를 낼 수 있게 된다. 한편, 몸통지르기 시 주먹이 최초 장골능에 있을 때는 손등이 아래를 보고 있지만, 동작이 진행되면서 손등이 위로 오도록 회전시키며 지르게 되는데 이러한 동작을 주먹의 회내라고 한다. 지르는 동작의 초반부터 회내를 하게 되면 분절의 순차적인 움직임에 방해가 되기 때문에 회내를 시작하는 시점은 지르는 동작의 마지막 단계인 팔꿈치관절이 완전히 신전되기 전 짧은 시간 동안 빠르게 하는 것이 효과적이다.

그리고 지르는 동작과 함께 반대쪽 손을 자연스레 끌어당겨 주면 몸통의 각운동량이 더 커지게 되어 지르는 손의 속도를 더 빠르게 할 수 있다. 또한, 지르는 손의 질량을 전방으로 전달하게 되면 그에 비례하는 운동량이 전방으로 전달되고 작용·반작용의 법칙에 의해 몸통에는 전방으로 전달한 운동량만큼 후방으로 운동량이 발생하게 되는데 이때 반대쪽 손을 끌어당김으로써 몸통에 발생한 후방으로의 운동량을 상쇄시켜 자세의 안정성을 유지할 수 있다.

타격순간에는 근력을 발휘하여 몸통과 팔의 관절을 단단히 고정하는 강체화를 하여 손목이 꺾이지 않도록 하며 실제 타격에 가담하는 효과질량을 크게 한다. 효과질량이 커짐으로써 운동량이 증가하여 상대에게 큰 충격을 가할 수 있으며 타격 시 관절에 의한 완충작용을 억제하여 계속해서 힘을 가할 수 있도록 하는 효과도 있다.

종합해보면 주춤서 몸통지르기는 올바른 주춤서기 자세에서 지르는 쪽의 발로 지면에 힘을 가해 얻어낸 지면반력을 이용하여 골반을 회전시키고 골반과 어깨의 교호적 회전운동에 의한 탄성에너지를 이용하여 강하게 어깨를 튕겨주며 각운동량을 상완, 하완, 손으로 순차적으로 전이하여 목표물을 타격하는 동작이다. 주먹의 회내는 분절의 순차적인 움직임에 방해가 되지 않도록 지르는 동작의 마지막에 빠르게 수행하고 지르는 동작과 함께 반대쪽 손을 힘을 뺀 상태에서 자연스럽게 끌어당겨 지르는 손의 속도를 더욱 가속해주며 타격순간에는 강체화를 통해 효과질량을 크게 하여 상대에게 큰 충격을 줄 수 있도록 한다.

4) 태권도 치기의 기능학

(1) 치기의 개요

태권도의 공격기술은 대부분 몸통의 회전을 이용하여 발현된 힘을 이용한다. 몸통의 회전을 통해 생성된 각운동량을 근위분절로부터 원위분절로 순차적으로 전달하여 최종분절이 최대의 속도를 낼 수 있도록 하는 즉, 던지는 듯한 동작을 통해 손이나 주먹이 원을 그리며 공격하는 기술을 치기라고 한다. 치기의 종류에는 여러 가지가 있으며 공격에 사용되는 신체 부위와 움직이는 형태에 따라 그 용어가 결정된다. 치기에 사용되는 신체 부위로는 등주먹, 메주먹, 손날, 손날등, 곰손, 바탕손, 아귀손, 팔굽 등이 있고, 공격 형태에 따라 앞치기, 옆치기, 올려치기, 돌려치기, 내려치기, 뒤로치기, 안치기, 바깥치기 등으로 구분할 수 있다. 대표적인 예로 '등주먹 얼굴 앞치기'를 들 수 있다.

(2) 치기의 유의사항

① 안정된 자세를 유지하고 온몸에 힘을 이완한 상태에서 동작이 부드럽게 이루어져야 한다.

② 팔 근육의 수축에 의해서만 움직임이 이루어져서는 안 되고 지면반력을 통해 골반과

몸통을 회전시키며 생성된 각운동량을 적극 이용해야 한다.

③ 팔은 회전저항을 최소화하기 위해 몸통으로부터 벌리지 말고 신체 중심선에 가까이하여 동작을 시작한다.

④ 몸통에 생성된 각운동량을 연결 동작 원리에 따라 어깨를 통해 상완, 하완, 손으로 순차적으로 전이하여야 하며 효율적인 각운동량의 전이를 위해 분절 간에 움직이는 타이밍을 적절히 맞추어 협응을 이루어야 한다.

⑤ 치기 완료 직전에 손목 스냅을 통해 최종분절인 손의 속도를 배가시켜주며 관절을 단단히 고정하는 강체화를 통해 효과질량을 크게 하고 타격시 반작용력을 억제하여 계속해서 힘을 가할 수 있도록 한다.

⑥ 거리나 관절각을 적절히 조절하여 정확한 부위에 타격이 될 수 있도록 한다.

(3) 치기의 종류

태권도 치기의 종류	거들어치기 Geodeureochigi
	내려치기 Naeryeochigi
	당겨치기 Danggyeochigi
	돌려치기 Dollyeochigi
	뒤치기 Dwichigi
	바깥치기 Bakkatchigi
	비틀어치기 Biteureochigi
	안치기 Anchigi
	앞치기 Apchigi
	옆치기 Yeopchigi
	올려치기 Ollyeochigi
	제비품치기 Jebipumchigi
	표적치기 Pyojeokchigi

① **등주먹앞치기**

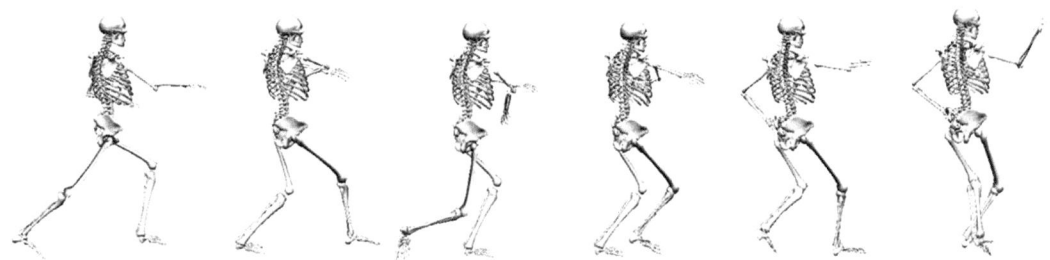

그림 103. 등주먹 앞치기

등주먹 앞치기의 예비동작으로 치는 손의 시작점은 팔꿈치를 구부려 손등이 위로 향하도록 반대쪽 장골능 위에 위치시키며 반대 손은 명치 앞으로 내밀어 준다. 양손과 팔에는 힘을 최대한 빼야 하며 치는 손과 팔은 몸통과 주먹 하나의 간격을 둔다.

이후 치는 손의 반대쪽 발로 지면을 민첩하게 밀어 지면반력을 얻어내며 각운동량을 생성하여 골반을 빠르게 회전시킨다. 이때 골반과 어깨의 움직임에 의해 순간적으로 비틀리는 교호적 회전운동이 발생한다. 교호적 회전운동에 의해 몸통의 근육들이 순간적으로 신장하면서 탄성에너지가 생성되고 이어지는 단축성수축에 탄성에너지가 이용되며 강한 수축이 일어난다. 근육의 신장-단축 시스템에 따라 비틀렸던 몸통이 빠르게 원상태로 복원되면서 어깨를 통해 몸통의 각운동량이 팔로 전달된다.

몸통에서 전달된 각운동량을 연결 동작 원리에 따라 상지의 근위분절에서 원위분절로 순차적으로 전달하며 목표물을 타격해야 하고 치는 손은 겨드랑이를 스쳐 허리로 끌어당기는 반대 손과 교차해서 목표물을 향해 직선으로 나아가야 한다. 먼저 상완을 바깥쪽으로 짧고 빠르게 회전하여 가속한 다음 하완을 빠르게 회전시키고 마지막으로 손목의 스냅을 이용하여 최종분절인 손에서 최대속도를 만든다. 등주먹

앞치기에서는 상완의 가속구간이 짧기 때문에 분절 간에 움직이는 타이밍이 특히 중요하다고 할 수 있다. 타격 직전에는 손등이 목표물을 보도록 손목을 빠르게 회외하고 관절을 단단히 고정하는 강체화를 통해 타격 시 손목이 꺾이지 않도록 하며 타격에 가담하는 효과질량을 크게 하여 더 큰 충격을 줄 수 있도록 한다. 타격 시 사용부위는 등주먹의 검지와 중지 부분이며 목표는 얼굴의 급소인 인중이다.

종합해보면 등주먹 앞치기는 전신에 힘을 이완한 상태에서 예비동작을 취하고 치는 손의 반대쪽 발로 지면반력을 민첩하게 얻어내 골반을 빠르게 회전시키고 어깨와 순간적으로 비틀리는 교호적 회전운동에 의한 탄성에너지를 이용하여 강한 수축을 하며 몸통을 원상태로 복원하고 각운동량을 상완, 하완, 손으로 순차적으로 전달하며 회전시켜 목표물을 타격하는 동작이다. 치는 손은 목표물을 향해 직선으로 진행해야 하며 분절 간에 움직이는 타이밍과 손목의 스냅, 그리고 강체화를 통해 손목의 꺾임을 방지하는 것이 특히 중요하다.

5) 태권도 차기의 기능학

(1) 차기의 개요

차기는 발의 여러 부위를 이용하여 목표를 가격하는 공격기술로 태권도를 대표하는 가장 특징적인 기술이다. 차기는 손을 이용한 공격기술과 마찬가지로 던지는 듯한 동작(손기술의 치기)과 미는 듯한 동작(손기술의 지르기)을 이용한 다양한 방법의 공격이 가능하다. 차기는 손기술의 어느 공격보다도 위력적이며 다리와 발의 차는 형태와 사용부위에 따라 기술을 분류할 수 있다. 차기에 사용되는 발의 부위로는 앞축, 뒤축, 발등, 발날, 발날등, 발바닥 등 다양하며 차는 형태에 따라서 앞차기, 돌려차기,

옆차기, 뒤차기, 후려차기, 내려차기 등으로 구분할 수 있다.

　차기의 속도를 높이기 위해서는 지르기에서 설명한 바와 같은 연결동작의 원리가 작용하는데, 신체의 중심부에서 발현된 힘을 이용하여 차례대로 다리의 속도를 가속화시키고 최종적으로 발의 속도를 최대로 빠르게 만드는, 즉 '채찍'의 원리가 작용한다. 마지막 타격순간에는 최종관절을 빠르게 움직여 힘과 속도를 증가시키는 스냅의 원리가 적용될 수 있다. 태권도의 막기, 지르기, 치기, 차기 등을 할 때 손목, 발목 또는 무릎관절의 빠른 굽힘(굴곡), 폄(신전), 젖힘(과신전), 엎침(회내), 뒤침(회외) 등의 동작이 스냅에 해당하며 특히 차기에서는 발바닥굽힘(저측굴곡)과 발등굽힘(배측굴곡)이 일어나 스냅을 발생시킨다.

(2) 차기의 유의사항

① 안정된 자세를 유지하고 온몸에 힘을 이완한 상태에서 동작이 부드럽게 이루어져야 한다.

② 준비자세에서 무릎을 약간 구부리고 가벼운 발놀림으로 수직반동을 주어 하퇴근육에 탄성에너지를 생성함으로써 강하고 빠른 근수축을 통한 즉각적인 차기 동작의 수행이 가능하도록 한다.

③ 다리 근육의 수축에 의해서만 움직임이 이루어져서는 안 되고 차는 발로 지면을 민첩하게 밀어 얻어낸 지면반력을 통해 골반과 몸통을 회전시키며 생성된 각운동량을 적극적으로 이용해야 하고 신체질량중심점의 진행방향을 향한 병진운동이 용이하도록 한다. 이때 신체질량중심점은 수평을 유지해야 하며 위로 뜨지 않도록 주의한다.

④ 골반의 선(先)회전 후 골반과 어깨가 비틀리는 교호적 회전운동을

이용하여 탄성에너지를 더한 강한 근수축으로 대퇴를 끌어올린다.

⑤ 대퇴를 끌어올릴 때 진행방향을 향해 직선으로 끌어올리며 무릎은 힘을 뺀 상태에서 자연스럽게 접혀 올라오도록 하며 그 굴곡각은 장력이 가장 크게 나타나는 100~115°가 적당하다. 이렇게 대퇴가 측면으로 돌아 나가지 않고 직선으로 올리게 되면 신체의 질량분포가 신체 중심선에 가까이 있어 관성모멘트가 줄어들게 되고 결과적으로 몸통의 회전이 쉽게 된다. 마찬가지로 무릎이 접혀지도록 하는 동작도 다리의 회전축인 엉덩관절에 다리의 질량분포를 가까이 둠으로써 대퇴의 관성모멘트를 줄여 회전속도를 높일 수 있다.

⑥ 몸통에 생성된 각운동량을 연결 동작 원리에 따라 골반을 통해

대퇴, 하퇴, 발으로 순차적으로 전이하여야 하며 효율적인 각운동량의 전이를 위해 분절 간에 움직이는 타이밍을 적절히 맞추어 협응을 이루어야 한다. 마지막에는 발목의 스냅을 통해 발의 속도를 더 빠르게 한다.

⑦ 타격 직전에는 근력을 발휘하여 관절을 단단히 고정하는 강체화를 통해 실제 타격에 가담하는 효과질량을 크게 한다.

⑧ 발이 목표물을 타격할 때 힘을 가하는 방향은 목표물과 수직을 이루어야 최대의 효과를 볼 수 있기 때문에 빗겨 맞지 않도록 정확한 타격이 요구된다.

⑨ 지지발은 몸통의 회전에 의해 자연스럽게 틀어지도록 하며 뒤축을 약간 들어 앞축으로 회전한다.

⑩ 발을 높이 차기 위해 상체를 뒤로 눕히게 되면 진행방향으로의 추진력을 상실하고 목표물 주시가 어려우므로 상체는 반드시 세워준다.

(3) 차기의 종류

태권도 차기의 종류	
	앞차기 Apchagi
	돌려차기 Dollyeochagi
	옆차기 Yeopchagi
	뒤차기 Dwichagi
	후려차기 Huryeochagi
	뒤후려차기 Dwihuryeochagi
	내려차기 Naeryeochagi
	가위차기 Gawichagi
	거듭차기 Geodeupchagi
	공중제비차기 Gongjungjebichagi
	굴러차기 Gulleochagi
	나래차기 Naraechagi
	낚아차기 Nakkachagi
	다방향차기 Dabanghyangchagi
	돌개차기 Dolgaechagi
	두발당성차기 Dubaldangseongchagi
	뛰어차기 Ttwieochagi
	모둠차기 Modumchagi
	밀어차기 Mireochagi
	바깥차기 Bakkatchagi
	발붙여차기 Balbutyeochagi
	비틀어차기 Biteureochagi
	안차기 Anchagi
	이어차기 Ieochagi
	잡고차기 Japgochagi
	짓찧기 Jitjjiki
	표적차기 Pyojeokchagi

① **앞차기**

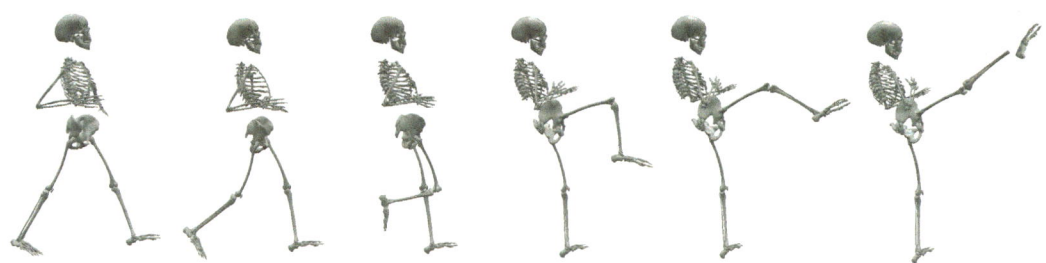

그림 104. 앞차기

　차기 동작을 수행하기에 앞서 동작을 효과적으로 수행하기 위한 준비자세가 요구된다. 시선은 목표를 향하고 양발을 적절히 벌린 상태에서 몸 전체에 힘을 빼야 한다. 몸에 과도하게 힘을 주고 있으면 동작 시 근육의 단축성수축에서 주동근 뿐만 아니라 길항근도 필요 이상으로 작용하기 때문에 오히려 근육의 수축 속도가 감소한다. 비숙련자의 경우 숙련자에 비해 차는 다리에서 더 많은 근육을 동원하는 것으로 나타났으며 이것은 차는 다리에 과도하게 힘이 들어가 동작의 스피드와 파워, 정확도를 감소시키는 결과를 초래한다. 그래서 신체적·심리적으로 긴장을 풀고 있어야 빠른 근수축이 가능하며 큰 근육의 경우 최대 근력의 1/3 정도만 사용하고 있을 때 근수축 속도가 가장 빠르게 나타난다. 그리고 지면반력을 즉시 얻을 수 있도록 양 무릎을 적절히 구부린 상태에서 가벼운 발놀림으로 수직반동을 주는 것이 좋다. 수직반동을 통해 발등이 정강이에 가까워지는 발목관절의 배측굴곡이 일어나고 하퇴근육은 신장성수축을 하며 탄성에너지가 저장된다. 순간적인 신장성수축 이후 저장된 탄성에너지가 이용되며 더욱 강한 단축성수축을 할 수 있으며 효율적인 이동 및 동작 수행을 가능하게 한다.

앞차기는 골격근의 수축에 의해서가 아닌 발로 지면을 미는 힘의 반작용력인 지면반력을 얻으며 시작된다. 차는 발로 민첩하게 지면을 밀어주어 지면반력을 얻음과 동시에 몸을 목표물로 향하도록 한다. 이때 신체질량 중심점은 수평을 유지하며 나아가야 하고 몸통의 회전이 과하게 돌아가지 않도록 제어하여 가슴이 정면을 향하도록 해야 한다.

지면반력을 통해 먼저 골반이 회전하게 되고 이때 골반과 어깨의 움직임에 의한 교호적 회전운동이 발생한다. 순간적인 교호적 회전운동에 의해 엉덩관절이 과신전되며 엉덩관절의 굴곡에 관여하는 근육들에 신장성수축이 일어난다. 이 과정에서 탄성에너지가 저장되고 근육의 신장-단축 시스템에 의해 이후의 단축성수축이 더욱 강하게 일어나게 된다. 이렇게 골반과 어깨가 원상태로 복원되는 과정에서 중요한 역할을 하는 것이 파워존이다. 파워존은 복부에서 무릎 위까지의 신체부위를 말하며 대퇴와 둔부 등 큰 근육이 모여 있어 강한 힘을 발현시키는 근원이 되며 상체와 하체의 연결다리 역할을 한다. 많은 연구에서 복근, 척추기립근, 대퇴근의 근 활성도가 높을수록 빠르고 강한 차기 동작을 수행할 수 있다고 설명하고 있으며 그 중요성을 강조하고 있다. 즉, 파워존의 코어근육이 잘 발달하여 있으면 골반이 원상태로 복원될 때 더욱 강한 근수축을 가능하게 하여 대퇴를 끌어올리는 동작을 쉽게 한다.

골반이 원상태로 복원되며 대퇴를 끌어올리게 되는데 이때 무릎을 편 상태로 올리게 되면 관성모멘트가 커져 하지분절의 각속도가 느려지게 된다. 관성모멘트란 회전저항을 말하며 회전반경이 클수록 관성모멘트도 커진다. 그러므로 회전저항을 최소화하여 각속도를 빠르게 하기 위해서는 무릎에 힘을 뺀 상태에서 자연스럽게 접히도록 대퇴를 들어올려야 하며 대퇴와 하퇴가 이루는 각도는 장력이 가장 크게 나타나는 100~115°가 적당하다. 만약 일부러 대퇴이두근에 힘을 주어 무릎을 굴곡시키게 되면 분절 간 순차적인 각 운동량 전이에 방해되기 때문에 이러한 동작은 지양해야 한다.

차는 다리는 하지의 근수축에 의한 움직임이 아닌 몸통에서 생성된 각운동량의 전이를 통해 무릎을 신전시키며 던지는 듯한 움직임으로 목표물을 타격하게 된다. 몸통의 각운동량은 근위분절에서 원위분절로, 즉 골반, 대퇴, 하퇴, 발로 순차적인 전이가 이루어져야 하며 분절 간 각운동량이 효율적으로 전이되기 위해서는 대퇴의 각속도가 최대가 된 시점에 하퇴의 움직임이 시작되고 하퇴의 각속도가 최대가 된 시점에 발이 움직이는 형태가 되어야 한다. 대퇴에서 하퇴로 각운동량이 전이되어 하퇴가 움직이기 시작하면 대퇴의 각속도는 감속되면서 하퇴의 각속도는 가속하게 된다. 하퇴와 발에서도 이러한 감속·가속 패턴을 보이며 하지분절은 마치 채찍과 같은 움직임을 보이게 된다. 이렇게 분절들이 적절한 타이밍에 움직여 효율적인 각운동량의 전이가 이루어진다면 최종분절인 발에서는 최고속도를 낼 수 있게 된다.

지지발은 동작 수행 중 신체질량 중심점이 전방으로 이동하는 동안 균형을 잡아주는 중요한 역할을 한다. 차는 다리가 움직이는 동안 지지발은 앞축을 축으로 틀어지게 되는데 이때 주의해야 할 점은 차기 동작 전 지지발을 미리 틀어주는 것이 아니라 차기 동작을 수행하는 동안 자연스럽게 틀어지도록 해야 한다는 것이다. 평균적으로 60~70° 정도 틀어지게 되며 앞차기 후 차는 다리가 앞으로 나가느냐 뒤로 들어가느냐에 따라 각도는 커지거나 줄어든다.

마지막으로 모든 동작의 타격 순간에는 근력을 발휘하여 관절을 단단히 고정하는 강체화가 이루어져야 한다. 강체화를 통해 몸통과 차는 다리가 하나의 분절과 같은 역할을 하여 실제 타격에 가담하는 효과질량을 크게 할 수 있다. 효과질량이 커짐으로써 운동량이 증가하여 상대에게 큰 충격을 가할 수 있으며 또한 타격 시 관절에 의한 완충효과를 줄여 반작용에 의한 힘을 억제함으로써 계속해서 힘을 가할 수 있게 하는 효과도 있다.

종합해보면 앞차기는 몸에 힘을 뺀 상태에서 차는 발로 지면을 민첩하게 밀어 얻어낸 외력으로 골반을 회전시키고 골반과 어깨의 교호적 회전운동이 빠르게 복원될 때 사용되는 탄성에너지로 엉덩관절 굴곡근이 강한 수축을 하며 대퇴를 끌어올린 후 근수축에 의한 움직임이 아닌 몸통의 각운동량을 하지 근위분절에서 원위분절로 순차적으로 전이하며 무릎관절을 신전하여 발로 목표물을 타격하는 것이 가장 효과적인 수행방법이라고 할 수 있다.

② **돌려차기**

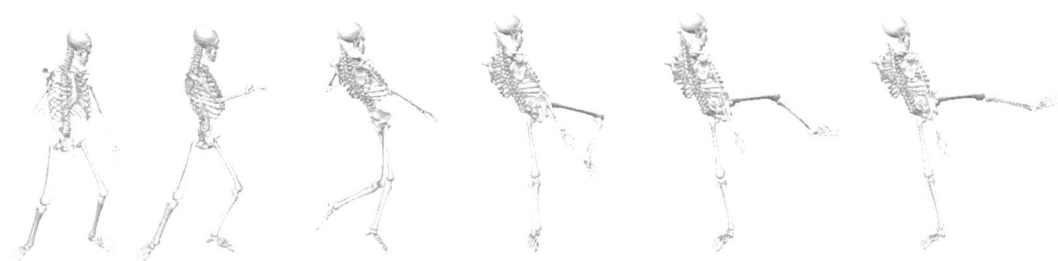

그림 105. 돌려차기

앞차기와 마찬가지로 먼저 차는 발로 지면을 민첩하게 밀어 얻어낸 외력으로 신체질량 중심점을 목표물 쪽으로 보내줌과 동시에 골반을 회전시킨다. 이때 골반과 어깨의 교호적 회전운동에 의해 엉덩관절 굴곡근의 신장성수축 이후 탄성에너지가 더해진 강한 단축성수축(stretch-shortening cycle)이 일어나 골반이 원상태로 복원되며 엉덩관절의 굴곡이 시작된다. 이후 몸통의 회전과 함께 다리는 채찍과 같은 연결 동작으로 움직이게 된다.

대퇴를 들어 올릴 때는 무릎에 힘을 빼고 자연스럽게 접혀 올라와야 한다. 무릎의 내각은 100~115°가 적당하며 접혀 올라올 경우 관성모멘트가 작아져 대퇴의 각속도를 빠르게 할 수 있다. 또한, 몸통의 회전속도를 더욱 빠르게 하기 위해서도 각 분절을 신체 중심선과 가깝게 움직여 관성모멘트를 최소화해야 한다. 대퇴를 들어 올리는 과정에서 다리가 측면으로 돌아나간다면 몸통의 수직축에 대한 관성모멘트가 커져 몸통의 회전속도가 느려지기에 다리는 목표물을 향해 직선으로 나아가야 한다.

대퇴를 들어 올린 후 허리를 강하게 비틀며 무릎을 신전하여 목표물을 타격하게 되는데 이 과정에서 하지분절은 근육의 수축에 의한 움직임이 아닌 몸통의 각운동량을 골반, 대퇴, 하퇴, 발로 순차적으로 전이하여 던지는 듯한 움직임이 이루어져야 한다. 분절 간 각운동량이 효율적으로 전이되려면 대퇴의 각속도가 최대에 이르렀을 때 다음 분절인 하퇴는 움직임을 시작하고 대퇴는 감속, 하퇴는 가속되는 형태가 되어야 한다. 하퇴에서 발로 각운동량을 전이함에서도 이러한 패턴으로 분절 간 타이밍을 맞추어 움직여야 발의 속도를 최대로 빠르게 할 수 있다. 지지발은 몸의 회전에 따라 앞축을 축으로 자연스럽게 틀어지도록 하며 강체화를 통해 타격순간에 가담하는 효과질량을 크게 하여 운동량을 증가시키고 충격을 계속적해서 전달할 수 있도록 해야 한다.

종합해보면 돌려차기는 대퇴를 목표물을 향해 직선으로 들어 올리는 동작까지는 앞차기와 같은 패턴을 보이며 이후 몸통과 골반의 회전과 함께 몸통에서 생성된 각운동량을 하지 근위분절에서 원위분절로 순차적으로 전이하며 무릎을 신전하여 던진다는 느낌으로 목표물의 측면을 타격하는 동작이다.

③ 옆차기

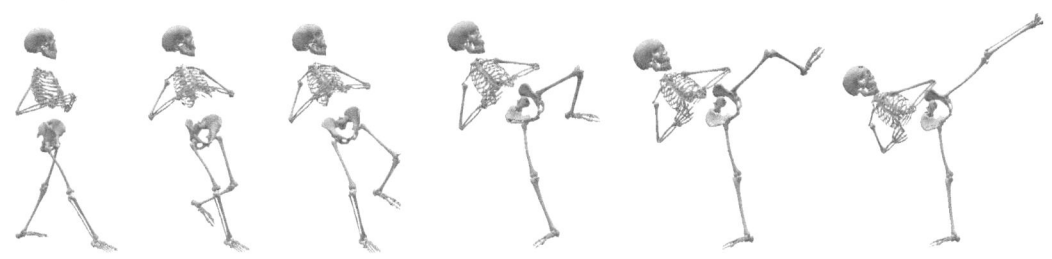

그림 106. 옆차기

옆차기는 겨루기경기에서보다 주로 품새에서 사용되고 있고 그로 인해 안정적인 신체균형과 절도를 중시하며 동작을 수행하고 있다. 하지만 이러한 동작은 지면반력을 충분히 사용하지 못하기 때문에 비효율적이라고 할 수 있다. 차는 발로 지면을 민첩하게 밀지 않고 발을 들어 올리는 동작은 비록 신체균형을 유지하는 데 도움이 될 수는 있지만, 외력을 이용하지 않고 골격근의 수축만을 이용하여 차기 동작을 수행하기 때문에 속도와 파워가 떨어질 수밖에 없다. 그래서 옆차기도 다른 차기와 마찬가지로 충분한 외력을 얻어 효율적인 동작을 수행해야 한다.

옆차기는 발날 또는 발뒤축으로 목표물을 타격하게 되는데 이것을 너무 의식하여 동작의 초기 단계부터 발끝을 몸쪽으로 당겨 타격형태의 발 모양을 만드는 경우가 있다. 이렇게 초기 단계부터 발목관절에 힘을 주게 되면 관절의 주변 근육이 경직되어 분절의 순차적인 움직임에 방해가 된다. 발은 하지의 마지막 분절이기 때문에 하지분절의 움직임 순서에 따라 힘을 빼고 있다가 동작의 마지막 단계에 발 모양을 만드는 것이 바람직하다.

발목관절뿐만 아니라 몸 전체 힘을 적절히 이완시켜야 하며 이 상태에서 차는 발로 지면을 민첩하게 밀어 외력을 얻어내 골반을 회전시킨다. 여기서 골반과 어깨의 움직임에 의해 교호적 회전운동이 일어나고 근육의 신장-단축 시스템에 따라 엉덩관절 굴곡근의 신장성수축 이후 탄성에너지가 더해진 강한 단축성수축이 일어나 대퇴는 튕기듯 올라오게 된다. 대퇴를 들어 올려 무릎관절이 최소각에 이르면 허리를 차는 방향과 반대로 강하게 비틀면서 엉덩관절과 무릎관절을 신전시켜 목표물을 타격하게 되며 타격순간 차는 쪽 골반은 엎어주고 반대쪽 골반은 깊숙이 집어넣어 준다. 일부 수련생들이 대퇴를 들어 올려 허리를 틀고 무릎을 가슴까지 당긴 상태에서 일시적으로 멈추었다가 뻗어 차는 이중동작을 보이는데 일시적으로 동작을 멈추게 되면 이전의 운동량은 소멸하여 버리고 하지근육의 수축만으로 동작을 수행하게 된다. 그래서 부드러운 동작의 연결로 몸통에 생성된 각운동량을 하지분절로 전달하여 효율적인 동작을 수행해야 한다. 차는 다리의 속도를 빠르게 하기 위해서는 모든 동작에 있어서 마찬가지로 근위분절에서부터 움직임이 시작되어야 한다. 그러므로 대퇴를 강하고 빠르게 밀어주면서 동작이 이루어져야 하며 발이 먼저 나가 뻗어 차는 듯한 형태는 올바르지 않다.

옆차기에서 무릎관절이 최소각이 된 이후 대퇴를 밀어주며 다리를 뻗어 목표물을 타격하는 과정에서는 앞차기, 돌려차기 등 던지는 듯한 동작과는 다르게 대퇴의 속도가 가속되어 최대에 이른 후 감속되는 패턴이 나타나지 않고 대퇴와 하퇴는 함께 속도가 증가하며 타격순간에는 거의 동시에 최대속도에 이르게 된다. 즉, 준비자세에서 무릎관절이 최소각이 되기까지는 앞차기와 같이 던지는 듯한 동작 형태를 보이다가 이후 엉덩관절과 무릎관절은 타격순간까지 함께 움직이며 하지분절을 가속하는 전형적인 미는 듯한 동작 형태를 나타낸다. 따라서 옆차기는 던지는 듯한 동작과 미는 듯한 동작의 복합동작이라 할 수 있다.

타격순간 반대쪽 골반을 깊숙이 집어넣는 움직임을 용이하게 하기 위해 지지발은 뒤꿈치가 전방을 향하도록 하여 틀어져야 한다. 이때 지지발의 회전은 작위적인 움직임이 아닌 골반의 회전으로 자연스럽게 틀어지도록 해야 한다. 한편, 품새경기에서 옆차기 시 상체를 뒤로 눕는 모습을 자주 보게 되는데 상체를 뒤로 눕히게 되면 발을 높이 찰 수는 있겠지만, 목표물 주시와 동작 후 다음 동작으로의 부드러운 연결이 어려우며 상체의 질량이 타격에 가담하지 않아 효과질량이 작아지게 된다. 그러므로 옆차기 동작 시 상체를 세워 전체적인 모양이 Y자가 되도록 하는 것이 바람직하다.

종합해보면 옆차기는 대퇴를 들어 올려 무릎관절이 최소각이 되는 순간까지는 앞차기와 움직임 형태가 같으며 이후 허리를 강하게 비틀면서 골반을 엎어 발을 먼저 뻗지 말고 허리와 대퇴를 빠르게 밀어 엉덩관절과 무릎관절을 함께 신전시키며 목표물을 타격하는 동작이다. 대퇴를 들어 올리는 동작과 차는 동작이 구분되어 이중동작이 나타나서는 안 되며 동작의 처음부터 끝까지 하나의 동작으로 부드럽게 연결되어야 운동량의 낭비를 없앨 수 있다. 또한, 타격에 가담하는 효과질량을 크게 하기 위해서는 상체를 세워 전체적인 모양을 Y자 형태로 하는 것이 효과적이다.

④ **뒤차기**

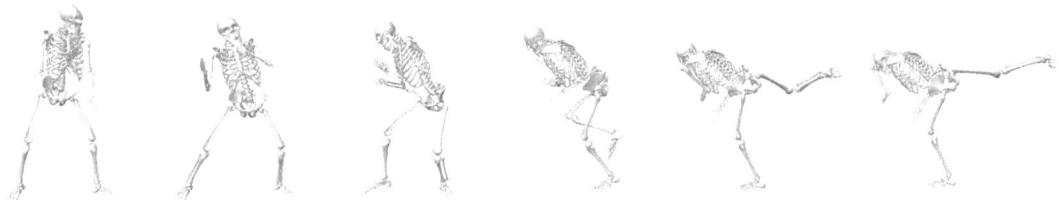

그림 107. 뒤차기

먼저, 차는 발로 지면을 민첩하게 밀어주어 신체질량 중심점을 진행방향으로 이동시키며 골반의 후방회전을 시작한다. 회전하면서 상체를 숙이게 되면 진행방향으로의 추진력을 얻기 힘들며 회전축이 무너져 동작 후 균형을 잡기가 어려워지기 때문에 회전 간에 상체는 반드시 세워주도록 한다. 그리고 지지발은 회전을 쉽게 하기 위해 뒤축을 약간 들어주는데 이때 신체질량 중심점이 위로 뜨지 않도록 주의한다.

지면반력을 통해 골반은 후방회전을 하며 어깨와 비틀리는 교호적 회전운동이 일어난다. 여기서 발생한 탄성에너지를 이용하여 회전속도를 더 가속시키고 대퇴를 진행방향으로 빠르게 보내준다. 차는 발이 지면에서 떨어지는 순간 대퇴를 지지발에 스치듯이 진행방향으로 보내주는 것과 동시에 발뒤꿈치를 끌어올려 무릎을 접어야 한다. 접어 올린 무릎의 각도는 약 100° 정도가 적당하며 발뒤꿈치를 빠르게 끌어올려 무릎을 접음으로써 하지분절의 회전반경이 작아지고 이에 따라 회전저항인 관성모멘트가 작아져 대퇴의 각속도를 빠르게 할 수 있다. 뒤차기에서는 앞차기나 돌려차기와 같이 자연스럽게 무릎이 접혀 올라오도록 하는 것과는 다르게 대퇴 뒷 근육에 힘을 주어 발뒤꿈치를 끌어올려야 한다. 발뒤꿈치를 끌어올리는 동작은 최소한의 힘으로 이루어져야 하며 과하게 힘을 주면 근육이 경직되어 하지분절의 움직임이 부드럽지 못하게 된다. 마찬가지의 이유로 발등을 정강이 쪽으로 굴곡시켜 발 모양을 타격형태로 만드는 동작은 마지막 단계에 수행하는 것이 바람직하다. 시선은 골반의 회전과 함께 빠르게 돌려 어깨너머로 목표물을 주시한다.

뒤차기 동작에서 하지분절은 전형적인 미는 듯한 움직임을 보인다. 대퇴가 진행방향을 향해 직선으로 움직이다가 지지발을 스쳐 지나가면서 엉덩관절과 무릎관절을 신전 시켜 발뒤축으로 목표물을 타격하게 된다. 옆차기와 마찬가지로 발이 먼저 나가서는 안 되며 연결 동작 원리에 따라 몸통의 각운동량이 대퇴, 하퇴, 발로 순차적으로 전이되도록 먼저 대퇴를 빠르게 밀어주어야 한다. 타격이 이루어지는 동안 회전력을 제어하여 신체의 좌우균형을 유지해야 하며 상체를 세워 타격에 가담하는 효과질량을 크게 한다. 지지발은 발끝이 후방을 보도록 회전된 상태에서 지면을 밀어주어 신체질량 중심점이 진행방향으로 움직이도록 추진력을 제공해주어야 한다.

종합해보면 뒤차기는 차는 발로 지면을 민첩하게 밀어 골반이 후방회전하며 어깨와의 교호적 회전운동으로 생성된 탄성에너지를 이용하여 차는 발이 지면에서 떨어지는 순간 발뒤꿈치를 끌어당겨 대퇴를 진행방향으로 지지발을 스치듯이 이동시키고 엉덩관절과 무릎관절을 신전하며 마지막에 발등을 당겨 발뒤축으로 목표물을 타격하는 동작이다. 무릎을 접는 동작은 최소한의 힘으로 수행해야 하며 시선은 빠르게 돌려 어깨너머로 목표물을 주시한다. 하지분절의 움직임은 먼저 대퇴를 빠르게 밀어주고 이어 하퇴, 발의 순서로 진행되도록 하며 상체를 세우고 지지발로 지면을 밀어 진행방향으로의 추진력을 제공해준다.

⑤ **후려차기**

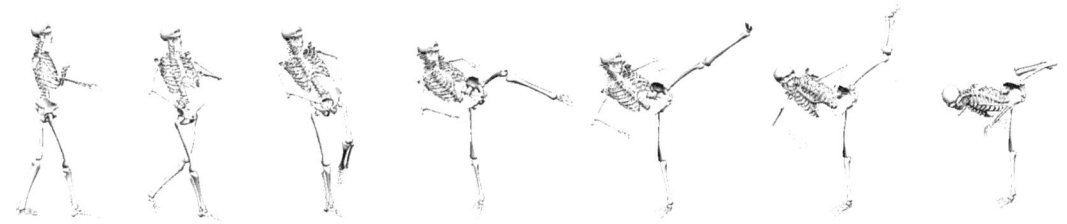

그림 108. 후려차기

후려차기도 앞차기와 같이 차는 발로 지면을 민첩하게 밀어 외력을 얻어내고 골반과 어깨의 교호적 회전운동에 의한 탄성에너지를 이용하여 몸의 측면이 진행방향을 보도록 빠르게 회전한다. 차는 발이 지면에서 떨어지는 순간 빠르게 발뒤꿈치를 끌어당겨 무릎관절의 내각이 약 100°가 되도록 접는다. 무릎을 접어 하지의 회전반경을 줄임으로써 관성모멘트가 작아져 대퇴를 들어 올리기 쉽게 된다. 발뒤꿈치를 끌어당겨 무릎을 접는 동작은 최소한의 힘으로 수행하여 대퇴 뒷 근육이 경직되지 않도록 하고 발목관절에는 힘을 최대한 이완시킨다. 대퇴는 앞차기 동작처럼 엉덩관절을 최대로 굴곡시켜 대퇴를 높이 들어 올리지 않고 약 40° 정도만 들어 올린다. 대퇴를 들어 올리는 동작은 지지발에 스치듯이 하며 신체의 질량분포가 회전축에 가깝게 있을수록 관성모멘트가 감소하여 몸의 회전속도를 빠르게 할 수 있기 때문에 회전 간에 하지분절은 신체 중심선에 최대한 가깝게 붙여준다.

몸이 회전한 후 엉덩관절을 외전시켜 대퇴를 옆으로 들어 올리면서 가슴 쪽으로 약간 끌어당긴다. 대퇴를 옆으로 들어 올리지 않고 후려 차게 되면 발이 밑에서부터 사선을 그리며 목표물을 타격하게 된다. 후려차기 타격 시 수평 방향의 힘이 클수록 목표물에 큰 충격을 가할 수 있는데 발이 사선으로 올라가 목표물에 빗겨 맞게 되면 그만큼 수평 방향의 힘이 감소하여 목표물에 큰 충격을 가할 수 없게 된다. 그래서 효율적인 타격을 위해서는 대퇴를 옆으로 들어 올려 목표물을 수평으로 후려 차도록 해야 한다. 그리고 대퇴를 가슴 쪽으로 약간 끌어 당겨주는 것은 발이 목표물의 측면에서부터 후려 찰 수 있도록 타격범위를 확보하기 위함이다.

이후 대퇴를 강하게 밀면서 엉덩관절과 무릎관절을 신전 시켜 발의 속도를 가속하고 타격순간 무릎관절의 굴곡과 발목관절을 아래로 굴곡시키는 스냅을 이용하여 목표물을 타격한다. 발의 속도를 최대로 하기 위해서는 분절의 연결 동작 원리에 따라 먼저 근위분절인 대퇴를 강하고 빠르게 밀어주고 각운동량을 전이하여 하퇴, 발이 순차적으로 움직이도록 해야 하며 타격순간에는 스냅을 통해 발의 속도를 더욱 가속시킬 수 있다. 또한, 타격순간 어깨를 차는 발의 방향과 반대로 강하게 틀어주어 상체의 회전속도를 하체로 전이함으로써 차는 발의 속도를 더 빠르게 할 수 있다. 여기서 상체를 틀어주되 뒤로 누우면 목표물을 주시하기 어렵게 되고 타격에 가담하는 효과질량이 줄어들기 때문에 상체를 과하게 뒤로 눕히지 않도록 한다. 지지발은 안정적인 자세를 유지하기 위해 무릎을 약간 구부려준다.

종합해보면 후려차기는 앞차기와 같이 지면반력을 통한 골반과 어깨의 교호적 회전운동으로 생성된 탄성에너지를 이용하여 몸의 측면이 진행방향을 보게끔 빠르게 회전한 후 대퇴를 옆으로 들어 올려 던지듯이 엉덩관절과 무릎관절을 신전 시켰다가 무릎을 접으며 발바닥 또는 발뒤축으로 목표물을 타격하는 동작이다. 회전 간에 각 분절들은 신체 중심선에 가깝게 붙여 회전이 용이하도록 하고 타격순간 스냅과 상·하체의 비틀림을 통해 발의 속도를 높여준다. 상체는 타격에 가담하는 효과질량을 크게 하기 위해 과하게 뒤로 눕지 않도록 하고 지지발은 안정적인 자세를 유지하기 위해 무릎을 약간 구부려주는 것이 효과적이다.

⑥ **뒤후려차기**

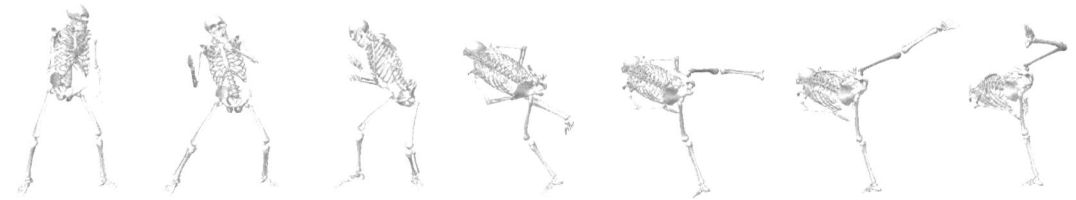

그림 109. 뒤후려차기

외력을 얻어 발뒤꿈치를 끌어당기며 골반을 후방회전 시키는 것까지는 뒤차기 동작과 동일하다. 이 과정에서 뒤차기는 차는 발과 함께 신체질량 중심이 진행방향으로 이동하지만 뒤후려차기의 경우 제자리에서 회전운동이 이루어지기 때문에 지지발에 신체질량 중심을 옮겨 축을 세우는 것이 특히 중요하다고 할 수 있다. 지지발에 축을 세우지 않으면 신체질량 중심이 기저면의 중앙에 위치한 상태에서 회전하게 되고 따라서 회전축은 뒤로 기울어지게 된다. 결과적으로 차기 동작 후 착지 시 균형이 무너져 다음 동작의 수행에 지장을 주기 때문에 회전하기 전 반드시 지지발에 축을 세우도록 한다. 몸통의 회전은 골반과 어깨의 교호적 회전운동으로 생기는 탄성에너지를 이용하여 빠르게 이루어져야 하며 뒤차기 동작보다 더 회전하여 몸의 측면이 진행방향을 보도록 하면서 엉덩관절을 외전시켜 대퇴를 옆으로 들어 올린다. 회전하는 동안 시선은 빠르게 돌려 목표물을 주시하고 각 분절은 신체 중심선에 가깝게 붙여 신체의 질량분포를 회전축에 가깝게 함으로써 회전이 쉽게 되도록 한다. 만일 초보자가 뒤후려차기 동작 시 회전에 어려움을 겪고 있다면 동작의 처음부터 지지발에 신체질량 중심을 두어 축을 세우게 한 다음 어깨를 회전방향과 반대로 돌려주어 반동을 통해 쉽게 회전할 수 있도록 연습시키는 것이 좋다.

이후 몸통의 각운동량을 하지분절로 전이하여 대퇴를 강하게 밀며 타격하는 동작은 후려차기 동작과 동일하다. 일부 수련생들을 보면 발목에 힘을 주고 무릎을 펴 다리를 뻗은 상태로 회전하여 후려 차는 경우가 있다. 몸의 빠른 회전에만 집중하고 하지분절의 움직임은 염두에 두지 않아 발생하는 문제라고 할 수 있으며 뒤후려차기에서 유난히 이런 동작이 많이 나타난다. 이를 무기에 비유하면 긴 단봉을 휘두르는 것과 같다. 긴 단봉을 끝에서 잡고 휘두르게 되면 회전저항이 커 타격하는 끝 부분의 속도가 그리 빠르지 않기 때문에 효과적이지 못하다. 하지만 같은 무게라 해도 인체의 관절과 같은 연결고리로 두 개의 짧은 봉이 연결된 쌍절곤의 경우 휘두를 시 회전저항이 작아 회전속도가 빠르며 차례대로 각운동량이 전이되며 가속되기 때문에 타격하는 끝 부분의 속도가 굉장히 빠르게 나타난다. 그러므로 하지관절의 움직임을 제한하여 긴 단봉으로 타격하는 형태보다는 쌍절곤의 연결고리와 같이 인체의 관절을 활용하여 분절을 차례대로 가속하는 형태가 되어야 한다. 무릎을 접는 힘은 최소로 하여 이후의 신전이 부드럽게 되도록 하고 발목은 타격 직전까지 힘을 최대한 이완시켰다가 각운동량이 전이되어 무릎을 신전하면서 타격하는 순간 빠른 스냅동작으로 발의 속도를 더욱 가속하여 타격하는 것이 효과적이다.

타격 후에는 찬 발을 그대로 앞에 내려야 한다. 회전의 관성에 의해 타격 후에도 다리에 힘을 주어 든 채로 계속 회전하게 되면 다음 동작을 수행하기 전까지의 시간이 길어진다. 그래서 몸통에서 하지분절로 각운동량이 전이된 후에는 몸통의 각속도를 제어하고 타격순간 강체화를 하여 타격 후에 계속 회전하지 않도록 해야 한다. 이러한 기전을 몸에 익히고 있어야 뛰어 뒤돌아 후려차기나 540° 뒤후려차기 등 공중에서 이루어지는 고난도 기술차기 동작을 효과적으로 수행할 수 있다.

종합해보면 뒤후려차기는 뒤차기와 같이 후방회전하되 반드시 지지발에 축을 세우고 몸통의 교호적 회전운동이 복원될 때 생기는 탄성에너지를 이용하여 몸의 측면이 진행방향을 보도록 빠르게 회전하며 대퇴를 옆으로 들어 올려 후려차기와 같이 목표물을 타격하는 동작이다. 회전 간에 각 분절은 신체 중심선에 가깝게 붙여주어 회전이 용이하도록 하고 회전과 함께 하지분절의 움직임에도 신경을 써야 한다. 일부러 관절의 움직임을 제한하여 비효율적인 동작을 하지 않도록 하며 타격 후에는 찬 발을 그대로 앞에 내려 다음 동작을 신속히 수행할 수 있도록 하는 것이 바람직하다.

⑦ **내려차기**

그림 110. 내려차기

내려차기 시 대퇴를 들어 올리는 것까지는 앞차기 동작과 동일하다. 무릎을 편 상태에서 대퇴를 들어 올려 내려 차는 경우에 타격순간 발의 속도가 무릎이 접혀 올라오는 경우보다 빠르게 나타나는데 이것은 무릎을 펴서 올릴 경우, 둔근과 대퇴이두근의 신장-단축 시스템이 더 잘 수행된 결과로 볼 수 있다. 하지만 무릎을 펴서 올릴 경우 하지분절의 관성모멘트가 커져 다리를 들어 올릴 때 각속도가 느려지고 동작이 커지기 때문에 실제 겨루기 상황에서는 기술이 노출되기 쉽다. 그래서 실전성 측면에서 본다면 무릎을 펴서 올리는 동작은 지양해야 한다.

무릎관절의 신전은 앞차기 동작처럼 타격을 위해 강하게 하는 것이 아니라 힘을 뺀 상태에서 대퇴의 각운동량에 의해 자연스럽게 신전 되도록 해야 한다. 무릎관절이 최대신전 되어 발이 최고점에 이르게 되면 둔근과 대퇴이두근의 신장-단축 시스템으로 강한 단축성수축을 하며 발바닥 또는 발뒤축을 사용해 상대의 얼굴을 내려 찬다. 무릎관절이 신전된 상태에서 타격이 이루어지기 때문에 다른 차기보다 타격속도가 빠르지 않지만, 타격 순간에 발목관절을 아래로 저측굴곡하는 스냅을 통해 발의 속도를 보다 높일 수 있다. 동작을 수행하는 동안 지지발은 골반의 회전으로 자연스럽게 틀어지도록 한다.

내려차기를 하면서 상체를 뒤로 눕히는 동작은 발을 더 높이 올리는 데 유리할 수 있으나 목표 주시와 신체질량 중심점이 진행방향으로 운동하는 데 방해가 되기 때문에 정확도와 파워를 저하시키는 부적절한 동작이라 할 수 있다. 또한, 이러한 동작 후에는 불안정한 자세가 되어 다음 동작을 효과적으로 수행하려면 다시 준비자세를 취해야 하는 상황이 발생하기 때문에 내려차기 동작은 반드시 상체를 세운 상태에서 수행해야 한다.

종합해보면 내려차기는 앞차기 동작과 같이 대퇴를 들어 올린 후 부드럽게 무릎관절을 신전하여 발이 최고점에 이르면 둔근과 대퇴이두근의 강한 수축을 통해 아래로 내려 차는 동작이며 타격순간 발목관절의 스냅으로 발의 속도를 더 빠르게 할 수 있다.

4. 태권도 품새의 기능학

품새는 기술 및 기능의 단련을 위해 가상의 상대를 설정하여 공격과 방어를 위한 기술동작을 일정한 순서에 따라 조합하여 훈련하는 일련의 운동 과정이라고 정의할 수 있다.

현재 공인품새로 지정되어있는 유급자 품새는 태극 1장~8장으로 구성되어 있으며, 유단자 품새는 고려, 금강, 태백, 평원, 십진, 지태, 천권, 한수, 일여로 구성되어있다. 현재는 여러 가지 창작품새나 품새대회를 위한 경기품새도 많이 개발되고 있는 추세이며 공인품새의 동작들도 점차 보완·발전되어가고 있다.

품새는 태권도의 동작들을 조합하여 하나의 훈련체계를 형성한 것이므로 효과적인 동작의 수행과 부드럽고 빠른 연결이 무엇보다 중요하다고 할 수 있다. 효과적인 품새동작을 위해 역학적으로 생각해 보아야 할 부분으로는 분절의 가속과 강체화, 그리고 동작의 연결 등이 있다.

1) 분절의 가속

(1) 근파워의 강화

신체의 움직임을 효과적으로 수행하기 위해서 필수적인 부분이 바로 근력이다. 근력은 근육의 횡단면적에 비례하기 때문에 잘 발달한 근육은 그만큼 큰 힘을 발생시킬 수 있다. 하지만 근육의 생리학적 특성이나 훈련을 통한 발달 형태에 따라서 단위면적당 발휘할 수 있는 근력의 크기는 사람마다 다르게 나타날 수 있다. 뉴턴의 제2 법칙에 의하면 $a=F/m$로 가속도는 질량에 반비례하기 때문에 질량에 비해 근력이 떨어지는 근육은 근육 자체의 질량으로 인해 동작을 수행하는 데 있어 분절의 가속에 방해된다.

그러므로 큰 근파워를 가질 수 있는 형태로 근육을 발달시키는 것이 중요하다. 다시 말해, 근육이 커질수록 근력이 향상하지만 그만큼 근육 자체가 갖는 질량 또한 증가하기 때문에 신체 부위를 빠르게 가속하기 위해서는 질량에 비해 큰 파워를 낼 수 있는 형태의 근육이 필요하다. 근 파워를 향상시키기 위해서는 웨이트 트레이닝 시 1RM의 50~60%에 맞는 중량(1세트에 15~20회 반복 가능한 중량)을 이용하여 3~4세트 실시하는 것이 가장 효과적이며 가능한 한 빠르게 근육을 수축시키는 것이 좋다. 중량의 부하가 무거울수록 근 비대에는 효과적일 수 있으나 너무 무거우면 근육의 스피드 향상을 기대할 수 없고 또 너무 가벼우면 근력의 증강이 어려워서 적당한 중량을 이용하여 훈련하는 것이 중요하다.

또한, 근육의 힘을 효과적으로 발휘하기 위해서는 근섬유를 지배하는 신경의 역할이 중요하게 작용한다. 하나의 신경이 지배하는 근섬유의 수를 운동단위(motor unit)라고 표현한다. 하나의 운동단위가 갖는 근섬유의 수가 많을수록 큰 근력을 발휘할 수 있기 때문에 근육의 크기뿐 아니라 근육을 효과적으로 움직일 수 있는 신경의 발달이 동시에 이루어져야 한다. 즉, 동작 시 빠른 속도를 내기 위해서는 질량에 비례하여 큰 효율을 가질 수 있도록 근 파워를 발달시키는 노력이 필요하다.

(2) 근력의 이완

근육을 이용하여 몸을 움직일 때는 주의해야 할 점이 있다. 인체의 관절이 움직일 때에는 관절이 움직이는 방향으로의 힘을 제공하는 주동근 뿐만 아니라 관절의 안정성을 제공하기 위한 길항근 및 협력근이 함께 자극되면서 공동으로 활성화된다. 동작을 수행하기 전 심리적으로 압박을 받거나 몸이 긴장하게 되면 주동근과 함께 길항근 및 협력근의 활성화 정도가 높아져 관절의 가동 속도를 오히려 감소시키게 된다. 즉, 강하게 가격하려고 불필요한 힘을 주게 되면 오히려 타격속도는 줄어들고 결국 타격 시 충격력에도 부정적으로 작용하게 된다. 그래서 심리적·신체적으로 긴장을 풀고 있어야 빠른 근수축이 가능하며 큰 근육의 경우 최대 근력의 1/3 정도만 사용하고 있을 때 근수축 속도가 가장 빠르게 나타난다.

(3) 협응 동작

인체는 여러 개의 분절로 이루어져 있으며 각각의 분절들은 관절을 통해 연결된 형태로 되어있다. 그래서 각 분절과 관절들이 어떠한 순서로 움직이느냐에 따라서 최종분절의 움직임이 결정된다. 대부분의 태권도 동작에서는 최종분절이 최고의 속도를 갖는 것이 무엇보다 중요하다. 그러기 위해서는 몸통의 각운동량을 순차적으로 최종분절까지 전이시켜야 하며 관성모멘트가 큰 근위분절에서 관성모멘트가 작은 원위분절로 각운동량이 전이되면서 최종분절에서는 큰 각속도를 형성하는 키네틱 링크의 원리(Kinetic link principle)가 적용되어야 한다. 이러한 동작의 원리를 '채찍'의 원리라고도 하는데, 채찍의 원리에 따르면 분절 간에 각운동량이 효과적으로 전이되기 위해서는 근위분절의 각속도가 최대가 된 시점에 원위분절의 회전이 시작되는 형태로 개개의 분절들이 정확한 타이밍에 움직인다면 최적의 효과를 낼 수 있다. 즉, 최고의 효율을 갖기 위해서는 몸의 각 부위를 적절한 타이밍에 움직여 전신의 협응(coordination)이 잘 이루어져야 한다.

2) 강체화

품새 동작의 마지막 순간에는 전신의 근력을 이용해 각 관절의 움직임을 굳건히 고정하는 강체화 동작을 수행하게 된다. 강체화를 통해 몸통과 상지분절 혹은 하지분절이 하나의 분절과 같은 역할을 하여 효과질량을 크게 할 수 있으며 효과질량이 커짐으로써 운동량이 커져 상대에게 큰 충격을 가할 수 있게 된다. 강체화의 순서는 분절의 협응동작과 마찬가지로 근위분절에서 원위분절로 차례대로 이루어져야 하며 각운동량이 전이된 이후 즉시 강체화를 통해 관절을 단단히 고정시켜야 한다. 각운동량을 전이한 이후에 강체화가 이루어지지 않아 허리나 어깨가 밀려 나가게 되면 전달되는 각운동량 일부가 소실되어버리고 그만큼 목표물에 전달하는 충격량이 줄어들기 때문에 효율적인 각운동량의 전이를 위해서는 적절한 타이밍에 순차적으로 강체화가 이루어져야 한다. 한편, 격파에서는 관절에 의한 완충효과를 억제하여 물체에 계속해서 힘을 가할 수 있게 되고 또, 이러한 강체화 동작은 최근 경기화 된 품새에서 품새의 선을 아름답게 표현하기 위한 미적인 요소로서 더욱 강조되고 있다.

3) 동작의 연결

품새 동작 중 이동과 동시에 손동작을 수행하게 되는데 이때 대부분의 경우는 이동 간에 신체중심의 높이가 일정하게 유지되도록 해야 한다. 이는 신체질량 중심점의 이동 방향과 손동작의 진행방향이 일치하도록 하기 위함이다. 앞굽이 서기로 진행하면서 몸통지르기를 하는 동작을 예로 들어보자. 몸통지르기 동작은 최대한 상대방의 명치를 향해 직선 방향으로 주먹을 뻗는 동작이다. 이때 서기자세를 이동하면서 중간에 다리를 펴서 몸을 일으키게 되면 신체질량 중심점의 진행이 곡선을 그리며 동작이 이루어지게 된다. 그렇게 되면 주먹의 진행방향과 신체질량 중심점이 움직이는 방향이 일치하지 않게 되고 효과적인 동작을 수행할 수 없게 된다. 그러므로 신체질량 중심점이 지면과 수평으로 이동되어야 한다. 품새 동작 시에 발동작과 손동작이 항상 같은 순간에 끝나야 하는 이유도 위의 내용의 연장으로 볼 수 있다. 발동작(서기)을 이용한 신체질량 중심점의 속도가 최대일 때 손동작의 속도 역시 최대를 이루어야 최적의 효과를 거둘 수 있기 때문이다.

또한, 품새 시 서기의 연결이 효율적으로 이루어지기 위해서는 전진, 후진, 회전 후 서기를 막론하고 발이 먼저 착지 지점으로 움직여 몸이 따라가는 형태보다는 발이 떨어진 후 신체질량 중심점인 몸통을 먼저 움직임으로써 생성된 각운동량을 이용하여 위치의 이동이 쉽도록 한다. 즉, 서기의 연결 또한 체간에서 체지로의 각운동량 전이에 의한 동작이 이루어져야 한다.

5. 태권도 경기겨루기의 기능학

겨루기는 태권도 기술의 총체라고 설명할 수 있다. 기본동작과 품새의 수련은 기술적인 면에서 볼 때 결국 겨루기에 잘 응용하기 위한 준비단계라고 이해할 수 있다. 겨루기는 상대와 근접하여 손과 발로 공격과 방어를 하는 것으로, 상대의 움직임에 따라 자신의 기술을 순간적으로 결정하여 수행하여야 하므로 매우 빠른 민첩성과 순발력이 요구되며, 주어진 시간과 공간에서 많은 전술과 전략을 구사하여야 하는 운동이다.

태권도의 겨루기는 약속겨루기와 자유겨루기로 구분할 수 있다. 약속겨루기는 하나의 약속된 틀 속에서 상대와의 공방을 수련하는 방법으로 품새와 유사한 개념이지만 상대의 움직임에 따라 자신의 움직임을 조절해야 하므로 상대와의 상호작용을 함께 수련할 수 있어 보다 효과적인 방법이라고 볼 수 있다.

자유겨루기는 말 그대로 여러 가지 공격과 방어기술을 이용해 상대와 자유롭게 겨루는 형태로 최근에는 경기겨루기로써 더욱 활성화되고 있다. 경기겨루기는 자유겨루기의 한 종류로 일정한 공간과 시간, 기술형태 등에 제한을 둠으로써 안전한 조건에서 정정당당하게 승패를 겨루는 방법이라고 할 수 있다. 다만 경기겨루기는 올림픽 정식 종목으로써 경기규칙에 맞추어 변화하고 발전해 왔기 때문에 실전성을 중시한 무도적 측면의 겨루기 형태와는 다소 차이가 있다.

1) 준비자세와 반응시간

겨루기에서 가장 중요한 부분은 상대의 공격에 얼마나 빨리 반응해서 대응 동작을 할 수 있느냐? 또, 상대가 반응하기 전에 얼마나 빠른 동작으로 상대방을 공격할 수 있느냐 하는 것이다. 즉, 동작을 수행하는 데 걸리는 소요시간이 얼마나 짧은가 하는 것이다. 많은 연구 결과들에 따르면 태권도 동작의 전체 소요시간에서 가장 큰 부분을 차지하는 것이 바로 반응시간이다. 반응시간은 어떠한 신호(겨루기에서는 상대방의 움직임)에 반응해 대응 동작을 시작하기까지 걸리는 시간을 말한다. 이 반응시간을 결정하는 것이 바로 준비자세이다.

사람이 이동하기 위해서는 몸속의 근육이 신체의 각 분절을 움직이게 하여 지면반력을 생성하고 신체를 이동시키게 된다. 하지만 앞장에서 설명한 바와 같이 신체가 이동하기 위해서 선행되어야 할 부분은 무게중심을 한쪽으로 무너뜨리는 것이다. 즉, 서기자세에서 정적인 안정상태를 유지하고 있던 신체의 안정을 깨뜨리는 대신 지면반력을 이용하여 동적인 안정상태를 만드는 것이다.

이때 가장 중요한 것은 양발이 어떠한 위치에 놓여있는가 하는 것이다. 발이 바닥에 놓여 있을 때 힘을 줄 수 있는 방향은 한정적이기 때문에 발의 방향과 두 발의 배치를 어떻게 하느냐에 따라 빠르게 움직일 수 있는 방향도 달라진다. 또한, 이러한 방법으로 이동을 빠르게 하기 위해서는 지면반력을 즉시 이용할 수 있도록 관절을 적절히 굴곡시켜 언제든 움직일 수 있도록 하는 것이 필요하다.

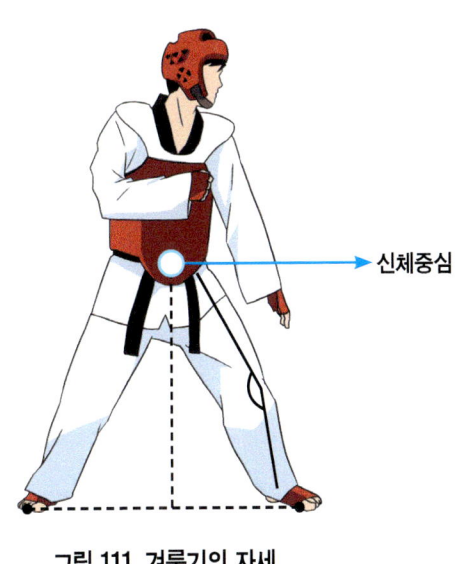

그림 111. 겨루기의 자세

 겨루기 선수들은 정적인 안정상태에서 빠르게 안정성을 깨뜨리기 위한 자세로, 보폭을 넓게 해서 신체중심의 수직선이 두 발 중 어느 발을 축으로든 큰 중력 모멘트를 만들 수 있도록 하고 또, 무릎을 살짝 굽혀 언제든 지면을 밀어 지면반력을 생성할 수 있도록 하는 자세가 중요하다.

 이때 유의할 점은 상대방이 자신의 동작이나 이동 방향을 미리 예측하지 못하도록 일관된 자세를 유지하는 것이 중요하며, 빠르고 효과적인 차기 동작을 수행하기 위해서는 지면반력을 생성하기 위해 차는 발로 지면을 민첩하게 미는 동작이 반드시 선행되어야 하므로 앞서 설명한 근육의 신장-수축 시스템을 통해 지면반력을 효과적으로 활용할 수 있도록 하는 적절한 반동이 경기력에 도움을 줄 수 있다.

6. 태권도 격파의 기능학

태권도의 격파는 수련자가 자신의 능력을 시험해 보고 자신감을 얻기 위한 수련의 한 방법이다. 태권도 기술을 이용하여 기와, 벽돌, 송판 등의 물체에 그 능력을 확인하는 것이며 최근에는 일반인에게 태권도의 기술과 위력을 보여주기 위한 시범으로 주로 활용되고 있고, 각종 대회를 통해서 하나의 관련 스포츠로 발전되고 있다.

격파는 크게 위력격파와 기술격파로 나뉜다. 위력 격파에서는 태권도 기술의 위력적인 면을 보여주는 목적 또는 위력을 확인하는 방법이며, 벽돌이나 대리석, 기와 등을 사용한다. 반면에 기술격파는 다양한 기술을 보여주기 위한 목적으로 주로 활용되며, 주로 얇은 송판을 격파물로 이용한다.

1) 위력격파

위력격파는 연마한 기술 또는 단련한 신체 부위를 이용하여 공격의 위력을 테스트하기 위한 목적으로 나무송판, 벽돌, 대리석 등의 단단한 물체를 대상으로 한 격파이다. 하지만 격파물의 특성상 같은 위력의 기술로도 격파물이 격파되고 안 되고의 결과는 가격하는 방법에 따라 달라진다. 일반적으로 송판격파에서는, 송판의 양쪽 끝을 받쳐 놓고, 그 중앙을 겨냥하여 타격한다. 송판은 충격으로 휘어지는데, 아래쪽 표면은 펴지고(장력) 위쪽 표면은 모이는(압축력) 힘을 받는다. 나무는 장력에 약하기 때문에 송판은 아래쪽 표면에서 쪼개지기 시작하여 깨지게 된다.

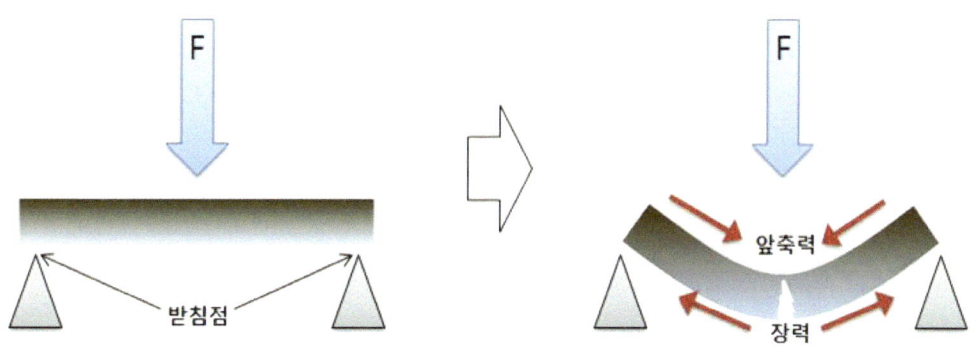

그림 112. 격파의 원리

송판을 깨는 데 필요한 힘의 양은 송판의 너비와 두께, 나무의 재질, 지지점 간의 거리에 따라 달라진다. 폭이 좁고 얇으며, 지지점 간의 거리가 멀수록 작은 힘으로 깰 수가 있다.

또한, 힘은 크기와 방향을 갖는 벡터(Vector)이기 때문에 크기와 방향, 작용선에 따라 같은 크기의 힘을 쓰더라도 그 효과는 달라진다. 즉, 정확한 위치를 정확한 방향으로 가격하지 않으면 격파가 원활히 이루어지지 않는다. 아래와 같은 수직방향 격파에서 격파물을 같은 힘으로 가격한다 하더라도 방향에 따라 격파물이 받게 되는 힘의 크기는 달라진다.

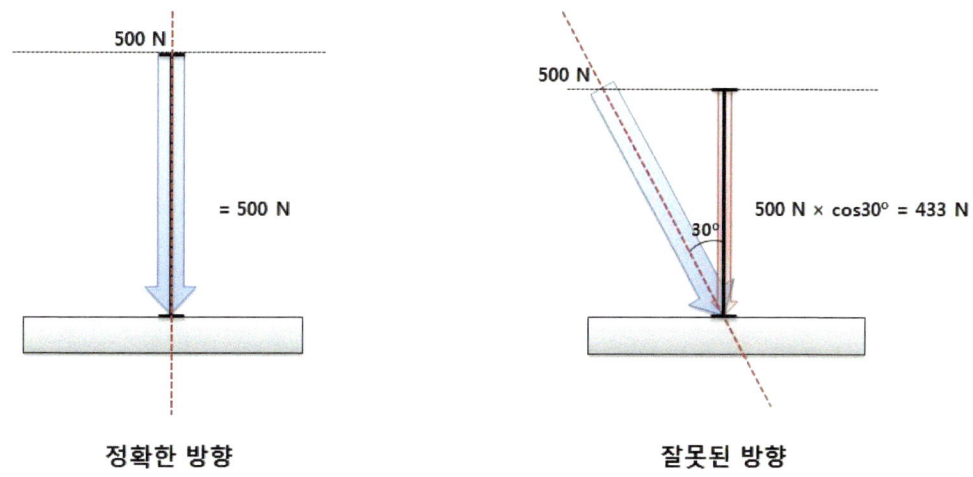

정확한 방향   잘못된 방향

그림 113. 타격방향에 따른 격파의 효율

위 그림에서 보는 바와 같이 잘못된 방향으로 격파물을 가격하게 되면 정확한 방향으로 가격한 경우와 같은 힘(500N)으로 가격을 한다고 하더라도 실제 격파물이 받는 힘은 벡터의 수직성분이므로 힘이 부족하여 격파되지 않을 수 있다. 최근에는 위력격파도 태권도 시범으로써 대중에게 보여지기 때문에 이러한 역학적 원리를 잘 이용하면 더욱 효과적인 위력격파를 선보일 수 있다.

2) 기술격파

태권도 시범을 위한 기술격파로는 주로 고난도 차기를 이용한 송판격파를 들 수 있다. 그 유형으로는 한번 뛰어 격파, 여러 표적 격파, 가로 돌아 격파, 세로 돌아 격파, 장애물 격파 등으로 분류할 수 있다.

(1) 한번 뛰어 격파

한번 뛰어 격파는 한번 도약하여 하나의 격파물을 격파하는 시범 종목이다. 도움닫기를 이용하여 또는 제자리에서 도약하여 한 번의 차기 동작을 하므로 최대한 높게 도약하여 정확한 동작을 보여주는 것이 관건이라고 할 수 있다.

한번 뛰어 격파에서는 주로 도움닫기를 이용하여 도약하는 방법을 사용하는데 도움닫기를 이용하여 도약할 경우에는 한 발로 도약해야 하므로 딛는 발의 반대쪽 발을 높게 차올려주면서 딛는 발에 큰 반작용력이 작용할 수 있도록 하는 것이 중요하다. 이러한 동작은 위쪽으로 큰 운동량을 전달하여 딛는 발에 반작용력을 크게 할 뿐만 아니라 도약 순간 하체의 위치를 차기를 위한 공중 동작에 쉽도록 하는 효과를 가져온다. 한번 뛰어 격파로는 뛰어 앞차기, 뛰어 옆차기, 뛰어 뒤차기, 뛰어 뒤후려차기, 뛰어 양발 앞차기 등이 있다.

그림 114. 뛰어 앞차기

(2) 여러 표적 격파

여러 표적 격파는 한번 도약하여 여러 방향에 놓여있는 여러 개의 격파물을 여러 번의 차기를 이용하여 격파하는 시범 종목이다. 한번 도약으로 여러 개의 격파물을 격파해야 하므로 긴 체공시간과 적절한 신체중심, 투사각도의 조절, 그리고 공중 동작에서의 신체조절능력 등이 요구된다.

여러 표적 격파의 도약 방법은 한번 뛰어 격파와 유사하지만 순차적으로 나열된 여러 개의 격파물을 한 번의 도약으로 모두 격파해야 하므로 높이 도약하는 것뿐만 아니라 도약하여 신체가 이동하는 거리에 대한 부분도 고려해야 한다. 도약 시 신체의 투사각이 너무 작으면 도약 높이와 체공시간에서 불리해지고, 투사각이 너무 크면 도약하여 이동할 수 있는 거리가 짧아지기 때문에 적절한 조절이 필요하다. 또한, 공중에서 여러 번의 차기를 수행한 후에 안전하게 착지하기 위해서는 높은 균형감각과 신체조절능력이 필요하다. 여러 표적 격파로는 앞차기 다단계, 돌려차기 다단계, 옆차기 다단계, 가위차기 다단계, 고공 다단계 등 다양하다. 실제로 여러 표적 격파는 그 형태나 난이도 면에서 지속해서 진화하고 발전되고 있기 때문에 그 종류는 매우 다양하다.

그림 115. 돌려차기 3단계

(3) 가로 돌아 격파

가로 돌아 격파는 지면과 수직을 이루는 축을 기준으로, 즉 옆으로 회전하는 형태의 차기로 격파하는 시범종목이다. 가로 돌아 격파는 제자리에서 또는 이동 간에 도약하여 옆으로 회전하면서 차기를 구사해야 하므로 고도의 순발력과 민첩성, 균형감각 등이 요구되며 특히 몸 전체의 각운동량을 적절히 이용하는 기술이 요구된다.

가로 돌아 격파에 사용되는 기술은 주로 후려차기 형태의 차기로 타격한다. 이는 후려차기 형태가 몸의 회전력을 이용한 차기이기 때문인데 대표적인 예로는 돌개차기(턴차기)와 540도 뒤후려차기 등을 들 수 있다.

가로 돌아 격파를 위해서는 도약 전 지면에서 충분한 각운동량을 만들어 주는 것과 팔과 다리를 이용해 높이 도약할 수 있도록 지면의 반작용력을 크게 하는 것,

그리고 공중에 도약해서 관성모멘트를 줄여 회전속도를 높이는 것이 관건이다.

지면에서 각운동량을 생성하기 위해서는 앞서 설명한 짝힘의 작용이 필요하다. 그러기 위해서는 먼저 양발 사이에 거리를 두어 두 발 사이에 작용하는 짝힘에 대한 충분한 모멘트 암이 생성되도록 해야 한다. 그 후 지면으로부터의 외력을 이용해 상체를 비롯한 몸 전체를 회전시켜 최대한의 각운동량을 생성해야 한다. 도약 시에는 양팔 또는 양팔과 한 다리를 적극적으로 활용하여 지면에 닿아있는 발이 지면에 전달하는 충격량을 극대화해주어야 한다. 몸이 이륙한 이후에는 최대한 회전축 가까이 신체분절들을 모아 관성모멘트를 줄임으로써 보존된 각운동량에 비한 몸의 회전속도를 크게 하여야 한다. 회전하는 동안 몸이 공중에서 균형을 잃지 않도록 잘 조절하여야 하며 특히 회전기술의 특성상 목표물에 시선을 고정하기 어려우므로 최대한 머리를 빨리 회전시켜서 목표물을 응시하는 것이 바람직하다. 가로 돌아 격파의 종류로는 돌개차기, 540도 뒤후려차기(1~3단계), 720도

그림 116. 540도 뒤후려차기

돌개차기(1단계~다단계), 900도 뒤후려차기 등의 기술이 있다.

(4) 세로 돌아 격파

세로 돌아 격파는 지면과 평행을 이루는 축을 기준으로, 즉 뒤로 또는 앞으로 회전하며 차기로 격파하는 형태의 시범 종목이다. 세로 돌아 격파는 공중에서 한 바퀴 회전한 후 안전하게 착지해야 하기 때문에 긴 체공시간을 위해 도약 시 순발력이 요구되며 주로 칼끝의 사과나 꽃송이 등을 격파물로 사용하기 때문에 정확성과 집중력이 요구되는 종목이다.

세로 돌아 격파는 한번 뛰어 격파와 마찬가지로 높은 곳의 격파물을 정확한 동작으로 격파하는 것이 중요하므로 최대한 높이 도약하되 안전하게 착지하기 위한 회전속도의 조절이 중요하다. 일반적으로 체조선수들이 공중회전 동작을 시행할 경우 다리를 최대한 몸쪽으로 끌어올려서 수평축에 대한 관성모멘트를 최소화하는 모습을 볼 수 있다. 태권도의 세로 돌아 격파기술에서는 공중에서 차기 동작을 시행해야 하므로 체조선수의 경우와 약간의 차이점이 있다. 태권도의 경우 체조선수보다 약간 더 회전력에 비중을 두고 도약한 후 끌어올려 진 다리를 앞차기 형태로 뻗어서 격파물을 격파하고, 타격하자마자 다시 다리를 몸쪽으로 끌어들여서 몸의 회전속도가 줄어들지 않도록 해야 한다. 비숙련자의 경우 회전속도나 체공시간이 부족해서 착지 시 몸이 앞으로 치우치거나, 체공시간에 비교해 회전속도가 너무 빨라서 몸이 뒤쪽으로 치우치는 모습을 볼 수 있는데 이는 몸의 회전축에 대한 관성모멘트의 조절을 통해서 개선할 수 있다. 숙련자의 경우 차기동작 수행 시 순간적으로 골반을 밀어 넣어서 더 높은 곳의 격파물을 격파하는 동작이 가능하다. 세로 돌아 격파의 종류로는 공중회전 앞차기 외발, 공중회전 앞차기 양발, 공중회전 연속 앞차기 등이 있다. 또한, 격파물의 종류와 위치 등에 따라 다양하게 발전하고 있으며 공중회전 비틀어 앞차기, 앞공중회전 내려차기 등과 같은 신기술들도 생겨나고 있다.

그림 117. 공중회전 앞차기

태권도 생체역학
THE BIOMECHANICS OF TAEKWONDO

A

B

Delayed
Depolarization

Double
Discharge

동작분석

1. 영상분석
2. 지면반력 분석
3. 근전도 분석
4. 기타 분석용 장비
5. 태권도 기본동작의 동작분석 결과

Ⅶ. 동작분석

1. 영상분석

1) 영상분석 방법

(1) 정성적 분석

정성적 분석(qualitative analysis) 방법에는, 카메라나 비디오가 쓰이기는 하나 주로 눈으로 동작을 관찰하여 주관적 평가를 하는 것이다. 태권도 현장에서의 정성적 분석 방법은 주로 사범, 코치, 선수 또는 관중들에 의해 사용된다. 이것의 가장 기본적인 형태는 동작을 눈으로 본 후에 간단히 그 동작의 결과, 장점, 그리고 오류 등을 말로 표현하는 것이다. 현장에서 즉각적으로 할 수 있는 장점이 있지만 잘못된 주관적 판단이 개입될 수 있는 단점이 있다. 그래서 완전한 정성적 분석을 위해서는 눈으로 동작을 관찰하는 것 보다는 사진, 비디오, 또는 필름을 통하여 관찰하는 것이 더욱 객관성 있으며 타당하다.

(2) 정량적 분석

정량적 분석(quantitative analysis) 방법은 동작을 고속카메라, EMG, 그리고 지면반력판 등 각종 기구로 측정한 다음, 그 측정 자료를 근거로 객관적인 평가를 하는 것이다. 정량적 분석은 몸이나 그 분절들의 움직임을 수치화하여 분석하는 방법으로 주로 연구자들에 의해 이루어진다. 즉, 같은 목적을 위한 서로 다른 동작 중 어느 것이 더 효과적인가를 알기 위해, 혹은 새로운 기술 동작을 설명할 때 등 여러 가지 목적으로 사용된다. 일반적으로 고속 카메라 등과 같은 장비를 활용하여 속도, 각속도, 각운동량 또는 신체중심 등의 필요한 변인들을 찾아내고, 측정치들을 근거로 통계적인 방법을 동원하여 결론을 이끌어내는 연구방법이다.

2) 영상분석 종류

정량적 분석의 종류로 가장 대표적인 것은 영상분석이다. 영상분석은 차원에 따라 2차원 분석법과 3차원 분석법으로 분류할 수 있다. 이 외에 지면반력을 이용한 힘의 직접 측정, 근육의 활동을 측정하는 근전도 검사(EMG) 등이 있다.

(1) 2차원 영상분석

2차원 분석법은 2차원 평면상에서의 운동을 분석하는 것으로, 운동이 단일평면상에서 이루어진다고 단순하게 가정하여 분석하는 것이지만 효율적으로 유용한 정보를 얻을 수 있다.

2차원 분석법은 매우 간단하고 누구나 쉽게 촬영을 할 수 있는 유용한 점이 있지만 몇 가지 문제점들을 가진다. 그 중 대표적인 것은 투시오차(perspective error)의 문제점이다.

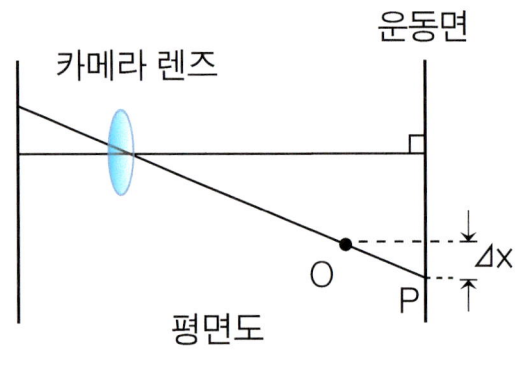

그림 118. 투시오차

투시오차는 분석 대상의 움직임이 단일평면을 벗어나서 이루어질 경우 위의 그림에서와 같은 투시오차가 발생하게 된다. 일반적으로 3차원 공간에서 이루어지는 대부분의 동작이 단일평면상에서만 이루어질 수는 없어서 2차원 분석법에서 투시오차는 어쩔 수 없이 발생하는 문제점이다. 투시오차는 카메라 렌즈와 운동면의 거리가 가까울수록 크게 나타나는 문제점이기 때문에 연구자는 카메라를 최대한 멀리서 촬영하는 것이 바람직하며 먼 거리에서 선명한 상을 얻기 위해서는 줌 기능이 뛰어난 카메라를 사용하는 것이 유리하다.

(2) 3차원 영상분석

공간상에서 인체의 운동을 단일 평면으로 제한하는 것은 특정한 경우를 제외하고 불가능하다. 태권도의 차기 동작과 같이 복잡한 동작은 2차원 분석법을 이용해 해석하기에는 불가능하므로 3차원 운동으로 기술하고 분석해야 한다.

3차원 분석법은 2대 이상의 카메라를 이용하여 분석대상점의 공간좌표(x,y,z)를 찾아내는 방법이다. 이는 2차원 분석에서 발생하는 투시오차를 해결할 수 있고, 복잡한 공간상의 운동을 설명할 수 있다. 대표적인 3차원 분석법에는 DLT 방식과 NLT 방식이 있다.

DLT(direct linear transformation) 방식은 실 공간 좌표와 상점 좌표 사이의 선형관계를 통해 실 공간 좌표의 위치를 산출하는 방법이다. DLT 방법은 디지타이징한 좌표와 실 공간 좌표 사이의 관계에서 DLT 식을 유도하여 이미 위치를 정확하게 알고 있는 통제점의 3차원 좌표와 그 통제점을 디지타이징한 2차원 좌표를 이용해 DLT 계수를 계산하고, 계산된 DLT 계수와 실제 분석에 활용될 동작을 디지타이징한 2차원 좌표쌍을 다시 DLT 식에 대입하여 3차원 좌표를 계산하는 방식이다. DLT 방식은 DLT 계수를 계산하기 위해 6개 이상의 통제점들이 표시된 통제점틀을 촬영한다. 그 후 카메라 설치 조건을 그대로 유지한 상태에서 통제점틀을 제거하고 피험자의 동작을 촬영하여 분석한다. 다음 그림은 DLT 캘리브레이션을 위해 사용되는 통제점틀의 예를 제시한 것이다.

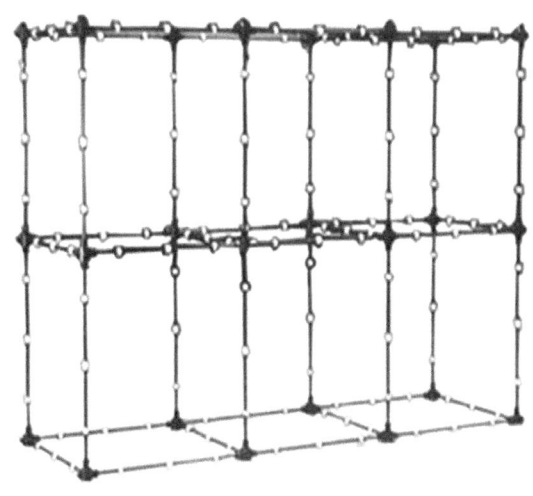

그림 119. 통제점틀

NLT(non linear transformation)방식은 주로 적외선카메라를 이용한 방법으로, 각각의 카메라에서 나오는 적외선을 잘 반사하도록 고안된 반사마커를 피험자의 몸에 부착하여 마커의 위치를 통해 인체의 움직임을 추정하는 방식이다. NLT 방식에서는 통제점틀 대신에 seed 또는 L-frame이라고 하는 격자에 마커가 여러 개 붙어있는 형태의 도구와 막대기에 두 개 이상의 마커가 부착되어 손으로 흔들 수 있도록 고안된 wand라는 도구를 이용해 캘리브레이션 작업을 하게 된다. seed는 실험공간의 전역좌표계의 기준점이 된다. 각각의 seed와 wand에 부착된 마커 사이의 실제 거리는 이미 컴퓨터에 입력되어 있어서 측정한 마커 간의 거리와 실제 거리를 비교하여 카메라의 오차를 최소화하는 과정을 거치게 된다. NLT 방식은 몸에 마커를 부착해야 한다는 점과 장비의 이동에 어려움이 있어 주로 실험실 상황에서 연구가 이루어지며, 화면상의 좌표를 3차원 좌표로 변환하는 과정이 DLT 방식에 비해 수월하다는 장점이 있다. 다음 그림은 NLT 방법으로 실험을 진행하는 장면을 보여준다.

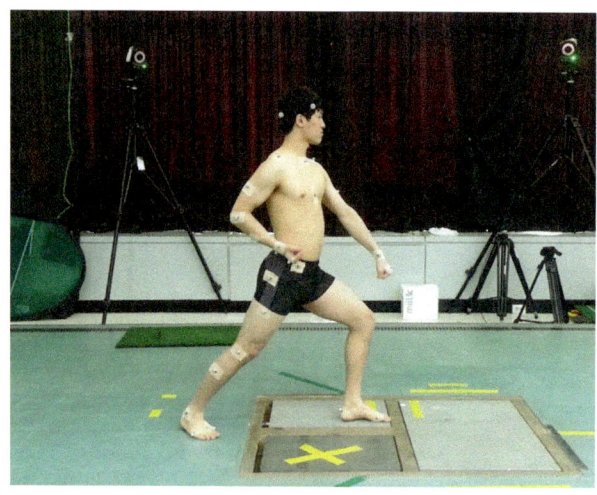

그림 120. NLT 동작분석

2. 지면반력 분석

지면반력 분석에는 주로 상하, 전후, 좌우 세 방향의 힘을 측정할 수 있는 지면반력판(force plate)을 사용한다. 지면반력판 내부의 센서들은 지면반력판에 가해지는 힘의 크기에 따라 전기적 신호를 발생시키며, 이 신호를 증폭하고 디지털 신호로 변환하여 정량화하는 작업을 거치게 된다. 지면반력판으로부터 나오는 정보는 제작회사에 따라 다르지만 보통 Fx, Fy, Fz, Mx, My, Mz의 6개 채널 정보로 3축 방향의 힘과 3축 방향의 토크를 제공해준다. 3축 방향의 토크는 지면에 힘을 가한 위치, 즉 COP(center of pressure)의 위치를 계산할 수 있게 해준다.

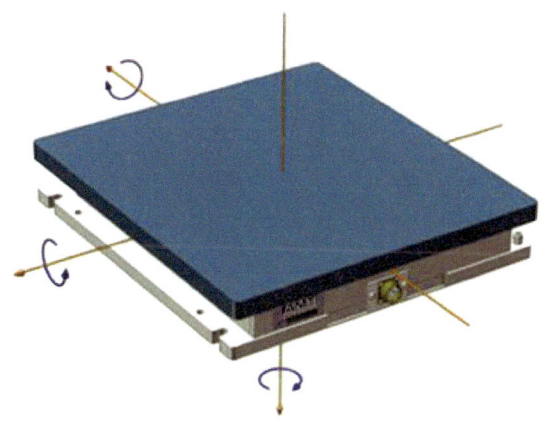

그림 121. 지면반력판(AMTI)

3. 근전도 분석

근육이 수축할 때 발생하는 특정 전기신호를 기록하여 근육의 활성도를 측정하는 방법을 근전도 검사 혹은 EMG(Electromyography)라고 한다. 운동단위가 동원됨에 따라 근섬유 내에서 발생한 전기적 신호를 검출하기 위해 전극을 근 조직 내에

삽입하거나 혹은 근육 표면에 부착하여 전극 주위를 지나가는 운동단위의 활동전위가 합쳐진 신호를 얻을 수 있다.

근육이 수축할 때 운동신경 세포로부터 특정한 형태의 전기적 자극을 통해 신호를 전달받게 되는데 이를 활동전위(action potential)라고 부른다.

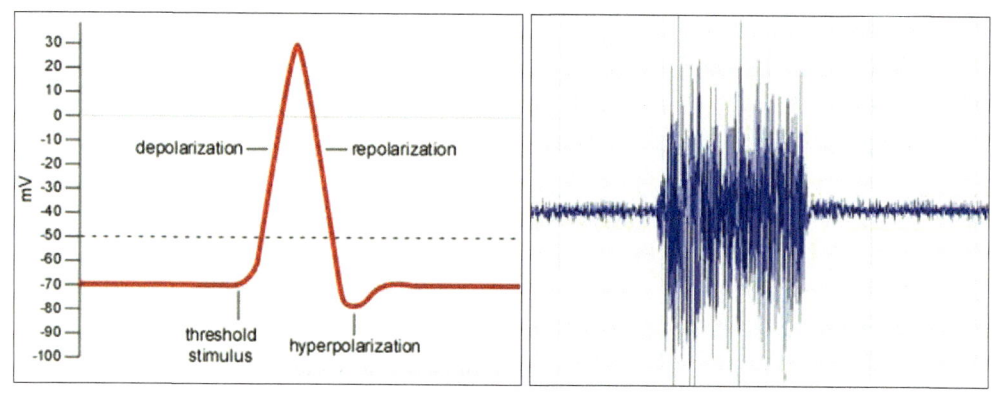

그림 122. 활동전위의 단일 방전 모습(좌)과 여러 신호가 중첩된 모습(우)

활동전위는 세포막에 존재하는 이온채널(게이트)를 통해 이온들이 이동하면서 세포막 내 외부의 상대적인 전위차를 형성하게 되는 것을 말한다. 즉, 안정상태일 때는 세포 외부에 대한 내부의 전위가 -70mV에서 -90mV 정도를 유지하다가 일정 역치 이상의 자극을 받게 되면 순간적으로 약 100mV 정도 상승했다가 다시 원상태로 돌아오는 현상이 발생하게 된다. 이러한 활동전위는 인접한 근섬유에 다시 자극을 주게 되고 또 다른 활동전위의 형태로 확산하는 과정을 거친다. 우리가 심전도 검사를 통해 심장의 이상 유무를 판단할 때에도 이러한 심장근의 근전도를 통해 활동전위의 양상을 확인하는 방법을 사용하게 된다.

일반적으로 신호검출에 사용되는 전극은 피부에 부착하는 형태의 표면전극과 바늘을 근육 내부에 삽입하여 검출하는 침전극이 있는데 태권도와 같은 움직임이 큰 동작에 대해 EMG 신호를 측정하기 위해서는 표면전극을 사용하게 된다. 대개 3개의 전극을 부착하게 되는데, 근육의 결 방향으로 나란히 두 개의 전극을 부착하고 측정할 근육과 관련이 없는 뼈 부위에 하나의 전극을 추가로 부착하여 그 전극에서 받아들인 신호를 기준으로 각 전극에서의 신호를 검출한다.

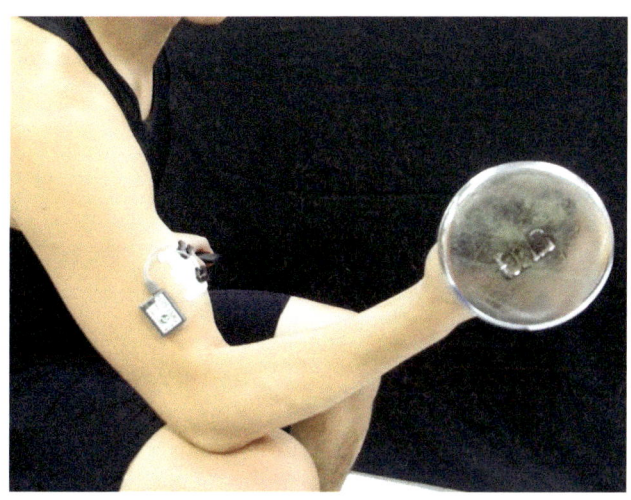

그림 123. EMG 전극(표면전극 / Telemyo DTS Noraxon)

하지만 인체는 전도체이므로 공중에 있는 전자기파의 간섭을 받게 되며, 가장 흔한 전파로는 전원이나 형광등과 같은 전자제품을 통해서 발생한다. 이러한 간섭은 EMG 신호를 검출하기 어려울 정도로 큰 진폭을 보이기도 하므로 이러한 공통적인 노이즈를 제거하기 위하여 두 개의 나란히 부착한 두 전극 사이의 전위차를 기록하여 동상신호, 즉 노이즈를 제거하게 된다.

EMG 신호는 운동을 수행하는 동안 장력을 발생시키는 근육이 어느 근육인지, 또 특정 근육에 어떠한 동작이 더 많거나 적은 활성을 유발하는지 등의 근신경역학적인 활동을 분석하기 위하여 사용된다. 또한, 특정한 부위의 근신경계의 신경전도 속도와 근육반응을 임상으로 평가하여 병리학적인 상태의 추적 및 진단을 위해 사용되기도 한다. 그래서 목적에 따라 표면에 부착하는 표면전극을 사용할 것인지 아니면 근육

내부에 직접 삽입하는 삽입전극을 사용할 것인지 등을 결정해야 한다.

EMG 분석을 위해서는 전극을 통해 들어온 EMG 신호 자체로는 신호를 기록하거나 관계를 비교분석을 하기에 부적합하므로 여러 가지 방법으로 가공되어 이용된다. 주로 정량적인 분석방법에는 크기(Amplitude) 분석, 빈도(Frequency) 분석, 적분근전도(IEMG) 분석으로 구분한다.

Amplitude 분석은 EMG 신호를 정류(rectify)시켜 Rectified EMG Amplitude를 이용한 RMS(Root Mean Square) Amplitude 값을 측정 분석하는 방법으로 발휘 근력에 따른 근육 피로현상, 근수축 지속시간에 따른 근력의 변화, 운동단위의 수 및 그 종류에 대한 분석에 주로 사용된다.

Frequency 분석은 일정한 구간에서의 Frequency 수를 측정하여 근육의 피로정도를 분석하는 데 활용되며, 낮은 강도의 수축력이나 피로가 발생하지 않았을 경우에는 비교적 Frequency가 높지만 큰 힘을 발휘하거나 피로가 발생된 근육에서는 낮은 Frequency를 나타낸다.

IEMG(Intergrated EMG) 분석은 Rectified EMG 신호를 근 수축지속시간에 대하여 적분하여 발휘능력과 EMG Amplitude와의 관계를 분석하는 방법으로, IEMG의 증가상태를 분석함으로써 근피로의 진행에 따른 새로운 운동단위의 추가 동원 시점을 알아보는 데 이용된다.

4. 기타 분석용 장비

1) 가속도계

이름에서 알 수 있듯이 가속도계란 가속도를 측정하는 장치이다. 이 장치는 단독으로 쓰일 수도 있고, 아주 정확성이 요구될 때에는 둘, 셋 이상, 심지어 아홉 개가

함께 이용될 수 있다. 공간(3차원)에서의 완벽한 신체움직임이 요구되는 경우에는 여섯 개의 가속도계가 필요하다. 하나의 가속도계가 이용되는 경우는 직선 상의 움직임만 연구할 때이고, 단순하면서 순환·반복적인 움직임을 위해서는 두 개의 가속도계가 필요하다.

가속도계는 압전기, 압력저항기, 또는 변형기로 구분될 수 있다. 어느 구조를 선택하느냐는 용도에 따라 다르다. 압전기모델은 시중에서 가장 흔하게 볼 수 있는 디자인이지만 안타깝게도 지속적인 반응을 얻을 수 없어 아마도 느리고 정적인 인체 역학연구에는 적합하지 않을지도 모른다.

변형기모델은 지속해서 반응이 나타나기는 하지만 부주의로 떨어트리거나 단단한 물체에 부딪혔을 때 쉽게 손상될 수 있다.

가장 널리 이용되면서 적합한 가속도계 이용법은 이 장치가 안정된 물체에 부착되어 있을 때 가속도를 측정하는 것이다. 이때 물체란 기계모형 아니면 인체의 일부분(예 : 인체모형-더미 또는 두상)일 수 있다.

위에서 기술한 장치는 지속해서 그리고 곧바로 가속도를 측정할 수 있으며 이는 즉시 이용될 수 있는 형태이다. 그 예로 차트기록기나 역전류검출관(전류, 빛, 음향 따위의 진동상태를 눈에 보이는 곡선으로 나타내거나 기록하는 장치) 등이 있다. 구체적으로 말하면 이 장치는 헬멧, 얼굴 마스크, 매트, 그리고 기타 보호장비의 충격연구에 적절한 고주파반응을 나타낼 수 있다. 만약 적절히 부착하거나 고정하면 측정은 아주 정확할 것이다.

이러한 형태의 측정 장치는 단일 부위나 단일 신체를 측정하는 데만 적합하며 인체의 동작을 측정하는 데는 부적절하다. 장치를 고정하기 위해서, 또는 크기나 무게 때문에, 그리고 원격측정법으로 인해 피험자의 행위를 변하게 할 수도 있으며 부드러운 피부조직에 부착하는 것이 불편함을 느끼게 하여 가속도계와 피부조직의 상대적

움직임으로 인해 측정에 심각한 에러를 불러일으킬 수도 있다. 여섯 또는 아홉 개의 가속도계 장치가 사용되지 않는 한 가속도계의 움직임 자체를 측정하기는 어렵고 필요한 신호조절장치를 구비한 가속도계는 가격이 비싸다는 단점이 있다.

2) 전자측각기

전자측각기는 신체에 부착하여 전기로 관절의 각도를 측정할 수 있는 장치이다. 따라서 이 장치는 피험자의 행위를 방해하거나 변화시킬 수도 있다. 대부분의 전자측각기 모델은 의학적 용도에 맞게 디자인되어 있다, 따라서 이것은 문제가 아니다. 그러나 일부 모델은 스포츠연구에 이용되어왔다.

전자측각기는 1,2,3축을 순환·반복적으로 측정할 수 있게 되어있고 거의 모든 관절에서 측정이 가능하다. 전자측각기는 값비싼 데이터수집이나 처리장비 없이 하나 이상의 관절에서 그 순환움직임을 1,2,3차원으로 꾸준히 그리고 곧바로 측정할 수 있다. 비교적 값이 저렴하고 쉽게 작동할 수 있으며 믿을만한 데이터를 즉시 제공해 줄 수 있다.

하지만 이러한 변환기의 착용은 피험자의 행위를 변형시킬 수 있고 기록장치와 연결하거나 원격측정법을 이용하려 할 때 문제가 일어날 수도 있다. 신체와 관련한 정보를 제공하지만, 관절 자체의 움직임에 대한 정보를 주지는 못한다. 일부 디자인은 부분적으로 이 문제점을 극복하긴 했다. 마지막으로 이 장치의 축들이 관절의 축들과 일치하지 않을 때 에러가 일어날 가능성이 있다. 그러나 일부 디자인은 이 문제점을 해결할 수 있고 또는 디지털로 보완이 이루어질 수 있다.

5. 태권도 기본동작의 동작 분석 결과

본 장에서는 동작 분석 실험을 통하여 얻은 결과를 토대로 태권도 동작의 올바른 자세에 관해 설명하도록 한다. 자료는 2009년 서울대학교에서 국기원 위탁과제로 수행한 태권도 기술 동작의 운동역학적 원리정립 보고서를 토대로 작성하였으며, 서기, 막기, 지르기, 치기, 차기 순으로 구성되어 있다.

1) 서기

(1) 효과적인 앞굽이 자세

앞굽이 자세에서는 체중을 효율적으로 이동하여 전방의 목표를 타격해야 하므로 운동성도 함께 고려되어야 한다. 두 발의 좌우 너비는 자신의 다리 길이의 15% 정도로, 전후 길이는 75% 정도로 유지하는 것이 안정성을 유지하며 운동성을 활용하기에 효과적이다.

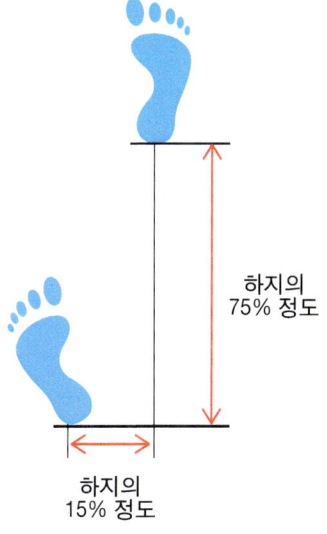

그림 124. 앞굽이 보폭

두 발 사이의 너비 외에 중요한 발의 위치는 두 발 사이의 각도이다. 전후, 좌우로 움직이며 차기를 하기 위해서는 전후와 좌우로 벌린 반신의 자세가 유리하며 그 각도는 평균 28°로 측정되었다.

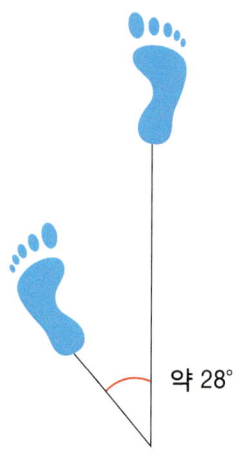

그림 125. 앞굽이 양발 각도

앞굽이 시 허리의 가동범위는 자세의 높이(앞무릎각)에 따라 달라진다. 허리를 움직이는 힘은 다리에서 나오므로 허리를 회전하는 가동범위와 가속도를 키우기 위한 자세, 즉 허리부위에서 힘을 내기 쉬운 자세는 결국 다리에서 힘을 내기 좋은 자세이다. 무릎의 각도에 따라 몸통과 대퇴가 이루는 각도가 달라지면서 허리의 회전에 관여하는 근육의 길이가 짧아지거나 길어지게 된다. 회전 근육의 길이가 짧아질수록 허리 회전의 가동 범위가 줄어들고, 회전 근육의 길이가 너무 길어지게 되면 회전방향으로 당겨지는 근육의 힘이 줄어들게 되므로 허리 회전의 가동범위와 가속도를 증가시키는 데에 도움이 되지 않는다. 또한, 앞굽이 시 신체의 무게중심을 이동시키면서 허리의 회전력을 만들어 내는데 무게중심을 효과적으로 이동시킬 수 있는 높이에 무게중심이 위치할 때 허리의 회전력을 적절히 이용할 수 있게 된다.

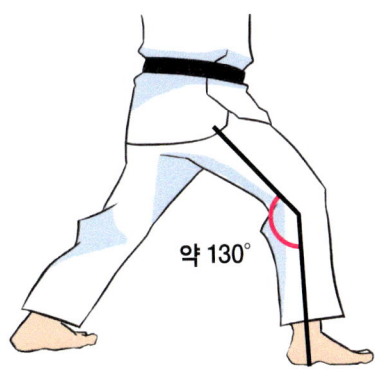

그림 126. 앞굽이 앞무릎 각도

실험 결과 대퇴와 하퇴가 이루는 무릎 각이 대략 130°를 이룰 때 허리의 회전범위가 가장 크게 나타났고(70°), 이보다 각도가 작거나 크면 허리의 회전범위가 약 10~20° 정도 감소하는 결과를 보였다. 앞굽이에서 뒷발은 전방 목표물을 타격할 때 지지력을 주어 앞발에 체중을 실어주는 역할을 한다. 앞에서 제시했던 두 발의 전후, 좌우 너비에 따라 뒷발의 위치가 결정되며 이 각도(130°)에서 앞발에 약간 더 체중을 실은 상태가 된다.

(2) 효과적인 주춤서기 자세

주춤서기 시 두 발의 간격은 어깨너비의 약 두 배 정도로 두 발등을 나란히 하고 선다. 두 무릎을 굽히고 위에서 내려다봤을 때 무릎과 발끝이 일치되도록 하고 무릎을 안쪽으로 조이듯이 서되 하퇴의 기울기는 약 79° 정도이다.

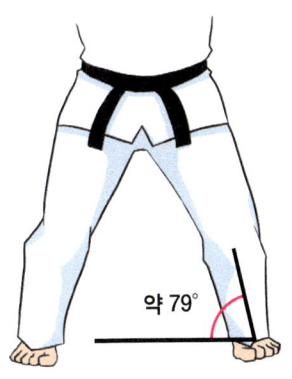

그림 127. 주춤서기 하퇴 각도

실험 결과 주춤서기에서 몸의 높이에 따른 허리의 회전 가동범위는 대퇴와 하퇴가 이루는 무릎 각이 약 120° 정도일 때 약 70° 정도로 가장 크게 나타났다. 주먹을 교대로 지르면서 생기는 몸통의 비틀림은 신체의 무게중심이 두 발 사이를 번갈아 이동하면서 생기는 허리의 회전과 더해져 더 큰 운동량을 만들 수 있다. 즉, 무게중심의 이동을 효과적으로 할 수 있는 자세가 좋은 자세라고 할 수 있다.

(3) 효과적인 지르기를 위한 자세

지르기 시 팔을 가속하는 힘은 대부분 하반신의 힘에서 나오는데 이는 다리의 근육량에 따른 근 파워와 관계가 있고, 두 발이 접한 지면의 지면반력 크기와도 관계가 있다. 근육이 발휘하는 파워는 근육의 체적에 비례하기 때문에 큰 근육일수록 큰 파워를 발휘할 수 있다. 따라서 잘 발달한 대퇴와 대둔근 등은 큰 파워를 만들어 팔에 전달할 수 있게 된다. 또한, 큰 힘으로 지면을 밀면 반작용으로 지면 또한 신체에 큰 힘을 작용하게 된다. 지르기 동작 시 두 발이 교차로 힘을 가하면서 발생한 지면반력은 다리와 몸통을 통해 주먹으로 전달된다. 이때 지면반력을 즉시 이용할 수 있는 자세가 중요하다. 다리의 세 관절인 엉덩관절, 무릎관절, 발목관절을 적절히 구부린 자세를 취하면 지면반력을 이용하기 위한 반동 동작을 수행할 수 있다. 즉, 반동을 이용하기 위해 무릎을 구부려 몸을 낮추면 신체 분절들은 지면반력을 효과적으로 사용하여 이어질 동작의 준비단계 역할을 하는 것이다.

실험 결과 주먹의 속도가 가장 빠른 그룹의 지면반력에서 수직방향 지면반력의 크기가 크게 나타남을 알 수 있었다. 즉, 지면으로부터 받는 수직방향의 힘이 지르기의 수행과 관련이 있음을 알 수 있다. 지르기에서 주먹의 속도가 빠르면 주먹이 가진 운동량이 많고 큰 충격량을 전달할 수 있다.

흔히 지르기 동작을 수행할 때 주먹에 체중을 싣는다는 말은 인체의 50% 이상을 차지하는 몸통을 사용하고 있는지를 의미한다. 몸통을 사용하기 위해 허리를 회전하고 회전된 몸통 근육에 저장된 탄성에너지를 이용하여 지르기 동작을 하게 된다. 위의 설명에서와같이 허리의 회전 가동범위가 큰 자세(앞굽이 무릎각 130°, 주춤서기 무릎각 120°)가 무게중심의 이동과 수직방향 지면반력을 효과적으로 활용할 수 있는 자세라고 할 수 있다.

2) 막기

(1) 양손날막기 시 손의 궤적

양손날막기는 크게 두 가지 목적에 의하여 구분할 수 있다. 첫 번째는 강한 공격을 한 번에 막아내는 것이 아니라 짧고 빠른 공격을 막아내는 기술이라는 측면이고, 두 번째는 품새 동작에서의 작용·반작용의 원리를 이용한 비교적 강한 공격을 방어한다는 측면이다. 따라서 전자의 목적에 의하면 최대한 짧은 궤적을 그리며 곡선적인 움직임은 지양하고 직선적인 움직임을 지향해야 한다고 판단되고, 후자에 의하면 위와 반대되는 동작을 수행하여야 한다. 회전에서는 두 가지의 목적 모두에 해당하며 양손날막기에서 역시 다른 막기 동작과 마찬가지로 회전이 요구된다. 이는 동작의 효율성과 관련이 있다. 특히, 짧고 빠른 공격을 막아내는 목적에 의한 양손날막기에서는 상대적으로 약한 힘을 보상하기 위하여 더 많은 회전력이 요구된다. 다음 그림은 양손날막기의 동작을 측면에서 바라본 오른손목과 왼손목의 궤적이다.

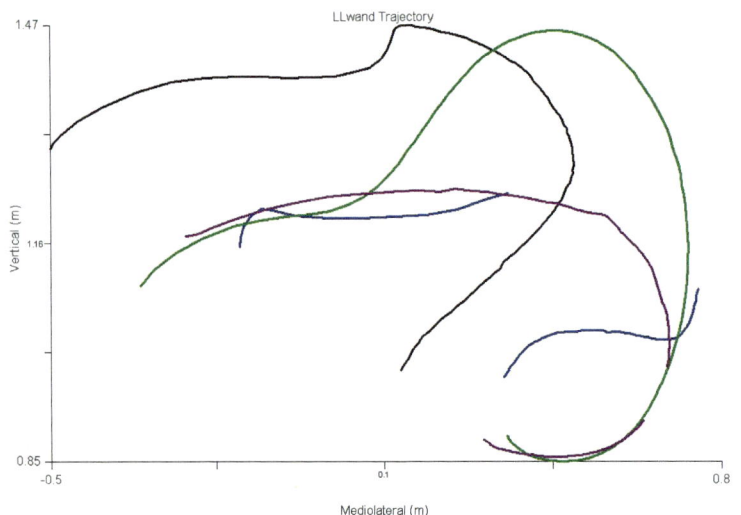

그림 128. 양손날막기 시 오른손목의 궤적

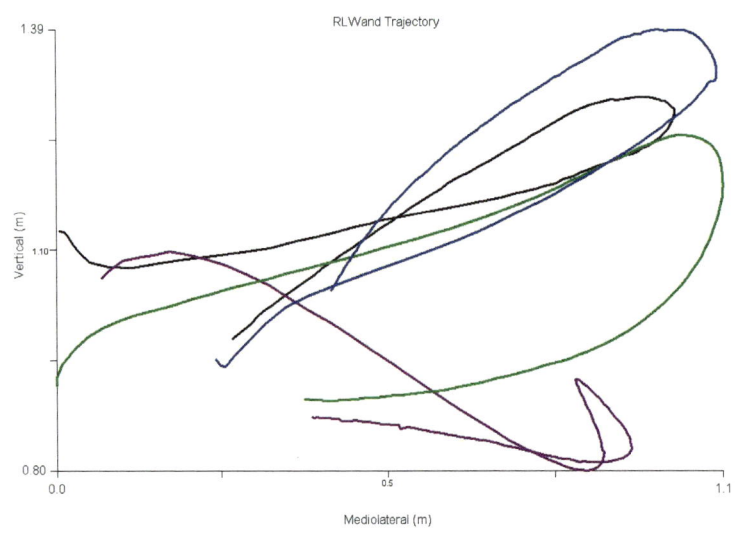

그림 129. 양손날막기 시 왼손목의 궤적

(2) 몸통막기 시 손의 궤적

실험 결과 몸통막기 동작으로 방어할 때 휘둘러 막는 것과 내질러 막는 것에는 차이가 있는 것으로 나타났다. 먼저 근육의 기전을 살펴보면, 휘둘러 막는 동작에서는 대흉근이 발현하는 경향을 보였으며 내질러 막는 동작에서는 주먹지르기와 유사하게 전거근이 발현하는 경향을 보였다. 또한, 운동학적 측면에서는 막기 동작을 수행하는 시간과 이동 거리에서 가장 큰 차이를 보이게 되는데 이 결과는 상대방의 공격을 순간적으로 방어하는 데 소요되는 절대 시간과 직접 관련이 있어 그 의미가 크다고 할 수 있다.

(3) 아래막기 시 몸의 반동

아래막기 동작으로 강하기 막기 위한 몸의 반동은 지면을 박차면서 생성되는 하지의 힘으로부터 실제로 막기 동작을 수행하는 손목의 힘까지 하나의 유기적인 움직임이 요구된다. 특히, 반동의 힘을 이용한 막기는 동작의 끝 부분에서 가장 크게 작용한다고 할 수 있다. 예를 들어, 오른손을 사용하여 아래 막기 동작을 수행한다고 가정한다면 먼저 오른발로 지면을 박차면서 생성되는 힘을 상체에서는 반대 방향의 힘으로 작용시키게 된다. 이는 실제로 방어가 이루어지는 순간에 힘을 사용하기 위한 예비단계로 볼 수 있다. 이후에 상대방의 공격과 방어자의 힘이 교차하게 되는 분절에서는 공격자의 힘과 정방향의 힘을 작용하게 하며 이와는 반대로 반대 분절의 어깨와 손목을 중심으로 한 상체에서는 공격자의 힘과 반대방향으로의 힘을 작용시켜 반동을 통한 짝힘을 발생시킨다. 이러한 작용을 통하여 상대적으로 강한 상대의 힘을 팔로 방어할 수 있는 기전을 만들게 되는 것이다.

(4) 얼굴막기 시 주먹의 시작점

얼굴막기 동작은 방어자의 안면으로 가해지는 공격을 막는 기술로써 주먹이 시작하는 위치를 파악하기 위해서 운동학적 분석을 수행하였다. 분석 구간은 얼굴막기 동작이 시작하는 시점에서 오른쪽 어깨의 위치로부터 왼주먹 위치까지의 거리의 차로 한정하여 관찰하였다.

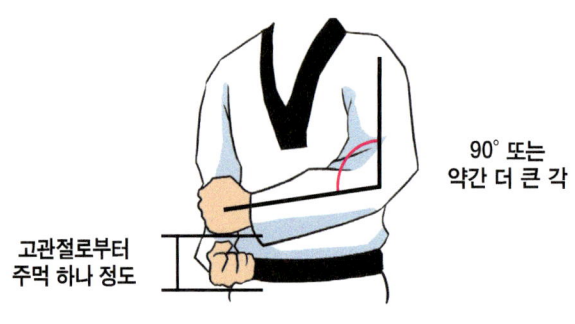

그림 130. 얼굴막기 시 주먹의 시작점

그 결과 얼굴막기 동작에서의 시작점은 막기 동작을 수행하는 팔은 약 $90°$ 또는 이보다 약간 넓은 각도를 유지하며 반대쪽 고관절에서 상향으로 주먹 하나 정도가 들어가는 간격을 유지하는 것이 가장 바람직한 것으로 나타났다.

3) 지르기

(1) 지르기 시 주먹의 회전

지르기 시 주먹으로 타격하면서 회내 동작(전완을 안쪽으로 회전하는 동작)을 하는 이유에 대해서는 자세한 과학적 근거가 충분하지 않다. 다만 지르기 동작 시 회내 동작을 한다는 형식 안에서 주먹의 회전 타이밍과 회전 속도를 어떤 의미로 이해해야 하는지 살펴보도록 한다.

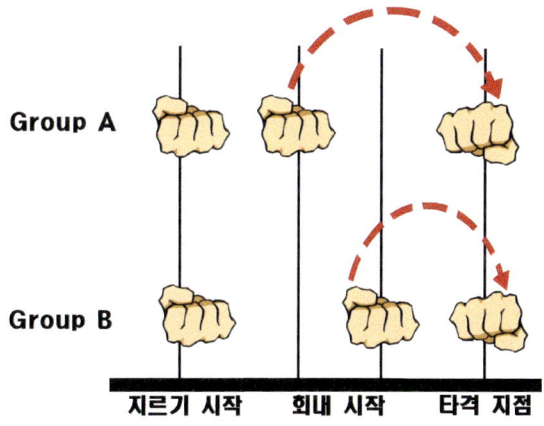

그림 131. 지르기 시 회내 시점과 회전속도

주목해야 할 점은 주먹이 회내를 시작하는 시점과 회전속도이다. 실험 결과 주먹이 회내를 시작하는 시점이 가장 느린 그룹의 회전속도가 가장 빠른 것으로 나타났다. 다시 말하면 타격 시 최대의 파워를 나타내기 위해서는 회내의 시점을 늦추고 짧은 시간 동안 회전속도를 빠르게 하면서 뻗는 것이 유리하다고 할 수 있다.

(2) 강한 지르기를 위한 몸의 반동

몸에 반동을 주어 몸의 회전각을 크게 하면 일의 양을 늘림으로써 운동에너지를 커지게 한다. 즉, 주먹의 속도가 빨라져서 운동량을 크게 할 수 있다. 실험 결과 몸통의 반동, 즉 골반과 어깨의 반동각이 가장 큰 그룹이 가장 빠른 지르기 속도를 나타내는 것으로 나타났다. 또한, 반동각이 가장 큰 그룹의 지면반력이 가장 크게 나타났다. 앞서 설명한 바와 같이 지면반력이 클 경우 지르기 속도를 빠르게 할 수 있는 원동력을 제공할 수 있다. 하지만 반동각이 큰 만큼 지르기를 수행하는 데 걸리는 소요시간은 길어질 것이므로 실전 동작 시 지르기의 쓰임과는 거리가 있을 것으로 보인다.

(3) 바로지르기와 반대지르기의 차이

반대지르기와 바로지르기 동작의 차이는 외형적으로 지르기 시 팔과 같은 쪽 다리가 나가느냐 다른 쪽 다리가 나가느냐에 따라 구분된다. 오른손 바로지르기의 경우를 예로 들면, 바로지르기는 최초 동작 시 왼발이 앞으로 나가며 앞굽이 자세를 취하게 된다. 이러한 동작은 신체의 무게중심을 앞으로 이동시키는 과정이다. 이때 왼발이 앞으로 나가면서 자연적으로 허리는 시계방향(위에서 볼 경우)으로 회전하게 된다. 이런 자연스러운 움직임이 바로지르기를 위한 허리 반동의 사전 준비동작이 된다. 바로지르기의 경우 앞굽이 시 무게중심의 이동과 허리의 반동으로 지르기의 효과를 향상할 수 있다.

이와 반대로 오른손 반대지르기를 생각해보면, 반대지르기는 오른발이 앞으로 나아가면서 앞굽이 자세가 되고 오른손지르기가 이루어진다. 이때는 오른발이 나아가면서 허리가 반시계방향으로 회전하게 된다. 이러한 경우 지르기를 하는 힘은 무게중심의 이동을 잘 이용해 체중을 실어주어야 한다. 또한, 반대지르기의 경우 허리의 반동을 이용하기 위해서 추가로 시계방향으로 허리를 돌려주어야 몸통의 반동을 이용한 지르기를 할 수 있다.

실험 결과 바로지르기는 반대지르기와 비교하면 주먹의 속도와 골반의 회전범위가 모두 크게 나타났으며 골반의 회전 범위는 주먹의 속도와 상관관계가 있는 것으로 나타났다. 즉, 몸통의 움직임을 많이 이용한 바로지르기의 주먹 속도가 더 빠른 것을 알 수 있었다.

4) 치기

(1) 등주먹치기 시 주먹의 시작점

등주먹치기는 팔을 채찍과 같이 강하게 휘둘러 등주먹으로 목표물을 가격하는 동작이다. 강하게 등주먹치기를 하기 위해서는 우선으로 팔을 휘둘러 속도를 증가시킬 수 있는 과정이 필수적이다. 이러한 과정에서 주먹의 최초위치는 실험 결과 다음과 같이 나타났다.

등주먹치기에서 가장 효율적으로 팔을 움직이기 위한 주먹의 최초위치는 왼쪽 어깨에서 약 5~11cm 안쪽, 앞으로 15~22cm, 아래로 4~16cm에 위치하였다. 하지만 태권도의 모든 동작은 단일 동작으로 끊어져 있는 것이 아니다. 등주먹치기 동작에서도 이전의 동작에 연결하여 등주먹치기 동작이 이루어지는 것이다. 이러면 시작점의 위치보다는 동작들의 연결성이 더욱 중요하여서 항상 같은 위치에서 시작하는 것이 효과적이라고 할 수는 없다. 즉, 단일 동작으로서 오른 등주먹치기의 경우 왼쪽 어깨 안쪽, 그리고 앞쪽 아래에서 시작하는 것이 기준이지만 품새 동작을 수행할 때 다른 동작의 연결성을 해치면서까지 이 기준에 맞출 필요는 없는 것이다.

(2) 메주먹치기 시 팔꿈치관절의 굴곡

메주먹치기의 경우 주먹을 강하게 내려치는 움직임으로 자신의 체중을 실어 목표물을 타격하는 동작이다. 이러한 동작에서는 타격 시 주먹에 강한 힘이 작용하게 되는데 이러한 힘은 상완을 거쳐 팔꿈치관절로 전달된다. 이때 팔꿈치관절은 큰 부하를 받게 되는데 이러한 부하를 잘 견뎌내기 위해서는 팔꿈치는 적당히 굽혀줘야 한다.

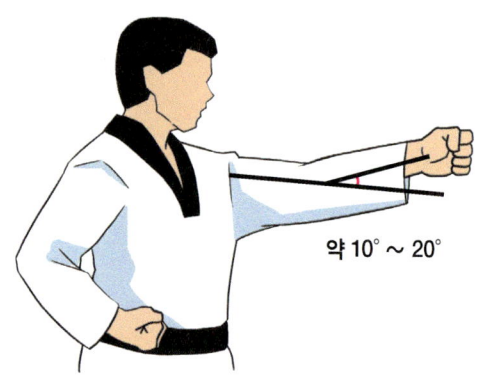

그림 132. 메주먹치기 시 팔꿈치 각도

이러한 굴곡이 필요한 이유는 메주먹치기 시 관절을 완전히 펴고 있으면 타격 순간 관절에 작용하게 되는 부하가 팔꿈치 관절의 인대에 직접 작용하여 팔꿈치 관절의 부상을 유발할 수 있기 때문이다. 적절한 팔꿈치관절의 굴곡은 타격순간 팔꿈치에 작용하는 부하가 인대에 직접 작용하지 않고 상완이두근과 삼두근에 의해 완충작용을 받게 된다. 즉, 메주먹치기 시 팔꿈치를 굽히는 이유는 타격 시 발생하는 충격으로부터 팔꿈치의 부상을 예방하기 위함이다.

실험 결과 그룹에 따라 다소 다른 듯 보이나 평균적으로는 17° 정도의 굴곡을 보이고 있다. 즉, 10~20° 정도의 굴곡이 메주먹치기 시 팔꿈치 관절의 안정성을 보장할 수 있다.

(3) 팔굽치기 시 주먹의 형태

팔굽치기 시 강한 타격을 위해서는 팔을 강하고 빠르게 회전시켜야 해야 하며, 이러한 움직임은 다른 치기 동작과 마찬가지로 채찍과 같은 움직임이다. 이때 팔 근육의 부담은 최소화하여 자연스럽게 움직여야 팔굽을 빠른 속도로 움직일 수 있다.

품새 시연자들의 동작을 분석한 결과 주먹의 형태는 대부분 사선의 형태와 수평의 형태로 나타났으며 소수만이 수직의 형태를 보였다.

수평형태　　　사선형태　　　수직형태

그림 133. 팔굽치기 시 주먹의 형태

주먹 형태별 팔굽의 속도에서 수평형태는 7.01m/s, 사선형태는 6.65m/s, 수직형태는 7.04m/s로 형태별로 유의한 차이는 없었다. 이러한 관찰 결과와 기능해부학적 관점에서 보았을 때 팔굽치기 시 주먹의 형태는 특별히 동작의 수행에 영향을 미치지 않는 것으로 볼 수 있다. 하지만 많은 피험자가 수평형태 또는 사선형태를 취하는 것으로 보아 수직형태보다는 그러한 형태가 일반적이라 할 수 있다. 만일 주먹을 수직 형태로 세웠을 경우는 전완이 회외되어 있는 상태인데 전완의 회외동작은 상완이두근의 근수축에 의해 발생하게 된다. 즉, 전완이 회외되어 있는 경우에는 상완이두근이 수축되어 있는 상태이기 때문에 높은 위치의 목표물을 타격할 때 팔의 자연스러운 스윙동작에 제한을 가져올 수도 있을 것으로 판단된다.

(4) 손날목치기 시 스윙동작

손날목치기 동작은 몸통 회전축의 회전움직임을 팔에 전달하여 팔을 채찍처럼 휘두른 후 손날을 이용해 목표물을 가격하는 치기 동작이다. 손날목치기 시 몸통의 회전움직임을 효과적으로 팔에 전달하기 위해서는 다리를 움직여 신체의 무게중심을 앞으로 이동시키며 허리의 수직축을 이용하여 회전움직임을 일으키고 그 움직임을 몸통의 비틀림을 통해 전달하게 된다. 마지막으로 어깨의 관절을 움직일 때 전거근의 수축을 통해 어깨를 앞으로 밀어주며 팔의 채찍움직임을 유발하게 된다.

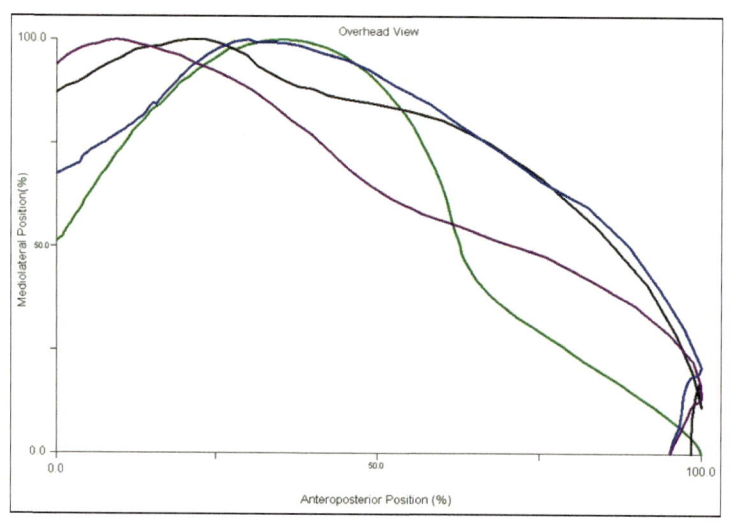

그림 134. 손날목치기 시 손의 궤적

위의 그래프는 손날목치기 시 머리 위에서 손의 궤적을 본 그래프이다. 각 그룹에 따라 최초 휘두르는 동작으로 시작해 앞으로 나가는 그룹과 직선적인 움직임으로 이루어져 있는 그룹 간의 차이를 볼 수 있다. 이러한 움직임에서 중요한 점은 팔을 움직일 때 허점을 노출하지 않도록 해야 한다는 것이다. 팔을 크게 휘두르면 상대방에게 허점을 노출할 수 있기 때문에 팔을 외측으로 크게 돌리지 말고 신체 중심선에 가깝게 직선적인 움직임으로 앞으로 질러주는 듯한 동작이 이루어져야 한다. 실제 팔의 움직임이 휘둘려지더라도 어깨의 움직임은 직선적으로 움직여야 어깨관절의 안정성을 유지할 수 있다.

(5) 손날목치기 시 팔꿈치관절의 각도

손날목치기의 경우 손날을 편 상태로 팔을 휘둘러 목표물을 타격하는 동작이다. 이러한 동작에서는 타격 시 손날에 강한 힘이 작용하게 되는데 이러한 힘은 상완을 거쳐 팔꿈치관절로 전달되게 된다. 이때 팔꿈치관절은 큰 부하를 받게 되며 이러한 부하를 잘 견뎌내기 위해서는 팔꿈치를 적당히 굽혀줘야 한다. 이때 적당한 각도는 22~36°(평균 27°) 정도이다.

그림 135. 손날목치기 시 팔꿈치관절의 각도

이렇게 팔꿈치를 굽히는 이유는 타격 시 반작용으로 자신의 신체에 가해지는 충격력으로부터 관절을 보호하기 위해서이다. 팔꿈치관절을 완전히 폈을 경우에 손날로부터 전달된 충격이 팔꿈치 인대에 직접적인 부하로 작용하게 되고 그러한 부하가 커지면 관절의 부상을 일으킬 수 있다. 하지만 팔꿈치를 굽히면 충격이 관절의 인대에 직접 작용하기 전에 팔꿈치관절 주변의 근육이 그 충격을 흡수할 수 있게 된다. 즉, 상완이두근과 삼두근이 손날로부터 전해오는 충격을 흡수하여 팔꿈치관절의 안정성을 유지할 수 있도록 해준다.

5) 차기

(1) 앞차기 시 지지발의 회전

앞차기 시 지지발의 가장 중요한 역할은 앞차기를 하는 동안 자세의 안정성을 유지해주는 것이다. 품새 동작 중 앞차기의 임팩트 시 신체의 무게중심은 항상

지지발 위에 위치하며, 이와 같은 현상은 질량이 있는 목표물을 차지 않는 모든 차기 동작에서 동일하다. 하지만 질량이 있는 목표물을 타격할 때에는 목표물과 발의 접촉을 통해 힘을 주고받기 때문에 지지발 위에 무게중심이 존재하지 않을 수도 있다. 즉, 무게 중심이 앞으로 이동할 수도 있다.

차는 발이 지면을 떠나 목표 대상에 이르기까지 차는 사람의 무게중심은 뒤에서 앞으로 이동하게 되는데, 이는 대퇴, 하퇴, 발의 무게가 체중의 16%에 이를 정도로 무겁기 때문이다. 즉, 체중의 16%에 해당하는 무거운 다리를 얼마나 빨리 잘 움직이느냐 하는 것은 대퇴직근과 복부심부근의 힘을 잘 사용하느냐의 문제이며, 이때 지지발은 무게중심의 이동을 제어하는 역할을 하게 된다.

무게중심이 뒤에서 앞으로 이동하는 동안 균형을 잘 유지하기 위해서는 지지발의 역할이 중요한데, 앞축으로 딛고 지지하는 다리를 세운다면 빠른 동작은 가능하겠지만, 균형 잡기가 어려우므로, 보통 연습할 때는 발바닥 전체로 지지하고 지지하는 다리의 무릎을 굽혀 넘어지지 않도록 몸을 제어하게 된다. 또한, 허리와 몸통의 회전을 원활히 하기 위해 지지발의 앞축을 축으로 회전시켜주게 된다.

그림 136. 앞차기 시 지지발의 회전각

이때, 지지발의 회전각은 앞축을 축으로 평균적으로 60~70° 정도가 된다. 이러한 회전 움직임은 앞차기 동작에서 강한 회전력을 발생시킬 수 있는 여지를 제공하고 하지관절의 부상을 예방한다.

하지만 이러한 지지발의 회전각이 항상 동일하게 유지되는 것은 아니다. 앞차기 전후 간 신체가 어느 방향으로 이동하느냐에 따라 지지발의 회전각은 차이가 나게 된다. 앞차기 후 다시 뒤로 이동하게 되면 뒤로 이동할 수 있는 지지발의 각도를 유지하기 위해 지지발의 회전을 작게 하여 지지발로 지탱하는 현상을 볼 수 있다. 앞차기 후 앞으로 이동하게 되면 찬 발을 앞으로 내딛는 경우가 많기 때문에 지지발의 회전각이 커지게 된다.

실험 결과 앞차기 후 끌어들여 뒷굽이 자세를 취하는 경우에는 지지발의 회전각이 31.76°로 나오지만, 앞차기 후 찬 발이 앞으로 나가며 앞굽이를 한 경우에는 지지발의 회전각이 74.95°로 나타났다. 이러한 차이는 앞차기 시 다음 동작과의 연결이 지지발의 회전각에 영향을 미치기 때문이다.

(2) 앞차기 시 발의 사용부위

앞차기는 발가락을 젖힌 앞축으로 목표를 차는 것이 기본이다. 이때 목표는 낭심, 단전, 명치, 턱 등이다. 하지만 낭심과 명치 또는 턱과 같은 급소를 찰 때는 발끝을 사용할 수도 있다. 그리고 낭심차기에서는 발등으로 찰 수도 있으나 이는 '앞올려차기'라고 하여 앞차기와는 구분되어있다(태권도교본, 2006). 이렇듯 앞차기에서 발끝과 앞축을 사용하는 이유는 타격 시 닿는 면적과 관련이 있다. 발끝으로 차면 좁은 면적에 큰 압력(단위면적당 작용하는 힘)을 줄 수 있어 상대방의 급소를 공격할 경우 치명적인 충격을 가할 수 있으나 단단한 부위를 가격할 경우에는 자신의 발가락에 부상을 입을 수도 있다. 발가락을 젖힌 앞축은 발가락보다 큰 충격에도 부상의 염려가 적어 앞차기 시 주로 앞축을 사용하게 된다.

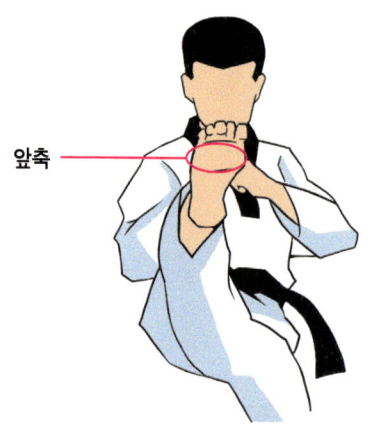

그림 137. 앞차기 시 발의 사용부위

(3) 빠른 앞차기를 위한 방법

앞차기 시 엉덩관절을 앞으로 접는 동작에 이어 자연스럽게 무릎관절을 펴 하퇴를 던지는 듯이 동작을 수행하게 된다. 이는 투수가 공을 던질 때 어깨관절, 팔꿈치관절, 손목관절을 차례로 펴는 동작을 했을 때 가장 빠른 공의 속도를 얻을 수 있는 것과 같은 원리로써, 하퇴를 던지듯이 목표를 가격해야 가장 빠른 속도를 낼 수 있게 된다. 결과적으로 이러한 속도가 큰 힘을 가져오게 된다. 즉, 앞차기 동작은 던지는 듯한 동작 또는 채찍과 같은 동작으로 설명하면 이해하기 쉽다. 회전하는 물체에 있어 회전하는 중심축으로부터 관성모멘트가 작은 말단 분절로 갈수록 더욱 빠른 속도로 전달할 수 있는 원리는 '각운동량의 전이'로 설명이 가능하다. 채찍의 경우 손잡이 부분의 관성모멘트가 커 회전은 크지 않지만, 관성모멘트가 작은 맨 끝으로 각운동량이 전이되면서 빠른 속도를 발생시키게 된다.

앞차기 시 대퇴를 들어 올리는 동작은 엉덩관절의 굴곡 움직임으로 나타나게 되는데, 이 동작은 골반을 가로지르는 심부근육인 장요근(iliopsoas muscle)과 대퇴직근(rectus femoris), 봉공근(sartorius muscle)에 의해 이루어지게 된다.

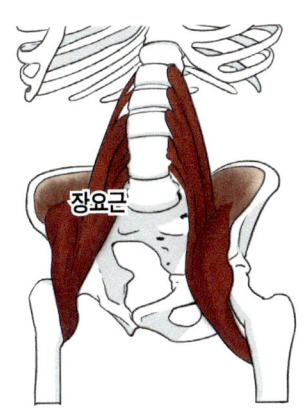
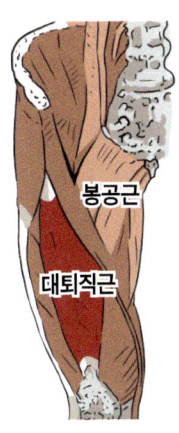

그림 138. 장요근, 대퇴직근, 봉공근

엉덩관절에서 대퇴를 들어 올리는 하지의 근육을 훈련하면 더욱 빠른 차기가 가능해진다. 접어 올린 다리를 앞으로 차기 위해서는 무릎을 신전해야 하는데, 이때 대퇴직근을 수축시키게 된다. 동시에 대퇴 뒷부분의 햄스트링은 무릎의 안정성을 위해 수축을 하지만 발을 뻗어주는 데 특별한 영향을 주지는 않는다. 또한, 다리를 높게 들어 올리기 위해서는 장요근과 대퇴직근의 수축력과 더불어 엉덩관절과 허리의 유연성이 필수적이다.

(4) 끊어 차기와 밀어 차기

끊어 차기와 밀어 차기의 동작 특성은 끊어 차기의 경우 강하고 짧게 찬 후 빠르게 거두어들이는 동작 특성을 갖고, 밀어차기의 경우에는 타격 후 체중을 실어주는 동작을 취하여 더 큰 충격량을 전달하기 위한 동작이다.

차기 동작에서 기술과 방법은 상대에게 자신의 힘을 전달하는 데 있어 매우 중요한 요소이다. 강한 차기를 위해 가장 중요한 기술과 방법요인은 유효질량을 증가시키거나 속도를 증가시키는 방법이고, 이를 어떻게 더 효율적으로 적용하느냐 하는 것이 관건이다.

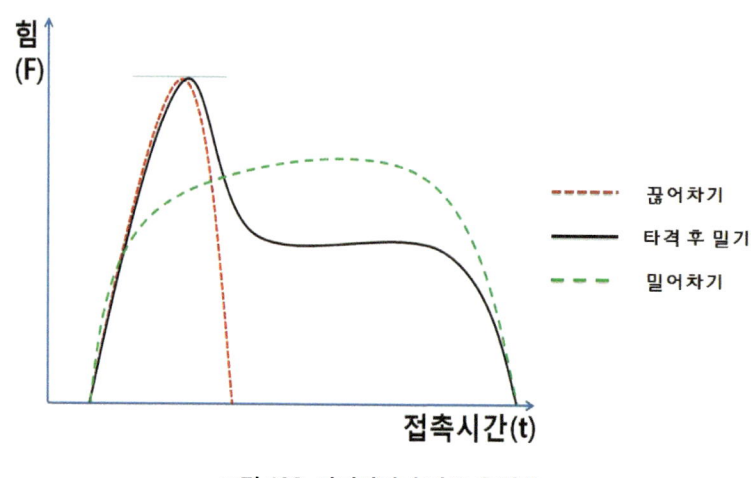

그림 139. 차기방법에 따른 충격력

끊어 차기와 밀어 차기를 충격력과 충격량의 개념에서 비교하면 위의 그래프와 같다. 그래프 곡선의 제일 꼭대기 점은 최대충격력을 의미하는데, 타격을 당하는 상대방이 아픔을 느끼느냐, 충격을 받느냐, 상해를 입느냐 하는 것이 이 최대충격력, 충격량과 관계가 있다. 하지만 여기서 밀어 찰 때 얼마나 오랫동안 대상을 밀었다 뗄 것인가의 의문이 제기될 수 있을 것이다. 표면만 타격하고 오는 경우는 충격력이 그다지 크지 않으므로 타격 후 꾹 눌러줘야 하는데, 최대충격력만 전달해 주고 뗄 수 있도록 조절하는 것이 어렵다. 왜냐하면, 끊어주고 당기려고 생각하는 사이에 이미 관절의 과신전을 방지하기 위해 길항근이 작용해 속도가 느려질 것이기 때문이다. 따라서 최대충격력 면에서도 차고 미는 동작이 더 클 것이고, 충격량도 크기 때문에 상대에게 큰 상해를 입힐 수 있을 것이다.

(5) 앞차기 시 골반 넣기

앞차기 동작 시 허리를 밀어 넣어준다는 의미를 해부학적으로 설명해보면 요추와 골반을 나누어 설명해야 할 것이다. 허리를 밀어 넣어준다는 말은 요추를 앞쪽으로 굽혀 골반을 앞으로 밀어 골반의 후방 기울기를 증가시킨다는 의미이다. 이러한 움직임이 생기는 이유는 다리를 끌어올리는 움직임을 쉽게 하려는 목적과 허리를 이용해 타격 시 자신의 체중을 실어주는 움직임으로 설명할 수 있다.

그림 140. 앞차기 시 골반각

실험 결과 골반 기울기의 타이밍과 각도의 차이만 있을 뿐 모든 그룹에서 골반이 기울어짐을 알 수 있었다. 즉, 허리를 밀어서 다리를 앞으로 더 뻗어주는 움직임은 앞차기 시 당연히 이루어지는 움직임이다.

(6) 품새 시연 중 차기의 정지 동작

현재 품새 시합 시 품새 수련에서 중요시되는 속도의 완급, 힘의 강유, 호흡 등의 평가가 절하되고, 동작의 정확성과 절도를 중요시하는 경향이 있다. 그러한 이유에서 품새 선수들은 차기의 기능적인 측면을 간과하고 절도 있는 동작(차기의 끝에서 잠시

멈추는 동작)으로 보기 좋은 동작을 표현하곤 한다. 그러나 이러한 차기는 시연을 위한 차기로서 실제적인 차기 수행에서는 지양하는 것이 올바른 수련 자세이다.

실험 결과 품새 팀들은 앞차기에서 뻗은 순간 발의 속도를 줄여 유지하는 부분이 나타났다. 이러한 원인은 현재의 품새대회에서 정확성 있는 동작과 절도 있는 움직임을 중요하게 여기고 채점하기 때문에 발생하는 현상으로 볼 수 있다.

(7) 효과적인 옆차기자세

옆차기는 차는 다리의 무릎을 접어 끌어올리면서 몸을 차는 방향의 반대로 틀면서 접었던 무릎을 옆으로 뻗으며 발뒤축으로 목표를 가격하는 동작이다. 차는 순간 차는 다리의 골반을 엎듯이 틀면서 고개는 돌려차는 목표를 바라본다. 차는 순간의 강한 옆차기 동작은 대둔근의 수축작용과 효과적인 유효질량의 전달에 의해 발생하게 된다.

옆차기 시 지지하고 있는 다리는 차는 다리를 끌어 올릴 때부터 발목을 충분히 펴 앞축만 딛고 회전을 빨리할 수 있게 도와주며, 무릎을 펴서 차는 방향에 추진력을 주어 차는 다리에 가속도를 붙게 한다. 그리고 옆차기를 찬 순간 상체가 차는 방향 반대쪽(뒷방향)으로 눕혀져서는 안 된다. 이유는 상체가 뒷방향으로 누울 경우 다시 원래의 자세로 회복하기가 어렵고 목표물을 정확히 응시하기도 어려워지기 때문이다. 상체를 일으켜 전체적인 형태가 Y자 모양이 되게 하여 차는 방향으로 중심(重心)을 이동해 추진력을 증가시켜주어야 한다.

(8) 빠른 돌려차기

빠른 돌려차기를 하기 위해서는 세 가지 중요한 요소가 있다.

첫째, 차는 발로 지면을 강하게 밀어내 큰 힘을 얻어내는 것

둘째, SSC(stretch-shortening cycle : 신장성에서 단축성으로 바뀌는 근수축)기전을 잘 이용하는 것

셋째, 적절한 타이밍에 맞추어 힘을 주는 것

우선 차는 발로 지면을 강하게 밀어주는 것은 신체의 무게중심을 차려고 하는 목표물 쪽으로 보내주며 차는 발을 접어 올리는 것을 수월하게 하기 위함이다. 발로 지면을 차는 순간 동시에 상체는 차려고 하는 쪽을 향하여 회전하게 되고 이러한 움직임과 관성모멘트의 작용은 엉덩관절의 과신전을 유발하게 된다. 이러한 과신전은 엉덩관절의 굴곡에 관여하는 근육들(장요근, 대퇴직근, 봉공근)의 신장성수축을 유발하게 되고, 이때 근육을 더욱 수축시켜 엉덩관절의 굴곡을 시작한다. 그 후 다리와 발은 채찍과 같은 움직임을 보이며 목표물을 타격하게 된다.

이러한 움직임은 밀어주는 동작이 아니라 던져주는 동작으로, 몸통의 회전움직임이 엉덩관절, 무릎관절을 통해 전달되며 다리와 발은 SSC 기전과 관성모멘트의 영향으로 순차적이고 폭발적으로 움직이게 된다. 이러한 폭발적인 움직임은 발을 던져주는 타이밍이 가장 중요하다.

또한, 돌려차기할 때 팔을 반대방향으로 강하게 돌리게 되는데 이는 다리의 차기 방향과 반대로 움직여 카운터밸런스를 맞추어 주기 위함이다. 이렇게 카운터밸런스를 맞추어 주는 것은 차기 동작이 빠르게 이루어질 수 있도록 돕는 역할을 한다. 만약 이처럼 팔을 강하게 돌리지 않는다면 각운동량 보존법칙에 의해 다리를 차는데 몸 전체를 사용하게 되고 발의 속도는 그만큼 느려지게 된다. 또한, 몸도 차는 방향으로 돌아가게 되어 목표물을 응시할 수 없게 되고 차기를 한 후 원래의 자세로 돌아오는데도 시간이 지체된다.

(9) 빠른 내려차기

내려차기 시 다리를 들어 올릴 때 무릎을 접는 동작은 관성모멘트를 줄여 다리를 올리는 동작을 쉽게 만들어준다. 발을 들어 올린 후 내리는 동작은 다른 차기 동작과 마찬가지로 채찍의 원리로 관성모멘트가 큰 대퇴분절의 속도를 관성모멘트가 작은 말단분절의 빠른 속도로 전환하게 된다.

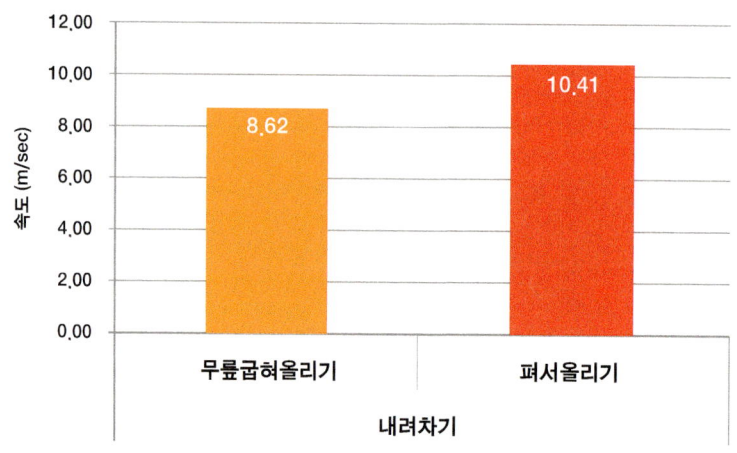

그림 141. 무릎을 올리는 형태별 내려차기 임팩트 시 발의 속도

위의 그래프는 내려차기 시 무릎을 굽혀 올렸을 때와 펴서 올렸을 때의 임팩트 시 발의 속도를 나타낸 자료이다. 두 가지 방식의 내려차기를 비교해 보았을 때 임팩트 시 속도는 무릎을 펴서 올리는 것이 더 빠른 차기를 할 수 있는 것으로 나타났다. 이렇게 결과가 나타난 이유는 무릎을 펴서 올릴 경우 엉덩관절 근육들의 SSC 기전을 더 잘 수행할 수 있기 때문이다.

6) 동작의 효율성

숙련자의 동작은 운동역학적 원리에 기반을 두고 있어서 작은 동작만으로도 강한 지면반력, 관절의 적절한 움직임을 통해서 효율적인 동작을 할 수 있으나 초보자들은 숙련자(고수)의 동작만을 보고 따라 하게 될 경우, 실제적인 허리의 힘을 발휘하지 못하고 팔 또는 다리만을 이용해 절도 있는 동작을 연출하려는 부자연스러운 모습이 된다. 즉, 숙련자들이 수많은 경험을 통해 체득한 운동역학적 원리에 대한 이해 없이 겉으로 보이는 동작만을 모방함으로써 그릇된 동작을 수행하게 된다. 따라서 수련과정에서 이러한 오류를 피하고자 운동역학적 원리에 대한 이해가 필수적이다.

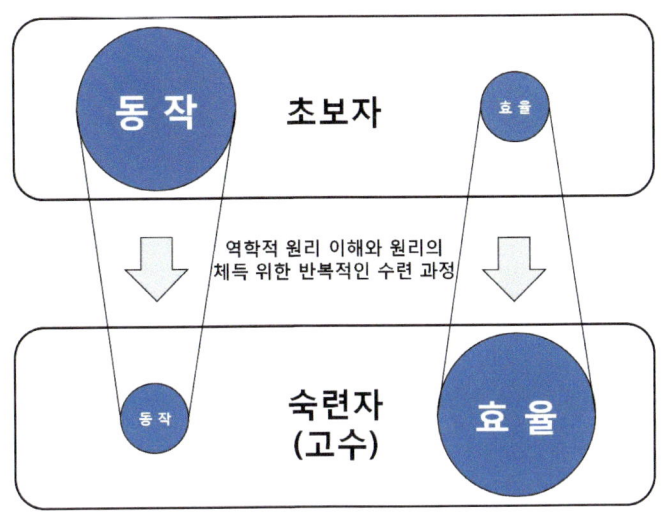

그림 142. 수련과정을 통한 동작의 크기와 효율성의 발전 양상

훈련의 목적에 따라 실제 역학적 원리에 반하는 동작을 취할 수도 있다. 과도하게 반동을 주거나 무릎을 많이 굽혀 자세를 낮추어서는 등의 동작들은 훈련과정에서 매우 중요한 과정이다. 과도한 동작은 평소에는 느끼기 쉽지 않은 역학적 원리(힘을 효과적으로 쓰는 것)를 몸으로 직접 느끼게 해 줄 수 있다. 그 때문에 비효율적인 큰 동작들과 불안정적인 동작 연습을 통해 혼란한 상황에서도 효율적인 동작을 실행 할 방법을 찾는 수련도 함께하여야 한다.

즉, 태권도 수련의 목적은 어떠한 상황(상대의 예기치 못한 공격과 힘을 쓰기에 불완전한 자세)에서도 동작의 운동역학적 원리가 정확히 적용되어 큰 힘을 발휘할 수 있는 효율적인 동작을 찾아가는 과정이다.

태권도 생체역학
THE BIOMECHANICS OF TAEKWONDO

Delayed Depolarization

Double Discharge

참고문헌 · 부록

참고문헌

강성철. (1998). **태권도 차기동작의 분류에 따른 운동역학적 특성 분석.** 미간행 박사학위논문, 성균관대학교 대학원.

강성철. (2000). 태권도 뒤차기 기술의 운동역학적 특성 분석. **한국운동역학회지, 9**(2), 327-348.

강성철. (2000). 태권도 내려찍기 기술의 운동역학적 분석. 무도연구소지, 11(1), 253-266.**대한무도학회지**, 1(1), 38-51.

강성철, & 강상학. (1997). 태권도 발차기의 유형별 동작 수행 시간에 관한 연구. **무도연구소지**, 8(1), 157-165.

강성철, & 김기태. (2014). 주의초점 전략이 태권도 기본동작의 속도 및 분절 협응패턴에 미치는 효과. **한국운동역학회지, 24**(3), 229-238.

강성철, & 김복영. (1996). 태권도 돌개차기 동작의 운동역학적 분석. **한국체육학회지, 35**(1), 335-345.

강성철, 김의환, 신현무, 김성섭, & 김태완. (2007). 태권도 주춤 서 몸통지르기 유형별 생체역학적 변인 비교 분석. **한국운동역학회지, 17**(4), 201-208.

강성철, & 윤동섭. (1999). 태권도 뒤후려차기 기술의 운동역학적 특성분석. **무도연구소지, 10**(1), 261-273.

국기원. (2005). **태권도 교본**. 오성출판사.

국기원 태권도연구소. (2010). **태권도 기술 용어집**. 서울 : 국기원 연구소.

김기태, 강성철, 권문석, 이태현, & 김태완. (2012). 태권도 겨루기선수와 시범단원 간 주요발차기 궤적의 운동학적 비교분석. **한국체육학회지-자연과학, 51**(5), 659-668.

김백수, 강성철, 이해식, & 정태운. (2009). 태권도 앞굽이의 기저면 형태별 생체역학적 분석. **대한무도학회지, 11**(1), 207-221.

김태완, 공세진, 길세기, 박종철, 전호준, 송주호, 이기광, 임영태, 채원식. (2013). **근전도 분석 : 이론 및 적용.** 서울:한미의학

김태완, 원형진, 이용식, 강성철, 이태현, 박종철, ... & 고석곤. (2010). 태권도 돌려차기 높이 변화에 따른 하지관절 회전력 분석. **체육과학연구, 21**(4), 1493-1500.

배영상. (1992). **태권도의 Biomechanics.** 대구: 계명대학교 출판부.

성낙준. (2001). 태권도 격파의 역학적 원리. **세계태권도학회지, 5**(단일호), 159-166.

신성휴, & 강성철. (1998). 태권도 나래차기 기술의 운동학적 특성분석. **무도연구소지, 9**(1), 309-319.

오진곤(역). (1985). **물리적인 사물의 관찰과 사고방법 쉬운 역학교실.** 서울:전파과학사

이강문, 정태운, & 강성철. (2011). 태권도 돌려차기 시 중앙, 전방형 겨룸새 형태에 따른 운동학적 변인 비교분석. **대한무도학회지, 13**(1), 147-157.

이규석, 강성철, 윤상화. (1987). **태권도 발차기 기술에 따른 근전도적 고찰.** 용인대학교논문집, 3(1), 9-27.

이연종, 백진호. (1999). **기초 스포츠 생체역학.** 서울:홍경

정철수, 신인식, 남기정, 데이빗, & 박용현. (2009). **태권도 기술 동작의 운동역학적 원리 정립 최종보고서.** 국기원.

조임형, 강성철, 강신배, 박석, 김태완, 고석곤, & 권문석. (2012). 정규 저크 (Normalized Jerk) 를 이용한 태권도 돌려차기 동작 분석. **한국사회체육학회지, 49**(2), 959-968.

竹内善德 : 論説柔道, 不昧堂出版社, 昭和59年4月29日

(죽내선덕 : 논설유도, 불매당출판사, 소화59년4월29일)

체육과학연구원. (2009). **스포츠 생체역학.** 서울 : 국민체육진흥공단 체육과학연구원.

Enoka, R. M. (2008). Neuromechanics of human movement. Human kinetics.

Enoka, R. M., & Stuart, D. G. (1992). Neurobiology of muscle fatigue. Journal of applied physiology, 72(5), 1631-1648.

Garland, S. J., & Griffin, L. (1999). Motor unit double discharges: statistical anomaly or functional entity?. Canadian journal of applied physiology, 24(2), 113-130.

Hall, S. J. (2007). Basic biomechanics. Boston, MA:: McGraw-Hill.

Neumann, D. A. (2013). Kinesiology of the musculoskeletal system: foundations for rehabilitation. Elsevier Health Sciences.

Person, R. S., & Kudina, L. P. (1972). Discharge frequency and discharge pattern of human motor units during voluntary contraction of muscle. Electroencephalography and clinical neurophysiology, 32(5), 471-483.

Winter, D. A. (2009). Biomechanics and motor control of human movement. John Wiley & Sons.

부록

용어정리

가동관절(Diarthrodial joint) 자유롭게 움직임이 가능한 관절.

가속도(Acceleration) 속도나 속력의 변화비율로 시간당 속도의 변화율. 단위는 m/s/s 또는 m/s², 기호는 선운동에서는 a, 각운동에서는 α로 표시. 이 용어는 물체가 속력이 증가하거나, 감소하거나, 혹은 같은 속도를 유지할 때 묘사되는 것임. 시간간격(Δt)동안 속도변화(Δv)를 나타내는 평균가속도($\vec{a}$)는 다음과 같이 표현이 됨.

$$\vec{a} = \frac{\Delta v}{\Delta t} = \frac{v_2 - v_1}{t_2 - t_1}$$

가속도계(Accelerometer) 물체의 선가속도(Linear acceleration)를 측정하는 기기. 가속도계는 다름 아닌 힘 변환기(force transducer)인데 주어진 가속도에 동반된 반력(reaction force)을 측정하도록 고안되었음. 이것은 인체운동의 가속도뿐만 아니라 이동체나 구조물의 진동, 충격시험 등에 광범위하게 이용됨. 가속도계는 필름분석 시 개입될 수 있는 오차와 노이즈(noise)를 제거 할 수 있으며, 미분 연산의 복잡성을 피할 수 있고, 또한 즉각적인 정보를 얻을 수 있다는 장점을 지니고 있으나 인체운동을 계측하기 위해서는 일반적으로 사용하는 것에 비해 크기가 작고, 고감도의 것이 요구되며, 인체에 부착 시 주의를 요함. 가속도계는 다음과 같은 세 단계의 측정기구 시스템을 가짐. 제 1단계: 감식단계, 제 2단계: 시그널 조절단계, 제 3단계: 결과 기록단계. 인체계측용으로는 단축, 3축 가속도계가 있음.

각가속도(Angular acceleration) 회전운동에서 각속도의 변화율. 즉 단위시간 중 나타나는 각속도의 변화. 나중 순간의 각속도에서 처음 순간의 각속도를 뺀 값을 소요시간으로 나누어 계산함. 단위는 rad/sec^2, deg/sec^2. 평균각가속도($\vec{a}$)는 시간 Δt동안 생긴 가속도의 변화로 다음과 같이 표현됨.

$$\vec{a} = \frac{\Delta w}{\Delta t} = \frac{w_2 - w_1}{t_2 - t_1}$$

각도계(Goniometer) 고니오미터는 일종의 두 개의 팔이 붙어있는 각도기로 두 개의 팔이 교차하는 부분이 관절과 일치하면서 두 분절의 가동 범위를 나타냄.

각변위(Angular displacement) 회전하는 물체의 최초지점(θ_1)의 각위치와 최종지점(θ_2)의 각위치 간의 차이. 단위는 rad. 또는 deg. 1rad=57.3deg. 다음과 같이 표현됨.

$$\Delta\theta = \theta_2 - \theta_1$$

각속도(Angular velocity) 시간에 따른 각변위의 변화율. 단위는 rad/sec 혹은 deg/sec. 시간 Δt동안 변화한 각변위를 $\Delta\theta$라 하면 평균각속도는 다음과 같이 표현됨.

$$\vec{w} = \frac{\Delta\theta}{\Delta t} = \frac{\theta_2 - \theta_1}{t_2 - t_1}$$

각운동(Angular motion) 직선운동을 설명하는 법칙과 유사하게 축에 대하여 회전하는 물체에 관련된 법칙. 따라서 회전운동은 회전축 주변에서 일어나는 운동으로 동일 물체의 다른 부위의 움직임과 길이가 일치하지 않음.

각운동량(Angular momentum) 물체의 각속도(w)와 관성모멘트(l)를 곱한 값이 각운동량이며, 기호는 H로 표기함. 관성모멘트($l = mr^2$)는 질량(m)과 반지름(r)의 제곱을 곱한 값.

$$H = lw$$

각운동량을 증가시키기 위해서는 신체분절이나 물체의 질량을 증가시키거나 각속도를 증가시켜야 함.

각위치(Angular position) 회전물체를 고정된 축에 대한 기준선의 각도로 묘사한 것. 각위치는 다음과 같이 표현됨.

$$\theta = \frac{s}{r}$$

감속(Deceleration) 속도가 줄어드는 것. 근육의 활동이 다리의 속도를 줄이고 다음의 뒤꿈치 치기를 준비하기 위해 발을 안정시키는 것. 마지막 공중기(terminal swing) 구간에서 일어남.

강체(Rigid body) 물체 내의 두 지점 간의 거리가 변화하지 않는 물체. 분절의 양 끝 길이는 고정.

강체화(Rigidifying) 모든 동작의 타격 순간에는 근력을 발휘하여 관절을 단단히 고정하는 강체화를 통해 몸통과 상지분절 혹은 하지분절은 하나의 분절과 같은 역할을 하여 실제 타격에 가담하는 효과질량을 크게 함. 효과질량이 커짐으로써 운동량이 증가되어 상대에게 큰 충격을 가할 수 있으며 타격 시 관절에 의한 완충효과를 줄여 반작용에 의한 힘을 억제함으로써 계속적으로 힘을 가할 수 있게 하는 효과도 있음.

건(Tendons) 근육을 골격에 부착하는 강한 결합조직. 근육이 골격에 부착된 양끝 중 근위단, 즉 운동범위가 작은 부위를 기시(origin)라고 하며 원위단, 즉 운동범위가 큰 부위를 정지(insertion)라고 함.

고속 비디오카메라(High speed video camera) 초에 1000장까지 촬영할 수 있는 비디오카메라. 이 고속 비디오카메라는 고속카메라와는 달리 필름을 현상하지 않고 즉석에서 볼 수 있다는 장점을 가짐.

곡선피팅(Curve fitting) 잡음을 제거하는 방법 중의 하나로 평활화 된 자료를 일정한 함수 형태의 곡선에 맞도록 배열하거나 그러한 함수에 적합한 분포를 하고 있는지 규명하는 것. 이러한 방법에는 스플라인 곡선피팅(spline curve fitting), 다항식 피팅(polynomial fitting), 유한차 피팅(finite difference technique) 방법 등이 있음.

과신전(Hyperextension) 관절이 정상의 신전범위를 넘어 움직이는 운동.

관상(Coronal) 인체를 전후로 나누는 방향, 즉 이마에 평행이 되는 방향을 말함. 동의어 전두(frontal).

관상면(Coronal plane) {전두면(Frontal plane)과 동의어.}

관성(Inertia) 물체의 운동에 저항하여 나타나는 특성으로써 질량의 크기가 그 물체의 관성의 크기.

관성력(Inertial force), 관성질량(Inertial mass)의 속도의 변화에 대한 물체의 저항 값. 물체의 운동상태를 변화시키려 할 때 물체의 운동에 저항하는 가상의 힘.

관성모멘트(Moment of inertia) 각 가속도에 저항하여 나타나는 분절의 관성크기를 말하며, 물체의 질량(m)과 반지름의 제곱이 곱하여진 값으로 나타냄.

$$I = \sum m r^2$$

관성의 법칙(Low of inertia) 뉴턴이 발견한 운동의 제1법칙. 물체의 외력이 작용하지 않으면 정지하고 있는 물체는 계속해서 정지해 있고, 운동하던 물체는 등속 직선운동을 하려는 성질.

관절 고정(Joint stabilization) 뼈를 이어주는 관절이 불규칙한 변위에 저항하는 이음새의 안정성. 분절의 횡축을 향해 있는 힘으로 관절을 고정시키는 역할을 함.

관절 모멘트(Joint moments) 관절에 가해지는 외부 모멘트(External moment)의 총합. 이들은 근육과 기타 조직에서 발생되는 모멘트의 합과 같음.

관절 모멘트의 합(Resultant joint moment) 관절중심에 대해서 회전하려는 모멘트의 합.

관절 반작용력(Joint reaction force) 관절이 외부의 힘과 맞닿아 있을 때 그 면에서 나타나는 내부의 반작용력.

관절 파워(Joint power) 관절 모멘트와 관절의 각속도의 곱.

구심력(Centripetal force) 원둘레를 회전하고 있는 물체가 원의 중심을 향해서 작용하는 힘.

굴곡(Flexion) 관절을 굽히는 것. 관절간의 사이각을 작게 하는 것으로서 원위분절을 근위분절을 향하여 회전시키는 것.

근력(Strength) 어떤 저항에 대하여 근육이 최대로 발휘할 수 있는 힘(force). 근력은 근수축의 형태에 따라 크게 동적수축(dynamic contraction)과 정적수축(static contraction)으로 구분됨.

근위(Proximal) 상지 및 하지에서 흔히 사용되는 용어로 몸통에 가까운 쪽을 의미함. 예) 어깨는 팔꿈치보다 근위에 위치함.

근위분절(Proximal segment) 몸통과 가까운 분절(상완, 대퇴).

근육(Muscle) 인체를 구성하는 주요 기관 중의 하나로 운동, 자세, 체온조절 등의 주요 기능을 수행하는 것. 근육은 수축적이라는 특성을 가지고 있음. 근섬유(muscle fiber)가 짧아지거나 두터워져 모양을 변화시키고, 근조직은 골격근, 평활근, 심근의 세 가지 형태를 가짐. 골격근(skeletal muscle)은 뼈에 부착되어 의식적인 노력으로 조절할 수 있으므로 수의근(voluntary muscle)이라고 함. 평활근(smooth muscle)은 위장, 소화관, 방광, 자궁 및 혈관들과 같은 내부기관들의 벽에서 발견되며, 의식적인 노력에 의해 수축할 수 없으므로 불수의 근(involuntary)이라고 함. 심근은 심장에서만 볼 수 있으며 불수의적으로 조절됨. 의식의 조절 여부에 따라 수의근과 불수의근으로 구분함. 수의근이란 자신의 의식에 따라 움직이는 근육을 말하며, 다리, 팔, 몸통, 얼굴 등의 근육을 말함. 불수의근이란 의식에 상관없이 움직이는 근육으로, 심장근, 소화기계통의 근육이 이에 속함.

근육의 이완(Muscle relaxation) 인체의 관절이 움직일 때에는 관절이 움직이는 방향으로의 힘을 제공하는 근수축에 있어서 주동근 뿐만 아니라 관절의 안정성을 제공하기 위한 길항근 및 협력근이 함께 자극되면서 공동으로 활성화되는데 동작을 수행하기 전 심리적으로 압박을 받거나 몸이 긴장하게 되면 주동근과 함께 길항근 및 협력근의 활성화 정도가 높아져 관절의 가동속도를 오히려 감소시키게 됨. 즉, 강하게 가격하려고 불필요한 힘을 주게 되면 오히려 타격속도는 줄어들고 결국 타격 시 충격력에도 부정적으로 작용하기 때문에 심리적·신체적으로 긴장을 풀고 있어야 빠른 근수축이 가능하며 큰 근육의 경우 최대 근력의 1/3정도만 사용하고 있을 때 근수축 속도가 가장 빠르게 나타남.

근전도기록법(Electromyography) 극을 이용하여 근수축 시 근섬유막에서 발생하는 전위차를 감지하여 측정하고, 이러한 신호를 연구하는 학문분야.

근파워(Muscle power) 단축성 수축(concentric contraction)에서는 힘과 속도가 반비례하므로 근파워를 강화하기 위해서는 최대 근력(1RM)의 50~60%의 중량을 가지고 15~20회로 빠르게 훈련했을 때 가장 효과적인 것으로 알려지고 있음. 만약 부하가 이보다 낮은 상태에서 훈련을 하면 속도는 향상되나 힘의 향상은 미진하며, 반대로 부하가 높은 상황에서 훈련했을 경우 힘의 향상은 크나 속도의 향상은 미진함.

기저면(Base of support) 물체 또는 인체가 지면에 지지되어 있는 면적.

길항근(Muscle antagonist) 근수축 시 주동근의 활동을 견제하는 근육.

내력(Internal force) 신체 내부에서 능동적인 근 수축에 의해 발생되는 힘.

내반(Varus) 뼈, 관절이 정중선에서 바깥쪽으로 벗어나 이상 각도를 이룸. 발바닥이 안쪽으로 틀어져서 발바닥의 바깥쪽에서 체중을 받치는 내반족.

내번(Inversion) 발목을 내측상방으로 굽히는 운동. 예) 제기차기 할 때의 모습. 외번(eversion) 참조.

내부(Internal) 인체의 내부에 있는 장기에서 흔히 사용되는 용어로 장기의 내면 쪽을 의미함. 외부(external) 참조.

내적(Dot product) 두 벡터의 내적은 그 둘 사이각의 cosine에 의해 합쳐진 두 벡터 크기의 product와 같은 스칼라량.

내전(Adduction) 외전에 반대되는 운동으로 인체의 정중면 쪽으로 가깝게 움직이는 운동을 의미. 외전상태의 상지나 하지를 몸 쪽으로 가깝게 붙이는 운동. 외전(abduction)과 비교.

내측(Medial) 정중에 보다 가까운 위치. 상지에서는 척골 및 새끼손가락 쪽, 하지에서는 경골 및 엄지발가락 쪽에 가까운 위치를 의미함.

뉴턴의 법칙(Newton's law)
- 뉴턴의 제 1 법칙(관성의 법칙) : 외력이 작용하지 않으면 물체의 운동상태는 변하지 않음. 정지해있는 물체는 계속 정지해 있고 운동하는 물체는 직선을 따라 계속 등속도 운동을 함. 즉 물체가 원래의 상태를 계속 유지하려고 하는 성질.
- 뉴턴의 제 2 법칙(가속도의 법칙) : 물체에 힘이 작용하면 힘의 방향으로 가속도가 생기고 가속도는 작용하는 힘의 크기와 비례하고 질량에 반비례함. 가속도법칙의 공식은 다음과 같음. $F=ma$
- 뉴턴의 제 3 법칙(작용-반작용의 법칙) : 두 물체 A, B가 상호 작용할 때는 언제나 A에 의해 B에 작용하는 힘은 B에 의해 A에 작용하는 힘과 크기는 같고 방향은 반대임.

단축성 수축(Concentric contraction) 근육의 전체길이가 줄어들면서 일어나는 근수축 현상.

대퇴이두근 상해(Hamstring injuries) 대퇴이두근의 유연성, 근력, 잘못된 주행자세 등으로 인해 발생되는 대퇴이두근의 상해.

동역학(Dynamics) 역학의 한 분야로서 움직이는 물체의 가속도가 0이 아닌 상태를 다루는 분야로써 시간의 개념을 포함함.

동역학적 최적화(Dynamic optimization) 최적화(optimization)의 한 부분으로써 시간의 함수인 목적함수(objective function)에 적용되는 최적화.

동작분석(Motion analysis) 영상을 이용하여 동작의 특성을 분석하는 것. 영상분석에는 카메라(camera), 좌표계(digitizer), 데이터 처리기가 필요하며, 카메라로 얻은 영상을 통하여 운동학적 변인(시간, 위치, 변위, 속도, 가속도, 각변위, 각가속도 등)을 측정하여 그 자료를 근거로 동작을 객관적으로 평가할 수 있음. 영상분석(Film analysis)과 비교.

동작분석기(Motion analyzer) 초기 동작 분석기의 하나. 위치 자료 산출에 이용되는데(Marey, 1902), 여기에는 동작 멈춤 투영기(stop-action projector)와 평면 추적기(flat tracking area)가 필요함. 필름 상을 직접 벽이나 45° 기울인 거울에 투영하고 관절점을 좌표화해서 관절점의 움직임을 파악해 동작을 분석함.

동적 평형(Dynamic equilibrium) 이동 과정에서 바르게 균형(balance)을 유지할 수 있는 능력.

뒤(Posterior) 인체의 뒷면에 가까운 위치, 즉 등 쪽 방향을 말함.

등속성 수축(Isokinetic contraction) 관절이 일정한 속도로 움직이는 동안의 근육 활동.

등척성 수축(Isometric contraction) 근육이 전체길이를 일정하게 유지하면서 수축하는 것.

DLT방식(Direct linear transformation) 피사점의 실공간 좌표와 영상평면상에 기록된 좌표 사이의 선형변환식을 추출하고 공간좌표값을 미리 알고 있는 통제점들을 활용하여 이 변환식의 계수를 구한 후, 이를 미지의 피사점 공간좌표 산출에 사용하는 방식으로 기하학적 방식에 비해 현장적용이 높고 정밀함. 지오메트릭방식(Geometric method)과 비교.

디지털 비디오 카메라(Digital video cameras) 아날로그 값을 숫자화 시켜서 수록할 수 있는 비디오카메라를 말함. 이 카메라에는 칩이 내장되어 있어서 바로 컴퓨터에 연결시켜 기록된 내용을 재생할 수 있으며, 내용을 변화시키는 편집도 가능하게 되어있음. 아날로그 비디오카메라(Analog video cameras)와 비교.

라디안(Radians) 각도 측정단위로 반경과 호의 길이 비율로 계산된 원의 중심각.
1 radian = 57.3°, θ =r/l
Radian은 무차원이며 선운동의 meter와 상응하는 각도의 측정단위.

마찰계수(Coefficient of friction) 접촉한 두 표면사이에 상호작용하는 마찰을 표현하는 수치. 서로 접하는 물질의 속성, 표면의 질과 상태의 영향을 받음. 마찰력의 접촉면에 수직으로 작용하는 수직항력에 대한 비율.

마커(Markers) 인체의 관절점에 부착하는 표식점으로 최근에는 자동 디지타이징을 위해서 반사형 마커(Reflection marker)를 사용. 흔히 영상분석 시 그려서 표시함. 위치좌표를 얻어내기 위하여 분절이나 관절중심을 나타내는 표시.

모델링(Modeling) 구조나 현상을 이상적인 방향으로 이끌어 가기 위한 수학적인 공식을 의미.

몸무게(Body weight) 몸무게는 인체의 체형을 나타내는 요소. 무게보다는 질량으로 나타냄.

무게중심(Center of gravity) 모든 중량이 한 점에 집중된 것으로 생각되어지는 점으로 물체의 각 부분에 작용하는 중력의 합력 작용점. 인체 동작을 분석할 때 중심의 궤적을 추적해 운동의 특징을 기술하는데, 연구 의도에 따라 인체 분절 중심을 이용하기도 하고, 인체 전체의 중심을 이용해 분석하기도 함. 인체 중심을 구하는 방법은 사체를 이용하는 방법, 사진측정방법, 수학적 모델을 이용하는 방법, 반력 변화를 이용하는 방법, 방사선을 이용하는 방법 등이 있음. 보통 사람의 중심은 대체로 제3선골의 높이에 있는 것으로 알려져 있으나, 신체 구성에 따라 개인차가 있음. 대체로 서양인의 경우 남자의 무게중심은 신장의 56%정도에 여자는 55%정도의 높이, 동양인의 경우는 남자는 51%, 여자는 50%정도에 있다고 알려져 있음.

ㅂ

반력 측정기(Force plate) 지면에서 나타나는 힘의 크기를 바로 측정할 수 있는 기기로 서 있거나 걸을 때 발에 작용하는 지면반력(ground reaction force)을 측정하는 힘 변환기(force transducer)의 일종. 힘이 작용하였을 때 작용한 힘에 반응을 일으키는 물체(감식기)가 있어 이 반응의 크기를 측정함으로써 간접적으로 힘의 크기를 알아볼 수 있는 장치.

반응시간(Reaction time) 신호나 표시에 반응하는 시간.

발광 다이오드(Light-emitting diode, LED) 전기적 에너지로 550mm(초록색)-전기적 에너지로 550mm(초록색)-1300mm(적외선)까지의 가시광선 또는 적외선을 내는 정류반도체 장치.

배측굴곡(Dorsi flexion) 해부학적 자세에서 발 분절이 발목관절을 축으로 발등을 향해 굴곡된 상태.

벡터(Vector) 크기와 방향으로 나타나는 물리량. 위치, 변위, 속도, 가속도, 힘, 중력장 등이 이에 속함.

벡터곱(Vector product) 두 벡터의 곱으로 x로 표시하며 두 벡터의 곱은 오른손 법칙에 의해서 두 벡터가 이루는 평면과 직교하는 방향으로 작용함. 즉 a와 b의 벡터곱은 a×b로 표기하며 그 결과로 새로운 벡터 c가 생기며 크기는 $absin\theta$이다(θ는 a와 b사이의 사이각 중 작은각). 만약 a와 b가 평행이면 그 값은 0이고 a와 b가 수직이면 벡터곱은 최대가 됨. 또한 벡터곱에서는 분배법칙은 성립되나 교환법칙은 성립되지 않음.

변위(Displacement) 물체의 운동영역을 나타내는데 사용되는 용어. 물체가 이동하는 처음 위치와 마지막 위치 사이의 직선거리이고 크기와 방향을 내포하는 백터량.

부피(Volume) 물체 혹은 유체의 질량에 의해 차지된 공간.

비디오 분석(Video analysis) 동작 분석의 한 방법으로 비디오 장비를 이용한 분석법.

빈도수(Frequency) 규칙적인 일이 반복되는 율. 단위시간당 사이클 수, 물체가 단위시간 동안 회전하는 횟수. f 또는 v로 표시. SI(system international)단위는 $1herts = 1Hz = 1cycle/s = 1s^{-1}$. 또, 물체가 반경 r인 원둘레 위를 한 바퀴 도는데 걸리는 시간을 주기라고 하는데 주기와 진동수는 서로 역수 관계. f=1/T(단위:Hz).

뼈(Bones) 뼈는 뼈조직(Osseous Tissue)으로 구성. 이것은 매우 단단한 조직으로 조골세포(Osteoblast)에 의해 형성됨. 뼈는 다양한 기능을 갖고 있음. 첫째, 전체적인 틀을 형성함. 둘째, 주요한 장기의 보호역할을 담당함. 셋째, 지레역할을 하며 활동성을 가짐. 넷째, 칼슘, 인 등 미네랄 성분을 저장하는 역할을 함. 다섯째, 조혈작용을 함.

생체역학(Biomechanics) 모든 생물체의 운동과 그 운동을 일으키는 힘을 다루는 학문 분야. 생체역학에서 다룰 수 있는 대상이 너무 광범위하므로 인체의 운동, 그 중에서도 스포츠와 관련된 움직임을 전문적으로 다루는 분야를 한정하기 위하여 운동역학(sport biomechanics)이라는 용어가 사용됨.

선 위치(Linear position) 공간 내에서의 인체의 위치 또는 인체 각 부위의 위치. 직선운동을 하는 물체의 위치. r이 좌표계의 원점과 특별한 점 사이의 방향과 크기를 가지는 위치 벡터라면 $r = Xi + Yj + Zk$ 로 표시하고 이것을 직선운동 위치라고 함.

속도(Velocity) 변위를 소요된 시간으로 나눈 값. 즉 물체의 변위에 대한 변화율. 벡터량. 단위는 cm/s, m/s. 평균속도($\vec{v}$)는 특정한 시간간격(Δt) 동안 변위(Δx)가 생겼을 때 다음과 같은 비율로 정의 됨.

$$\vec{v} = \frac{\Delta x}{\Delta t} = \frac{x_2 - x_1}{t_2 - t_1}$$

속력(Speed) 주어진 시간동안 한 물체가 간 거리.

수직(Vertical) 지면에 직각인 방향, 즉 위아래의 방향을 가리킴.

수치화(Digitizing) 영상평면에 투영된 각 피사점이 좌표를 읽어내는 작업. 접속된 컴퓨터 내의 수치화용 프로그램에 의해 작업이 통제되며, 수치화판(digitizer)이나 동작분석기(film motion analyzer)등이 많이 사용됨.

수평(Horizontal), 가로(transverse) 수직에 대한 직각의 방향, 즉 인체의 세로축에 대한 가로의 방향을 말함.

수평면(Horizontal plane) {가로면(Transverse plane)과 동의어}. 인체의 면(Plane) 참조.

스칼라(Scalar) 크기만을 가진 물리적인 양. 시간, 이동거리, 질량, 속력, 온도, 부피, 에너지 등이 여기에 속함.

시상(Sagittal) 인체를 좌우로 나누는 전후방향을 말함.

신장(Body height) 직립자세로 선 상태에서 발뒤꿈치부터 머리정점까지의 높이. 신장은 인체의 크기와 골격의 길이를 나타내는 요소.

신전(Extension) 굽힘의 반대. 예) 팔목을 굽힌 상태에서 다시 펴는 운동. 굴곡(flexion) 참조.

심층(Deep) 인체의 표면에서 볼 때 인체의 내부에 가깝게 위치함. 표층(superficial) 참조.

아날로그 비디오카메라(Analog video cameras) 연속적으로 변화하는 물리량, 데이터를 표현하거나 측정할 수 있는 비디오카메라. 전압이나 전류의 변화로 데이터를 표현, 측정하는 비디오카메라. 디지털 비디오카메라(Digital video cameras)와 비교.

아날로그-디지털 변환(Analog-to-digital conversion) 데이터나 물리량을 연속적으로 변화하는 양으로 표현하는 아날로그형을 계수형인 디지털신호로 변환하는 것.

아킬레스건(Achilles tendon) 발꿈치에 붙어있는 힘줄로서 보행과 운동에 중요한 역할을 함. Calcaneal tendon과 동의어.

안정성(Stability) 물건이 흔들거리지 않고 변동 따위가 없는 위치의 고정성. 갑자기 자세가 바뀌었을 때 다시 본래의 원자세로 돌아오는 능력. 운동역학에서의 안정성은 정지해 있고 평형상태에 있는 모든 물체에 작용하고 있는 모든 힘들이 평형을 이루는 상태를 말함. 이때 모든 직선방향 힘들의 합이 0이고 모든 토크의 합도 0임. 또한 어떤 물체의 위치가 약간 변하더라도 곧 제자리로 돌아오려는 경향을 가진다면 그 물체는 안정된 평형상태라고 말함. 특히 보행에서의 안정상태란 인체의 무게중심이 지지면에 위치할 때임.

압력(Pressure) 표면의 단위 면적당 작용하는 힘 또는 면적에 대한 힘의 비.

$$P = F/A \, (Pa : pascal)$$

압력중심(Center of pressure) 단위면적당 작용하는 힘의 크기를 압력이라 하며, 그때의 힘의 중심을 압력중심 이라함.

압축력(Compressive force) 밀거나 당길 때 외에도 불균형한 힘에 의해서 물체가 변형 될 때 그 힘의 효과에 의해서 물체를 압축하는 힘.

앞(Anterior) 인체의 앞면에 가까운 쪽, 즉 배 쪽 방향을 말함. 뒤, 등 쪽(posterior) 참조.

연결동작원리(Kinetic link principle) 인체는 여러 개의 분절로 이루어져 있으며 각각의 분절들을 어떠한 순서로 움직이느냐에 따라서 최종분절의 움직임이 결정됨. 최종분절의 속도를 최대로 하기 위해서는 근수축에 의한 움직임이 아니라 몸통에 생성된 각운동량을 근위분절에서 원위분절로 순차적으로 전이시켜 움직임이 이루어져야 함(상완>하완>손, 대퇴>하퇴>발). 이러한 동작의 원리를 채찍의 원리라고도 하며 분절 간에 각운동량이 효과적으로 전이되기 위해서는 상위분절의 각속도가 최대가 된 시점에 하위분절의 회전이 시작되는 형태가 되어야 함. 상위분절이 감속하면서 하위분절이 가속하고 이러한 감속·가속패턴이 진행되며 리드미컬하게 협응을 이루면 결과적으로 최종분절에서는 최고속도를 낼 수 있게 됨.

영상분석기(Film analyzer) 필름이나 비디오테이프로 정지동작이 가능한 투영기(projector)에 투사시켜 화상을 얻은 뒤, 화상에 나타난 분절 중심점을 좌표화하여 운동학적인 변인을 찾아내서 분석하는 장치. 영상분석기는 크게 영사기(projector)와 좌표기(digitizer), 자료처리기(computer data processor), 그리고 출력기(printer) 등 4부분으로 구성.

영상촬영술(Cinematography) 비디오나 카메라를 이용하여 인간이나 동물의 움직임을 촬영하여 분석하는 방법.

오일러 각(Euler's angles) 강체가 3차원의 공간에서 회전하는 위치를 파악하는 것을 말함. 즉, 오일러 각은 공간에서 모든 방면으로 움직이는 물체의 움직임 기울기를 구하는 방법으로써 어느 기본좌표계에 대하여 하나의 강체에 좌우, 상하, 자체회전(3개의 독립각변위)의 각위치를 나타내기 위한 하나의 방법임.

외력(External forces) 공기저항, 지면반력, 중력 등과 같이 외부로부터 작용하는 힘. 외부로부터 작용하는 힘으로 능동적 물체에 의한 힘과 수동적 물체에 의한 힘으로 구분. 능동적 물체에 의한 힘은 지면반력이나, 축구경기에서 태클을 하는 수비선수에 의해 작용하는 힘. 수동적 물체에 의한 힘은 야구에서 볼을 던지고 받는 과정에서 작용하는 공기저항과 같은 힘. 내력(Internal force)과 비교.

외반(Valgus) 밖으로 굽음. 뼈, 관절이 정중선 쪽으로 이상각도를 이룬 것을 의미. 발바닥이 바깥쪽으로 틀어져서 발바닥의 안쪽에서 체중을 받치는 외반족이 대표적인 경우.

외번(Eversion) 내번의 반대. 발목을 외측상방으로 굽히는 운동. 내번(inversion) 참조.

외부(External) 속의 반대말로 장기의 외면 쪽을 의미함. 내부(internal) 참조.

외적(Cross product) vector product를 만드는 Multiple vector를 사용하는 절차.

외적 일(External work) 근육이 인체의 외부에 수행하는 일. 역기를 들거나, 자동차를 밀거나, 또는 외적부하(external load)를 부착한 자전거를 탈 때 자신의 몸을 높은 위치로 끌어올리는 것 등이 해당됨.

운동(Motion) 인체가 시간의 경과에 따라 그 공간적 위치를 바꾸는 것을 말하며 시간에 따른 물체나 계의 위치 변화는 특별한 기준틀에서 특별한 관찰자에 의해 관측됨. 단지 상대적인 운동만이 측정가능하며 절대적인 운동이란 무의미함.

운동기능학(Kinesiology) Kinesiology란 Kinesis(운동)와 ology(학문)의 합성어로 신체 운동과학을 의미. 당초 키네시올러지는 기능해부학을 주축으로 골격과 관절의 구조, 골격에 작용하는 근의 주행 등을 주요한 연구 대상으로 하고 있지만, 그 후 사진술이 보급됨에 따라 형태적인 동작 분석도 행하게 되었음. 이 용어의 등장은 정확히 알 수는 없으나, 1857년 Dally의 저서 'Cinesiologie'라는 책에서 유래되었다는 설과 1890년 Baron Nils Posse의 저서 'The Special Kinesiology of Education Gymnastics'에서 유래되었다는 설이 있으나, 연대순으로 빠른 전자의 유래를 일반적으로 인정하고 있는 편임. 오늘날 이 용어는 크게 두 가지 의미에서 사용됨. 하나는 학과목으로 지칭되는 키네시올러지로서의 협의적인 사용과 다른 하나는 체육이란 용어의 대용어로 사용되는 경우임. 학과목으로서의 키네시올러지는 생체역학(biomechanics)과 상응하는 용어로 키네시올러지가 인간운동의 해부학적측면을 강조한다면, 운동역학은 역학적인 면을 강조함. 체육이란 용어의 대용어로 사용되는 키네시올러지는 체육·스포츠학문의 광의적인 영역을 지칭함. 예를 들면, Department of Kinesiology등에서 대용어 역할을 찾을 수 있음. 생체역학(Biomechanics) 참조.

운동단위(Motor unit) 하나의 운동 신경이 지배하는 근 섬유의 수. 운동신경 및 그것에 의해서 지배되는 모든 근 섬유 신경이 제어할 수 있는 가장 작은 단위.

운동범위(Range of motion) 인체의 분절이 움직일 수 있는 범위(폭, 각도).

운동수행(Performance) 운동을 실시하는 행위.

운동역학(Sports biomechanics) 스포츠 장면에서 일어나는 물체 및 인체의 운동과 그 운동을 일으키는 원인인 힘에 대하여 연구하는 분야.

운동역학(Kinetics) 운동을 일으키는 근본적인 요인이 무엇인가를 연구하는 영역. 여기에는 내력(internal force)과 외력(external force)이 포함. 운동역학에서 다루는 주요 변인은 질량과 무게(mass & force), 질량중심(center of mass), 관성모멘트(moment of inertia), 힘(force), 파워(power), 운동량(momentum), 에너지(energy), 일(work) 등이 있음.

운동학(Kinematics) 운동에서 힘과 질량을 제외하고 운동 그 자체를 분석하는 역학의 한 분야로 운동을 지리적으로 설명하는 것. 즉 물체가 어디에 있고(위치), 어디로 움직였고(변위), 얼마나 빨리 움직였고(속도), 그 빠르기가 어떻게 변화해 가는가(가속도) 등을 설명하는 것. 운동을 일으키는 원인이 되는 힘과는 관계없이 운동에 의해 나타난 현상을 기술하는 분야. 운동학적 변인은 시간(time), 위치(position), 변위(displacement), 속도(velocity), 가속도(acceleration), 각변위(angular displacement), 각속도(angular velocity), 각가속도(angular acceleration) 등의 값을 구함.

움직임(Movement) 운동(Motion)과 거의 같이 쓰이는 용어로 특히 인체의 움직임을 기술할 때는 운동이라는 말을 사용함. 물체를 포함한 모든 움직임을 말 할 때는 움직임이라는 말을 사용하는 것이 일반적임.

원위(Distal) 근위의 반대말. 예) 발목은 무릎보다 원위에 위치함. 근위(proximal) 참조.

원위분절(Distal segment) 몸통과 먼 분절(손, 발).

위(Superior) 머리에 가까운 방향을 말함.

인체분절(Body segment) 인체를 하나 또는 여러 개의 관절을 중심으로 나누었을 때 묶음이 되는 것. 예를 들어 동체 분절, 하지 분절, 상지 분절, 손 분절, 발 분절 등이 있음.

인체분절지수(Body segment parameters) 인체의 각 부분을 측정하여 그 평균치비율을 수량적으로 표현한 객관적 자료를 구한 것. Chandler(1975)등은 인체를 14개 분절, 즉 머리, 몸통, 상완, 전완, 손, 대퇴, 하퇴, 발로 나눔. Zatsiorsky(1983) 등은 머리, 가슴, 복부, 엉덩이, 상완, 전완, 손, 대퇴, 하퇴, 발의 16분절로 나누었음.

인체의 면(Plane) 인체의 면은 전후면(sagittal plane), 좌우면(frontal plane), 수평면(horizontal plane)으로 분류됨. 전후면(sagittal plane)은 똑바로 서있는 인체를 좌우의 두 부분으로 나누는 수직면임. 해부학적 자세로 서있는 사람이 행하는 모든 굴곡, 신전 그리고 과신전(hyperextension) 운동은 전후면에 있음. 이 면에서 이루어지는 운동의 예는 앞·뒤 구르기, 머리 끄덕이기, 허리 굽히기, 등 젖히기, 바벨 들어올리기 등이 있음. 좌우면(frontal plane)은 똑바로 서있는 인체를 전후 두 부분으로 나누는 수직면임. 사지(extremities)의 외전(abduction) 및 내전(adduction) 운동과 척추의 측면 구부림(flexion)은 이 면에서 일어남. 좌우면의 대표적인 운동은 손짚고 옆돌기, 옆으로 뛰기, 옆으로 굽히기 등이 있음. 수평면(horizontal plane)은 똑바로 서있는 인체를 상하 두 부분으로 나누는 면을 말함. 뛰어돌기(jump turn), 상완골의 내측회전, 좌우로 머리 돌리기와 같은 회전운동은 모두 이 면에서 이루어짐.

인체측정학(Anthropometry) 인체가 갖는 물리량을 측정하는 학문 분야로 신체분절의 길이, 질량, 관성모멘트 등을 사체를 이용하여 직접 측정하거나 방사선이나 MRI장비를 이용하여 간접적으로 측정.

일(Work) 외력에 의해 물체가 어떤 거리를 움직인 것. 가해진 힘과 이동거리의 곱으로 나타냄(W=Fd).

자료스무딩(Smoothing of data) 디지털 신호로 입력된 자료를 처리하는 경우 급격한 변화로 인해 나타난 신호를 억압하거나 제거하는 방법.

자유낙하상태(Free fall condition) 비지지 조건상에서 운동 시 작용하는 외력이 단지 중력뿐인 등가속도 운동상황으로 이를 가장 잘 설명해주는 예로 물체가 지면에 수직으로 떨어지는 상태. 공기저항이 없다면 모든 물체는 가속도가 동일함. 이것을 중력가속도라고 하며 기호는 g로 표시. 중력가속도는 벡터량이며 방향은 지구의 중심을 향함. 크기는 약 $9.8 m/s^2$ 이며 폭과 고도에 따라서 약간씩 다름.

자유도(Degrees of freedom, DOF) 중력하의 운동범위. 공간에서 강체(rigid body)가 운동할 때 사용되는 독립변위의 수를 말함. 강체가 운동할 때 하나의 강체는 3개의 선변위(linear displacement)와 3개의 각변위(angular displacement)를 가지므로 자유도는 6으로 표현.

장근(Longus muscle) 상대적으로 길이가 긴 근육.

장축(Longitudinal axis) 축(Axis) 참조.

저측굴곡(Plantar flexion) 해부학적 자세에서 발 분절이 발목관절을 축으로 발바닥을 향해서

굴곡된 상태. 발이나 발끝이 신체로부터 멀어지게 하는 발목의 굴곡운동.

저항(Resistance) 물체가 운동을 하고 있는 방향의 운동을 방해하는 것.

전단력(Shear force) 관절표면상에서 볼 때 그 형상이 부피변화 없이 옆으로 비틀어진 것.

전두면(Frontal plane) {관상면(Coronal plane)과 동의어.}

전자각도기(Electrogoniometers) 전자 분도기로써 전자 장치를 이용하여 인체 관절의 각도를 재는 기기를 말함. 각도계(Goniometer)와 비교.

전후축(Anteroposterior axis) 축(Axis) 참조.

절대좌표계(Absolute reference frame) 3개의 서로 직교하는 축으로 이루어진 좌표계. 이들 중 하나의 축은 중력의 방향과 평행으로 놓여있음.

정량적 분석(Quantitative analysis) 연구자들이 분석하고자 하는 변인의 결과치를 양적으로 해석하는 방법. 여러 동작 가운데 어느 것이 더 효과적인지 알아볼 때, 또는 새로운 기술동작을 설명할 때 자주 이용됨. 일반적으로 고속 카메라로 찍은 필름을 프레임마다 분석하여 무게 중심적 수평과 수직, 각속도, 각운동량, 그리고 에너지 등의 여러 변인을 찾아내고, 이들 측정치를 근거로 결론을 이끌어냄.

정역학(Statics) 물체가 서 있거나 혹은 일정한 속도로 이동하는 것을 다루는 역학의 한 분야.

제동력(Braking force) 전·후 어느 한 방향의 힘에 작용하는 반대방향의 힘. 어느 한 방향으로 운동하게 하는 추진력에 대한 반대방향의 힘(negative force).

중력(Gravitation) 지구의 중심으로 끌리는 힘으로 지구표면 위에 있는 물체는 중력의 작용으로 인하여 지구중심 방향으로 떨어지는 경향이 있음. 이때 떨어지는 물체는 초당 9.8m의 속도로 가속되는데 이를 중력가속도라고 하며, g로 표시하고 크기는 $9.8\ m/s^2$ 임.

중위분절(Middle segment) 근위분절과 원위분절의 중간에 위치한 분절(전완, 하퇴).

지레(Lever) 일정한 받침점을 중심으로 회전할 수 있는 막대. 받침점을 중심으로 모멘트는 평형이 되어야 하므로 어느 종류의 지레건 다음식이 성립함.

$$aW = bF \therefore F = a/b \cdot W$$

인체의 지레는 사지골격과 같은 내적인 것과 라켓, 배트, 장대와 같은 스포츠 용구의 형태로 된 외적인 것이 있음. 지레의 종류는 3종류가 있는데 제1종 지레는 축이 지레에 따라 이동할 수 있으므로, 힘팔과 저항팔의 상대적 길이가 변함. 축이 저항에 가까이 위치하고 있는 경우 힘팔은 길어져 저항을 움직이기 위해 작용하는 힘은 덜 들지만, 짧은 거리에 부하를 들어올리기 위해 긴 거리에 걸쳐 힘이 작용해야함. 반대로 힘 팔이 짧은 경우에는 보다 큰 힘의 작용이 필요하지만 저항의 끝에서는 운동의 속도와 범위를 크게 할 수 있음. 제2종 지레에서는 축의 이동으로 힘팔과 저항팔이 둘 다 증가하거나 감소될 수 있음. 힘팔의 길이는 저항팔보다 항상 더 김. 그러므로 부하를 들어 올리는데 필요한 힘은 항상 그 무게보다 적음. 제3종 지레에서 힘팔은 저항팔보다 항상 짧음. 그러므로 많은 양의 힘을 작용해야 하지만 힘의 작용범위 보다 그 부하의 운동범위가 훨씬 더 길어짐. 대부분의 인체는 제3종 지레대로 작용함. 따라서 힘의 소모는 크나 속도에서 이득을 봄.

지면반력(Ground reaction force) 인체 또는 물체가 지면에 가한 힘에 대한 반작용력. 지면반력의 수직성분은 중력의 영향을 주로 받으며, 수평성분은 마찰력에 의하여 영향을 받음. 지면반력의 크기는 동작의 형태에 따라 다르며 보행 시에는 체중의 약 1.2-1.5배 정도 되며 도약 시에는 약 3-6배 정도 됨.

직교좌표계(Cartesian coordinates) 두 개 또는 세 개의 좌표축으로 점 p 의위치를 나타내는 해석기하학에서 사용되는 좌표계. 2차원 계에서 수직축은 y축이고, 수평축은 x축. 3차원에서는 x, y축과 직교하는 z축의 좌표축을 도입하여 점의 위치를 공간상에서 나타냄.

질량(Mass) 물체의 관성에 대한 정량적인 척도. 선운동 시 운동에 대한 저항으로 작용함. 또한 각운동에서도 회전 반경과 함께 소위 관성모멘트를 만들어, 외력에 대한 저항으로 나타남. 질량은 무게와 달리 어느 곳에서나 변하지 않는 일정한 값을 유지함.

질량중심(Center of mass) 물체의 모든 질량 입자들이 균등하게 분포된 점으로 물체의 균형점. 따라서 토크의 합이 0인 점으로 정의할 수 있음. 질량중심과 무게중심(center of gravity)의 용어는 가끔 비슷하게 사용되지만, 무게중심은 중력 작용방향을 고려하기 때문에 수직방향과 관계가 있음. 따라서 일반적인 용어는 질량중심이라 할 수 있음. 질량중심은 운동 시 순간적으로 변화하는 위치에 대한 이론적인 점으로 물체나 신체의 내부에 있을 수 있고, 외부에도 있을 수도 있음.

체간(Trunk) 인체에서 머리, 목, 팔, 다리 등을 제외한 부분. 인체의 중심이자 가장 크고 중요한 부분으로 태권도 기술을 수행하는 데 있어 중요하게 작용함. 태권도 기술에서 체간은 하나의 분절이 아닌 가슴과 복부, 엉덩이로 구분되며 교호적 회전운동에 의한 비틀림으로 탄성에너지를 생성시키는 역할을 함.

체중 벡터(Body Weight Vector) 관절에 상대적인 체중의 크기를 가리키는 것.

체지(Limbs) 인체의 팔, 다리를 말하며 사지라고도 함. 상지(팔)에는 상완, 전완, 손이 있고 하지(다리)에는 대퇴, 하퇴, 발이 있음. 태권도 기술에서 공격이나 방어에 직접 사용되는 부위.

최대파워(Peak power) 파워가 최대가 되는 지점.

최적화(Optimization) 어떤 현상을 다스리는 목적함수(objective function)를 조건이 주어지거나, 주어지지 않는 상태에서 주로 최대 혹은 최솟값을 구하는 기법. 목적함수는 시간의 함수를 지칭하며 미분식으로 표현함.

축(Axis) 인체에는 세 개의 가상적인 운동축이 있으며 이들 각각은 세 개의 운동면과 직각을 이루며 형성되어있음. 좌우축(transverse axis)은 전후면과 직교하여 인체를 좌에서 우로 또는 우에서 좌로 통과하는 축을 말하며, 전후면을 제외한 두 평면, 좌우면과 수평면이 공유하는 축. 전후축(anteroposterior axis)은 인체를 전후로 통과하는 축으로 좌우면과 직교하여, 전후면·수평면이 공유하는 축. 수직축(longitudinal axis)은 인체를 위에서 아래로 통과하는 운동축으로 수평면과 직교하며, 전후면과 좌우면이 공유하는 축.

충격량(Impulse) 충격은 힘의 형태로 상대 물체에 전달되는 것. 충격량은 충격이 지속된 시간과 충돌시의 힘의 곱(I=Ft)으로 나타내며 이는 운동량의 변화량과 같음.

충격력(Impulse force) 제한된 시간 동안 가해진 힘. 평균충격력 F=I/t로 충돌시간이 짧을수록, 운동량의 변화가 클수록 충격력이 큼.

충돌(Impact) 둘 이상의 물체가 서로 부딪히는 현상 혹은 그때 파생되는 힘. 짧은 시간동안 존재하면서 크기가 큰 힘. 착지할 때, 야구 방망이로 공을 칠 때, 골프채로 공을 스윙할 때 등 주로 순간적인 운동을 설명할 때 사용되는 용어.

측정기기(Measurement system) 인체 동작분석과 계측을 위해 사용되는 기기로 카메라, 고니오미터, 가속도계, 지면반력기, 집게형 피하지방 측정기 등이 이에 속함.

카메라(Camera) 실물공간 내의 피사점(object)을 필름면에 투사하여 그 상(image)을 기록하는 기구. 필름, 렌즈, 셔터, 조리개, 파인더로 구성됨. 카메라는 필름의 크기에 따라 8mm, 16mm, 35mm, 70mm 카메라로 구분됨.

탄성에너지(Elastic strain energy) 본래의 상태로 되돌아가려는 힘(복원력)에 의한 에너지. 인체 운동에서 탄성에너지는 주로 근육의 순간적인 신장성 수축 과정에서 생성되며 이후 곧바로 일어나는 단축성 수축에 사용되며 보다 강한 근수축을 발생시킴. 대표적으로 골반의 선(先)회전에 의해 몸통과 골반이 교호적 회전운동을 일으키며 비틀리는 현상과 테이크백 등의 반동동작에서 탄성에너지의 활용을 볼 수 있음.

토크(Torque) 토크란 힘의 크기와 힘의 작용선에서부터 회전축까지의 수직 거리를 곱한 것으로 특정한 축에 대해 회전을 일으키기 위한 힘의 경향으로 정의. 수학적으로 토크는 T=Fr. 따라서 토크의 단위는 N-m임. 토크는 이심력(eccentric force)에 의해 발생되며, 크기와 방향을 가진 벡터량으로 방향은 오른손 법칙에 의해 결정됨.

통제점틀(Control object) 동작분석에서 공간좌표를 이미 알고 있어 DLT방식의 계수 추출에 사용되는 실공간상의 점을 통제점이라 하는데 이러한 점들의 상대적 위치가 변하지 않도록 통제점들을 고정시킨 틀을 통제점틀이라 함. 통제점틀은 형태에 따라 단일틀 구조방식(방사선, 피라미드형, 격자형 등) 및 통제점막대(range pole)로 분류됨. 표시된 통제점의 상대적 위치가 변하지 않기 위해서는 충분히 견고하여야 하며, 운동영역을 점유할 수 있을 정도로 커야 하고 운반이나 관리에 편리한 조립식이어야 함. Calibration frame, Reference frame과 동의어.

투사각(Angle of projection) 신체나 물체가 공중에 투사되어질 때 수평면과 투사방향이 이루는 각(θ).

투사체 운동(Projectile motion) 어떤 힘에 의해 추진되어 자체의 관성으로 공중에서 운동을 계속하는 물체를 투사체(projectile)라 함. 공중으로 물체를 던졌을 경우 수평면과 어떤 각도를 이루며 움직이게 되는데 이렇게 비스듬히 던진 물체의 운동을 일반적으로 투사체 운동이라고 함. 투사체가 이동한 경로가 포물선을 이루게 되기 때문에 투사체 운동을 포물선 운동이라고도 함.

투시오차(Perspective error) 인체 운동의 2차원 촬영 시 신체가 실 평면에서 벗어나면 오차가 발생하는데 이를 투시오차라 함.

ㅍ

파워(Power) 단위 시간(t)당 행한 일(W)의 양, 즉 시간에 대한 일의 비율. 일의 양을 W, 걸린 시간을 t라 하면, 파워 P는 P=W/t 로 정의되며, 매초 v의 속도로 움직이면서 힘 F로 일을 하는 경우 파워 P는 $P = W/t = F \cdot s/t = F \cdot v$ 로 나타낼 수 있음. 파워는 일률 혹은 공률로 칭하며, 스포츠 영역에서는 순발력이라고도 함.

평형(Balance) 모든 힘과 모멘트의 합이 0이 되는 상태.

표면전극(Surface electrode) 전극을 피부 위에 고정시키고 근전도를 시행하여 두 전극사이의 전압차이를 기록하는 것으로써 피부표면에 부착하여 근육의 활동을 감지하는 EMG의 전극.

표준화(Normalization) 몸무게, 신장 등 개인에 따라 인체측정학적 요인이 다르기 때문에 개개인간 비교를 할 때 같은 기준을 만들기 위하여 몸무게나 키로 나누어 주는 것.

표층(Superficial) 인체의 내부에서 볼 때 인체의 표면에 가깝게 위치하는 것을 의미함.

프레임(Frame) 영화 필름 한 개의 화면을 말함. 비디오에서는 한 frame이 두 개의 field로 나누어짐.

프레임율(Frame rate) 매 초당 찍히는 프레임의 수. 동작의 특성에 따라 프레임율을 조절할 수 있음. 분석하고자하는 동작이 급격히 변하는 동작이면 높은 프레임율로 설정해야 하며, 완만하게 변하는 동작이면 프레임율을 충분히 낮출 필요가 있음.

필터(Filter) 어떤 주파수대의 전류를 통과시키고, 그 이외의 주파수의 전류에 대해서는 큼. 감쇠를 주는 4단자 회로. 통과시키는 주파수대에 따라 저역필터(LPT), 고역필터(HPT), 대역필터(BPT), 대역 소거 필터(BSF)가 있으며, 구성하는 L, C의 배열에 따라 여러 가지 형이 있음. 이를 통하여 데이터 값을 여과하는 과정을 필터링(filtering)이라 부름.

ㅎ

항속(Constant speed) 일정하게 유지되는 속도.

해부학(Anatomy) 인간과 동식물의 기관이나 구조 등을 칼로 잘라내어 연구하는 학문. 해부학은 크게 눈으로 구조를 밝히는 것이 가능한 육안적 해부학(Gross Anatomy)과 현미경을 통해서 관찰이 가능한 조직학(Histology)으로 나눌 수 있음.

해부학적 자세(Anatomical position) 양쪽 발을 모은 채 똑바로 선 위치에서 손바닥을 앞쪽으로 향한 자세가 기본자세로서 이를 해부학적 자세라 함.

회내(Pronation) 해부학적 자세에서 엄지손가락을 내측으로 돌리는 운동. 즉 손등이 전방을 향하게 하는 운동.

회선(Circumduction) 근위부가 고정된 상태에서 원위부를 원이 되게 둥글게 돌리는 운동, 즉 굴곡, 신전, 외전 및 내전운동이 연속적으로 일어나는 복합운동. 예) 손으로 곤봉을 돌리는 운동.

회외(Supination) 회내의 반대, 즉 손등이 전방을 향한 상태에서 다시 해부학적 자세로 손을 되돌리는 운동.

회전(Rotation) 인체의 긴축(long axis)을 중심으로 좌우로 돌리는 운동. 예) 해부학적 자세에서 목을 좌우로 돌리는 운동.

회전축(Axis of rotation) 회전운동이 일어나는 중심 또는 축이 되는 부분으로 운동면에 직각임.

힘(Force) 물체의 운동량을 변화시키려는 작용. 운동량 변화율에 비례하도록 정의됨. 질량이 m인 물체가 속도 v로 움직일 때, 운동량은 mv임. 동일한 단위계에서, 힘은 F=d(mv)/dt로 주어짐. 질량 m이 상수일 때 F=mdv/dt=ma이 되는데, 여기서 a는 가속도. 기호는 F, 단위는 N(뉴턴).

힘 모멘트(Moment of force) 한 지점을 기준으로 물체를 회전시키는 힘. 그 크기는 작용하는 힘과 힘의 작용점에서 회전축까지의 거리의 곱으로 나타남. 작용하는 힘(F)이 크거나 혹은 작용점이 회전의 축에서 멀리 위치한다면(ℓ) 힘의 모멘트는 크게 나타남.

$$T = F\ell$$

A Biomechanical Analysis of Four Different Taekwondo Body Punch Types in Horseback-Riding Stance

Kang, Sung-Chul · Kim, Eui-Hwan · Shin, Hyun-Moo · Kim, Sung-Sup · Kim, Tae-Whan*(YongIn University)

ABSTRACT

S. C. KANG, E. H. KIM, H. M. SHIN, S. S. KIM, and T. W. KIM, A Biomechanical Analysis of Four Different Taekwondo Body Punch Types in Horseback-Riding Stance. Korean Journal of Sport Biomechanics, Vol. 17, No. 4, pp. 201-208, 2007. The purpose of this study is to compare 4 different body punch types(type 1: a punch using a shoulder, type 2: a punch using a waist, type 3: a punch using lower extremities, and type 4: a punch with elbows by your side at chest level) in horseback-riding stance and establish suitable teaching theory and method, which would be a useful reference to Taekwondo instructors on the spot(in Taekwondo dojangs all around Korea). Five exhibition players from Korean national Taekwondo exhibition team participated in this study. Each participant was asked to perform the four different types of punches and their kinematic and kinetic data were recorded with 7 vicon cameras(125Hz) and two force plates(AMTI, 1200Hz). We analyzed displacement, time, resultant center of body mass trajectory, velocity, trunk angular velocity, and ground reaction force(GRF) from each body segment in body punch and the result. I performed 1-way ANOVA(RM) for average values of each player after standardization and statistical significance was set as $p<.05$. was as the following ;

First, they showed a tendency to take the body punch posture with the biggest motion at a shoulder and on descending order a waist and a knee. Second, a mean time for each body punch on ascending order 0.46sec. for type 2, 0.49sec for type 3, 0.50sec. for type 4, and 0.56sec. for type 1. Third, a mean resultant center of body mass trajectory for each body punch the longest 4.07cm for type 3 and the shortest 2.458cm for type 1. Fourth, a mean of maximal velocity of a fist strike was the fastest 5.99m/s for type 3, 5.93m/s for type 4, 5.67m/s for type 2, and 5.01m/s for type 1 on the descending order. Fifth, a mean of maximal trunk angular velocity of the fastest 495.6deg./sec. for type 4 and 337.7deg./sec. for type 1 on the descending order. Sixth, strongest value was type 3, 2 for anterior-posterior ground reaction force(left -54.89N, right 60.58N), type 4 for medial-lateral GRF(left 83.59N, right -80.12N), and type 3 for vertical GRF(left 341.79N, right 426.11N).

KEYWORDS : TAEKWONDO, PUNCH, HORSEBACK-RIDING

* burumi75@hotmail.com

I. 서 론

태권도의 기술 동작은 수련 내용에 따라 기본 동작, 품새, 겨루기, 호신술, 격파, 등으로 구분하고, 동작의 형태에 따라 서기, 막기, 지르기, 찌르기, 치기, 차기, 피하기 등으로 나눌 수 있다(국기원, 2001).

겨루기는 상대 선수에게 발 또는 주먹으로 효과적인 타격을 함으로써 상대에게 충격을 주고 점수를 얻는 경기를 말하고, 격파는 사물에 타격을 가함으로써 송판·벽돌과 같은 사물이 원래 모습을 유지하려는 힘 보다 큰 충격력에 의해 조직의 구조가 깨지도록 초래하는 것을 말한다. 겨루기·격파는 모두 큰 충격량을 전달함으로써 상대 혹은 사물에 변화를 일으키는 소기의 목적을 달성하고, 품새는 공격과 방어의 모든 동작을 집결해서 혼자서도 수련할 수 있게 연무 형식으로 만들어 놓은 것으로, 겨루기·격파의 특성을 모두 포함하고 있다.

특히, 태권도의 주먹지르기와 발차기는 공격수단으로 삼는 대표적인 동작이며, 이 중 주춤서 몸통지르기는 태권도를 처음 접할 때 가장 먼저 배우는 기술로써, 이 동작은 정확성과 동작의 특성을 찾는 것이 매우 중요하다.

국기원(1995)에 의하면 지르기는 팔굽을 펴으며 주먹이 주로 일직선으로 움직여 목표를 가격하는 경우를 말하며 미는 팔굽을 굽힌 채로 또는 편 채로 손이나 주먹이 원을 그리며 움직여 목표를 가격하는 것이고 찌르기는 사용부위가 주먹이 아니라 손끝이라는 점만 다를 뿐 지르기 기술과 모든 것이 같다고 했다. 이상의 지르기, 찌르기, 치기는 태권도의 공격기술 중 손기술에 해당되고 차기는 다리를 움직여 발을 끌어올려 발의 사용부위로 상대의 목표를 가격하여 제압시키는 것으로 발기술에 해당된다.

지금까지의 태권도에 관한 선행연구들을 살펴보면, 운동학적 분석(장기준, 1985 ; 양동영, 1986 ; 윤동섭, 1986 ; 윤창진, 1997 ; 이주상, 1999) 및 운동역학적 연구(성낙준, 1984 ; 정찬, 1985 ; 김창국, 1991 ; 강성철, 1998 ; 김용이, 1999 ; 구희성, 1999 ; 신제민, 1999 ; 양창수, 1999 ; 김규완, 2000 ; 김원섭, 2001 ; 김성하, 2002) 등 대부분의 선행 연구들이 발차기에 관한 과학적 연구에 필요한 기초자료를 제공하는 수준에 머물고 있는 실정이다. 그러나 태권도의 지르기에 관한 연구는 최근에 들어서야 최치선(2004)의 태권도 지르기 동작 시 목표 거리와 지르기 방식에 따른 충격력 비교 연구를 실시되었으나 이 연구는 지르기 동작의 충격력을 분석한 것으로 지르기 동작의 전반적인 형태를 분석하지는 않았다.

태권도의 기본동작인 주춤 서 몸통지르기 기술은 전완의 굴곡과 신전 그리고 내외회전에 의한 회전운동과 근력 및 외력에 의한 각운동량 전이를 효율적으로 수행하는 동작이다. 이러한 몸통지르기 동작을 현재 운동학적 및 운동역학적으로 연구되어 있는 논문들이 전무한 실정이다. 또한 일선 지도자들이 지르기를 가르칠 때 개개인 마다 조금씩 다르게 지도하고 있는 현실이다. 따라서 몸통지르기의 정량적인 이론체계 정립 및 지도의 체계화를 위해 몸통지르기 기술의 특성분석이 필요하다고 사료되어 연구를 착수하게 되었다.

본 연구의 목적은 태권도 기본동작 중 하나인 주춤서 몸통지르기를 4가지 유형에 따라 발생되는 운동학적 및 운동역학적 변인들의 특성과 차이를 비교하여 일선 지도자들에게 기초적 자료를 제공하고자 한다.

II. 연구방법

1. 연구대상

연구의 대상은 현 국가대표 품새 시범단 5명(연령 21.4±0.9, 신장 175.4±5.1, 체중 68.9±6.6)을 선정하였다.

2. 실험장비

본 연구에 사용되어진 실험장비는 <표 1>과 같다.

3. 실험방법

본 연구의 실험 장소는 경기도 소재 Y. 대학교 국제

표 1. 실험장비

구 분	모델명	제조사
촬영장비	MX13 1.3 Motion Capture Camera	Vicon (UK)
데이터 수집장비	MX Control	Vicon (UK)
	MX Net	Vicon (UK)
지면반력기	BP400600	AMTI (USA)
인체계측기	Martin 계측기	Takei (Japan)
분석용 소프트웨어	Workstation	Vicon (UK)
	Bodybuilder	Vicon (UK)
	Polygon	Vicon (UK)

스포츠과학연구원 생체역학실험실에서 수행하였다.

실험 전 피험자에게 실험에 대한 상세한 의도와 절차를 세부적으로 설명하여 정확하게 이해하도록 하고, 양질의 데이터와 부상방지를 위해 피험자들에게 준비운동을 시킨 후, 인체계측을 위하여 신장계, 체중계, 인체측정기, 줄자를 이용하였다.

측정 대상자가 도착하면 검정색 반 스판덱스를 갈아입힌 후 키와 몸무게를 측정한 후 줄자로 위 전상장골가시(ASIS)에서 내측복사(Med. Malleolus)까지의 거리를 측정해 다리 길이를 재고, 너비측정기를 이용하여 상지의 견봉(Acromin)에서 겨드랑이까지의 거리를 측정(Shoulder offset), 팔꿈치너비, 손목너비, 손바닥두께를 측정하고 하지의 무릎너비와 발목너비를 측정하였다.

운동역학적 변인을 분석하기 위하여 전, 후, 좌, 우, 대각선 방향으로 리얼타임 적외선 비디오카메라(Vicon I.R., Strobe & Pus, MX13)가 7대 설치하였으며, 부가적으로 실험전체 장면의 녹화를 위해 실험 전면에 디지털캠코더(NV-GS300GD, Pnansonic)를 설치하였다. 또한 4가지 몸통지르기 유형별 지면반력을 측정하기 위해 AMTI Co.(USA)의 Force Plate 2대를 사용하였으며, 이때 샘플링 비율(sampling rate)은 1,200Hz로 설정하였다. 모든 실험 장치는 데이터 처리 장치인 데이터 스테이션에 연결되어 있다.

기준좌표계(Global reference frame) 설정을 위하여 L-Frame을 이용하였으며, 이때 전후방향을 X축, 좌우방향을 Y축, 상하방향을 Z축으로 설정하였다. 이어 T wand를 사용하여 1분 정도 공간의 좌표값을 촬영하였고, 인체 39곳에 표면 마커(직경 14mm)를 부착하여 실험을 실시하였다. 7대의 적외선 카메라의 샘플링비율은 초당 125Hz로 설정하였다.

1) 지르기 유형별 형태

본 연구에서 사용되어진 지르기 유형은 다음과 같다.

* 유형 1 : 어깨만 이용하여 지르기
* 유형 2 : 허리를 이용하여 지르기
* 유형 3 : 하지를 이용하여 지르기
* 유형 4 : 팔 굽을 가슴위치에서 지르기

2) 각도의 정의

본 연구에서 몸통의 각도는 전역좌표계(Global coordinate)을 기준으로 카단각(cardan angle)을 사용하여 몸통의 3축의 각도를 산출하였다<그림 1>.

4. 자료분석

본 연구에서 3차원좌표 및 운동학적, 운동역학적 데이터 산출을 위해 Vicon Co.의 Workstation 5.2.4과 Polygon 3.1(Vicon, UK) 분석 프로그램을 이용하였다.

프로그램에서 산출된 자료는 Microsoft Excel 2003을 이용하여 각 피험자마다 4가지 몸통지르기를 5회 측정하여 개인별 평균값을 산출하였다.

본 연구에서 통계분석의 주요한 목적은 지르기 유형에 따라 평균의 차이가 있는지를 검증하는 것이다. 따라서 본 연구의 실험설계는 지르기 유형별 반복 측정하였으며, 모든 변수는 SPSS 11.0 프로그램을 사용하여 반복 일원변량분석하여 데이터를 비교하였다. 분석을 위한 모든 유의성은 $p<.05$로 설정 하였다.

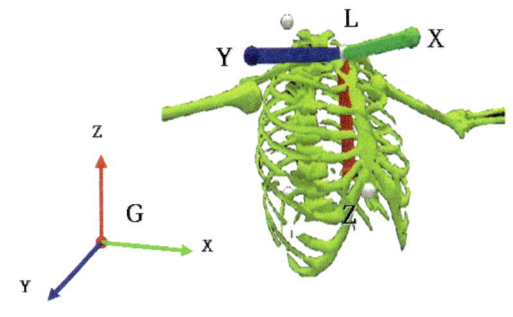

그림 1. 몸통각의 정의

III. 결과 및 논의

1. 몸통 지르기 유형별 각 부위의 변위

태권도 몸통 지르기를 4가지 유형으로 나누었다. 이러한 유형들이 과연 연구자가 의도한 유형으로 잘 통제되었는지를 알아보기 위해 유형별 각 부위의 변위를 알아보았다. 변위는 준비자세로부터 오른쪽 팔꿈치가 최대 신전되었을 때 전후(X축)의 이동거리를 분석한 것으로 그 결과는 <표 2>와 같다.

몸통지르기 유형별 각 부위(어깨, 허리, 무릎)의 변위 차이를 알아보기 위해서 반복 측정된 일요인변량분석을 실시한 결과에 따르면, 유형별간 오른 어깨($p<.079$), 오른 허리($p<.063$), 오른 무릎($p<.136$) 모두 유의한 차이를 나타내지 않았다.

몸통지르기유형별로 잘 통제가 되었는지를 알아보기 위해 각 부위의 변위를 살펴보면, 유형 1은 어깨만 이용하여 몸통지르기 동작으로 허리와 무릎이 다른 유형에 비하여 적은 움직임을 나타냈으며, 유형 2는 허리를 이용하여 몸통지르기 동작으로 유형 1에 비하여 허리와 무릎을 많은 움직임을 나타냈다. 유형 3은 하지를 이용하여 몸통지르기 동작으로 허리는 유형 1과 2보다 많은 움직임을 나타냈으며, 무릎이 다른 유형에 비해 가장 많은 움직임을 나타냈고, 유형 4는 팔굽을 가슴높이에서 몸통지르기 동작으로 어깨와 허리가 가장 많은 움직임을 나타낸 것을 알 수 있었다.

전반적으로 몸통지르기 유형별로 잘 통제되었으며, 각 부위의 변위는 무릎부위보다는 허리, 허리부위보다는 어깨의 움직임을 크게 하면서 몸통 지르기를 하는 경향을 나타내 보였다.

2. 몸통지르기 유형별 소요시간

태권도 몸통지르기 유형별 소요시간은 준비자세로부터 오른쪽 팔꿈치가 최대 신전되었을 때까지의 시간을 분석한 것으로 그 결과 <표 3>과 같다.

몸통지르기 유형별 소요시간에서는 유형 2(0.46초)가 가장 짧은 소요시간을 나타냈으며, 그 다음 순으로 유형 3(0.49초), 유형 4(0.50초), 유형 1(0.56초)순으로 나타났으며, 반복측정된 일요인변량분석을 실시한 결과 통계적 유의한 차이($p<.146$)는 나타내지 않았다.

3. 몸통지르기 유형별 합성신체중심의 이동거리

태권도 몸통지르기 유형별 합성신체중심(COM)의 이동 거리는 준비자세로부터 오른쪽 팔꿈치가 최대 신전되었을 때 이동한 거리를 분석한 것으로 그 결과는 <표 4>와 같다.

몸통지르기 유형별 합성 신체중심의 이동거리를 살펴보면, 유형 3(4.07cm)이 가장 많은 중심이동을 나타

표 2. 어깨, 허리, 무릎의 변위 (unit : cm)

	Types	M±SD	p	contrast
오른 어깨	유형 1	2.13±0.45	.079	
	유형 2	2.13±0.41		
	유형 3	2.39±0.48		
	유형 4	2.57±0.53		
오른 허리	유형 1	0.50±0.25	.063	
	유형 2	0.66±0.37		
	유형 3	0.93±0.25		
	유형 4	0.79±0.09		
오른 무릎	유형 1	0.40±0.09	.136	
	유형 2	0.50±0.26		
	유형 3	0.87±0.27		
	유형 4	0.49±0.24		

표 3. 평균 소요시간 및 일원변량분석 (unit : sec.)

Types	M±SD	p	contrast
유형1	0.56±0.08	.146	
유형2	0.46±0.06		
유형3	0.49±0.05		
유형4	0.50±0.06		

표 4. 합성신체중심의 평균 이동거리 및 일원변량분석 (unit : cm)

Types	M±SD	p	contrast
유형1	2.58±0.84	.074	
유형2	3.48±1.09		
유형3	4.07±1.22		
유형4	3.61±0.66		

내 보였으며, 그 다음 순으로 유형 4(3.61cm), 유형 2(3.48cm), 유형 1(2.58cm) 순으로 나타났으며, 반복 측정된 일요인변량분석을 실시한 결과 통계적 유의한 차이($p<.074$)를 나타내지 않았다.

통계적으로는 유의한 차이는 보이지 않았으나 지르기 유형별 평균의 값들을 살펴보면 유형 3과 유형 1에서 합성 중심이동거리가 차이를 보였는데 이는 유형 3은 하지를 사용하여 몸통 지르기를 하였기에 가장 많은 이동을 유형 1은 어깨만 이용하였기에 가장 작은 이동을 나타낸 것으로 사료된다.

4. 몸통지르기 유형별 주먹의 최대속도

태권도 몸통지르기 유형별 주먹의 최대속도는 준비 자세로부터 오른쪽 팔꿈치가 최대 신전되었을 때까지의 주먹의 최대속도를 분석한 것으로 그 결과는 <표 5>와 같다.

몸통지르기 유형별 주먹의 평균 최대속도를 살펴보면, 유형 3(5.99m/s)이 가장 빠른 속도를 나타냈으며, 그 다음 순으로 유형 4(5.93m/s), 유형 2(5.67m/s), 유형 1(5.00m/s) 순으로 나타났다. 지르기 유형별 주먹의 최대속도 차이를 알아보기 위해서 반복 측정된 일요인변량분석을 실시한 결과 통계적 유의한 차이($p<.010$)를 나타내 보였다. 이에 다중비교를 실시한 결과 유형1 vs. 유형4에서 서로 유의한 차이를 나타내 보였다.

Putnam(1993)은 분절운동의 순서화(sequencing)를 설명하기 위하여 운동학적 변수를 사용하였는데, 관절의 각속도가 근위에서 원위로 연속적으로 증가하고, 분절 끝점의 합성직선속도(resultant linear velocity)가 근위에서 원위로 점차 더욱 빨라진다고 하였으며, 최치선

(2003)의 태권도 지르기 동작 시 목표 거리와 지르기 방식에 따른 충격력 비교 연구논문에서 팔 길이 80%에서 4.9m/s의 속도가 발생하였는데, 이는 본 연구의 유형 1과 비슷한 동작으로 그 속도 또한 유사하게 나타났다.

5. 몸통지르기 유형별 주먹의 최대각속도

몸통지르기 유형별 몸통의 최대각속도(Z축)는 준비 자세로부터 오른쪽 팔꿈치가 최대 신전되었을 때까지의 몸통의 최대각속도를 분석한 것으로 그 결과는 <표 6>과 같다.

몸통지르기 유형별 몸통의 평균 최대각속도를 살펴보면, 유형 4(495.6deg./sec.)가 가장 빠른 각속도를 나타냈으며, 그 다음 순으로 유형 2(434.2deg./sec.), 유형 3(434.2deg./sec.), 유형 1(337.7deg./sec.) 순으로 나타났다. 지르기 유형별 몸통의 최대각속도 차이를 알아보기 위해서 반복 측정된 일요인변량분석을 실시한 결과 통계[적 유의한 차이($p<.031$)를 나타내 보였다. 이에 다중비교를 실시한 결과 유형1 vs. 유형3에서 서로 유의한 차이를 나타내 보였다. 이러한 결과는 유형 4는 팔굽을 가슴위치에서 몸통을 지르기 하였기에 가장 빠른 각속도를 나타냈으며, 유형 1은 어깨만 사용하였기에 가장 느린 각속도를 나타낸 것으로 사료된다.

6. 몸통지르기 유형별 지면반력

태권도 몸통지르기 유형별 지면반력은 오른쪽 팔꿈치가 최대 신전 시 지면반력 값을 분석한 것으로 그 결과는 <표 7>과 같다.

표 5. 유형별 주먹의 평균 최대속도 및 일원변량분석
(unit : m/s)

Types	M±SD	p	contrast
유형1	5.01±0.46		
유형2	5.67±0.52	.010*	유형1 vs. 유형4
유형3	5.99±0.55		
유형4	5.93±0.33		

* $p<.05$

표 6. 유형별 주먹의 평균 최대각속도 및 일원변량분석
(unit : deg./sec.)

Types	M±SD	p	contrast
유형1	337.69±105.63		
유형2	434.18±90.50	.031*	유형1 vs. 유형3
유형3	488.92±78.10		
유형4	495.56±108.27		

* $p<.05$

표 7. 유형별 평균 지면반력 및 일원변량분석 (unit : N)

Fx	Types	M±SD	p	contrast
왼 발	유형 1	-18.23±25.52	.019*	
	유형 2	-36.83±32.18		
	유형 3	-54.89±45.84		
	유형 4	-12.05±31.03		
오른 발	유형 1	6.45±6.00	.149	
	유형 2	60.58±25.39		
	유형 3	40.47±41.00		
	유형 4	20.77±19.99		

+ : 후방, - : 전방

Fy	Types	M±SD	p	contrast
왼 발	유형 1	39.66±25.35	.647	
	유형 2	54.81±43.40		
	유형 3	80.92±36.68		
	유형 4	83.59±36.25		
오른 발	유형 1	-53.17±10.94	.723	
	유형 2	-80.12±22.42		
	유형 3	-49.68±33.86		
	유형 4	-95.65±24.19		

+ : 우측, - : 좌측

Fz	Types	M±SD	p	contrast
왼 발	유형 1	332.06±41.59	.499	
	유형 2	313.85±58.84		
	유형 3	341.79±79.34		
	유형 4	291.11±84.24		
왼 발	유형 1	358.37±39.56	.105	
	유형 2	370.30±81.22		
	유형 3	426.11±48.28		
	유형 4	427.13±56.89		

* $p<.05$

지르기 유형별 전후측(Fx) 지면반력 차이를 알아보기 위해서 반복 측정된 일요인변량분석을 실시한 결과에 따르면, 왼발에서는 유의한 차이($p<.019$)를 나타내 보였으며, 오른발에서는 유의한 차이($p<.149$)는 없었다. 왼발에서 유의한 차이가 있어 다중비교를 실시한 결과 유형별간에는 유의한 차이는 나타나지 않았다.

좌우측(Fx) 지면반력에서 왼발($p<.647$)과 오른발($p<.723$) 모두 통계적으로 유의한 차이는 나타나지 않았고 수직(Fz) 지면반력에서도 왼발($p<.499$)과 오른발($p<.105$) 모두에서 유의한 차이는 나타나지 않았다.

태권도 몸통 지르기의 유형별 전후 지면반력은 왼발에서는 유형 3, 오른발에서는 유형 2가 가장 큰 값을 보였으며, 좌우 지면반력은 왼발과 오른발에서는 유형 4가 가장 큰 값을 나타내는 특징을 보였다. 수직지면반력은 유형 3이 가장 높은 값을 나타내 보였다.

위의 결과를 종합해보면, 주춤 서 몸통지르기는 지면을 누르는 힘이 하지, 허리, 어깨, 팔꿈치, 손으로 힘이 전달되는 연쇄계(kinetic chain)가 필요하며, 소요시간을 짧게 하여, 몸통의 각속도를 높이면서 중심을 잘 이용해야만 빠르고 파워 있는 몸통지르기를 할 수 있다고 사료된다.

Ⅳ. 결론 및 제언

본 연구는 태권도 유형별 몸통지르기의 정량적인 이론체계 정립과 지도의 체계화를 위해 몸통지르기 기술의 생체역학적 변인을 분석하여 일선 지도자들의 향후 훈련방법에 기초적 자료를 제공하는데 목적이 있다. 이 목적을 달성하기 위하여, 현 국가대표 품새 시범단 5명을 대상으로 적외선 카메라(Vicon, 7대))와 지면반력판(force plate, 2대)로 이루어진 3차원 동작분석 시스템을 사용하여, 태권도 유형별 몸통지르기의 각 부위의 변위, 시간, 합성중심 이동거리, 속도, 각속도 및 지면반력을 분석한 결과 다음과 같은 결론을 얻었다.

첫째, 4가지 지르기 유형별 각 부위의 변위(어깨, 허리, 무릎)에서 통계적으로 유의한 차이는 없었으며, 지르기 시 무릎부위보다는 허리를 허리부위보다는 어깨부위의 움직임을 크게 하면서 지르기를 수행하였다.

둘째, 몸통지르기 유형별 소요시간에서 통계적으로 유의한 차이는 나타나지 않았으며, 지르기 시 소요시간 순으로 유형 2(0.46초)가 가장 짧은 소요시간을 유형 1(0.56초)이 가장 많은 소요시간을 나타내 보였다.

셋째, 몸통지르기 유형별 합성신체중심의 이동거리에서 통계적으로 유의한 차이는 나타나지 않았으며, 지르기 시 합성신체중심의 이동거리는 유형 3(4.07㎝)이 가장 큰 신체중심의 이동을 보였고 유형 1(2.58㎝)이 가장 적은 신체중심의 이동을 나타내 보였다.

넷째, 몸통지르기 유형별 주먹의 최대속도에서 통계적으로 유의한 차이($p<.010$)를 나타내 보였으며, 이에 다중비교를 실시한 결과 유형 1과 유형 4에서 유의한 차이를 나타내 보였다. 지르기 시 주먹의 최대속도는 유형 3(5.99㎧)이 가장 빠른 속도였으며, 유형 1(5.01㎧)이 가장 늦은 속도를 나타내 보였다.

다섯째, 몸통지르기 유형별 몸통의 최대각속도에서 통계적으로 유의한 차이($p<.031$)를 나타내 보였으며, 이에 다중비교를 실시한 결과 유형 1과 유형 3에서 유의한 차이를 나타내 보였다. 지르기 시 몸통의 최대각속도는 유형 4(495.92deg./sec.)가 가장 큰 몸통의 각속도를, 유형 1(337.69deg./sec.)이 가장 느린 각속도를 나타내었다.

여섯째, 몸통지르기 유형별 지면반력은 전후, 좌우, 수직 모두 통계적으로 차이는 나타나지 않았으며, 전후 지면반력은 왼발에서는 유형 3, 오른발에서는 유형 2가 가장 큰 값을 보였으며, 좌우 지면반력은 왼발과 오른발에서는 유형 4가 가장 큰 값을 나타내보였다. 수직지면반력에서는 유형 3이 가장 높은 값을 나타내 보였다.

참 고 문 헌

강성철 (1998). 태권도 차기동작의 분형에 따른 운동역학적 특성 분석. 미간행 박사학위논문, 성균관대학교 대학원.

김규완 (2000). 초·중·고·대학교 태권도 선수의 앞차기 동작 비교 연구. 미간행 박사학위논문, 서울대학교 대학원.

김성하 (2002). 태권도 뒤후려차기 시 숙련자와 비숙련자간 주동근 동원양상과 피로도 비교 분석. 미간행 석사학위논문, 서울대학교 대학원.

김창국 (1991). 태권도 돌려차기 동작의 운동역학적 분석. 미간행 박사학위논문, 고려대학교 대학원.

김용이 (1999). 태권도 옆차기 기술의 3차원적 운동역학적 분석. 미간행 석사학위논문, 연세대학교 대학원.

김원섭 (2001). 태권도 앞돌려차기의 운동역학적 특성이 차기발에 미치는 효과. 미간행 박사학위논문, 성균관대학교 대학원.

구희성 (1999). 태권도 나래차기 동작의 운동역학적 분석. 미간행 박사학위논문, 성균관대학교 대학원.

국기원 (1995). 태권도 교본. 오성출판사.

국기원 (2001). 국기 태권도 교본. 오성출판사.

성낙준 (1986). 태권도 기본 발차기의 역학적 분석. 스포츠과학 연구과제 종합보고서. 대한체육회.

신용석 (1993). 태권도 뒤후려차기 기술의 각 운동량 분석. 미간행 석사학위논문, 연세대학교 대학원.

신제민 (1999). 기술수준에 따른 태권도 돌려차기 동작의 협응 및 제어형태 비교. 미간행 박사학위논문, 연세대학교 대학원.

이주상 (1999). 태권도 끌어 앞 돌려차기 연속동작에 대한 운동학적 분석. 미간행 석사학위논문, 고려대학교 교육대학원.

양동영 (1986). 태권도 차기동작의 역학적 에너지 변화에 관한 생체역학적 분석. 미간행 박사학위논문, 서울대학교 대학원.

양창수 (1999). 태권도와 합기도의 돌려차기 동작시 타격 목표 높이가 운동역학적 요인에 미치는 영향. 미간행 박사학위논문, 국민대학교 대학원.

윤동섭 (1986). 태권도 뒷차기의 운동학적 분석. 미간행 석사학위논문, 성균관대학교 대학원.

윤창진 (1997). 태권도 차기 동작시 발속도에 대한 신체분절의 기여도. 미간행 석사학위논문, 서울대학교 대학원.

장기준 (1985). 태권도 앞차기와 찍어차기의 운동학적 분석. 미간행 석사학위논문, 연세대학교 대학원.

정찬 (1985). 태권도 발차기시의 근전도적 연구. 미간행 석사학위논문, 동아대학교 교육대학원.

최치선 (2004). 태권도 지르기 동작 시 목표 거리와 지르기 방식에 따른 충격력 비교 연구. 미간행 석사학위논문, 서울대학교 대학원.

하철수 (2002). **운동역학**. 형설출판사.

Putnam, C. A. (1993). Sequential motions of body segments in striking and throwing skills: descriptions and explanations. *Journal of Biomechanics*, 26, Suppl.1 125-135.

Schneider, K., Zernicke, R. F., Schmit, R. A., & Hart, T. J. (1989). Changes in Limb dynamics during the pactice of rapid arm movements. *Journal of Biomechanics*, 22(8/9), 805-817.

주의초점 전략이 태권도 기본동작의 속도 및 분절 협응패턴에 미치는 효과

강성철[1] · 김기태[2]

[1]용인대학교 무도대학 태권도학과, [2]서울대학교 사범대학 체육교육과

The Effect of Attention Focusing Strategies on the Speed and Segment Coordination Characteristics of Taekwondo Hand Techniques

Sungchul Kang[1] · Kitae Kim[2]

[1]Department of Taekwondo, College of Martial arts, Yongin University, Yongin, Korea
[2]Department of Physical Education, College of Education, Seoul National University, Seoul, Korea
Received 5 August 2013; Received in revised form 6 September 2014; Accepted 20 September 2014

ABSTRACT

This study comparatively analyzed the speed and segment coordination characteristics of Taekwondo hand techniques, while different attention focusing strategies were utilized. Ten elite Taekwondo poomsae athletes participated, and three different strategies (no focus, target focus, body focus) were utilized in random order. The hand velocity and upper body segment coordination characteristics were analyzed, with the following results. First, the maximum magnitudes of the hand velocity differed between the focus conditions for the Araenaereomakgi and Momtongjireugi techniques. Second, the angular velocity and kinetic energy transfer patterns of the segments differed between the focus conditions, and in the case of the body focus condition, the movement was more correct according to the theory. Third, the shoulder and elbow joint coordination patterns differed between the focus conditions, with more efficient movement shown with the body focus condition. In conclusion, we confirmed the potential of effectively using an attention focusing strategy in a taekwondo teaching situation. However, the effect on the movement coordination and results of the movement could be changed by a difference in the cue provided or the type of the task. In addition, depending on the task, the attention focusing strategy could affect the efficiency of the movement. Therefore, coaches and masters of Taekwondo will have to constitute determine the appropriate attention focusing cues based on the task.

Keywords : Taekwondo, Hand Technique, Angle-angle Diagram, Segment Coordination

I. 서 론

일반적으로 운동선수들이 스포츠현장에서 구사하는 동작들은 다수의 인체 분절들이 끊임없는 협응을 이루어야 하는 복잡한 기술들로, 올바르게 수행하기 위해서는 장기간의 훈련을 통해 숙달되어야 한다. 이러한 운동기술의 학습 과정에 있어서 기술의 습득 또는 발전을 도와주는 인지학습전략(cognitive learning strategy)은 체육학자들 사이에서도 그 중요성이 널리 인식되어왔다(Ahn, Ko, Yook, Hong, Lee, & Shin, 2007).

인지학습전략은 준비(readying), 심상(Imaging), 집중(focusing), 실행(executing), 평가(evaluating)의 5단계로 구분할 수 있는데(singer, 1988), 그중 집중단계는 어떠한 활동을 준비하거나 환경으로부터 정보를 얻을 때 주의를 기울여 초점을 맞추는 과정 즉, 주의집중 과정이라고 할 수 있으며(Kim, 2000), 학습자가 하나의 단서에 초점을 맞추어 집중하도록 하고 주어진 단서 이외의 생각을 차단하는

Corresponding Author: Kitae Kim
Department of Physical Education, Seoul National University,
1 Gwanak-ro, Gwanak-gu, Seoul, Korea
Tel : +82-02-880-7755
E-mail: dkrlcla@snu.ac.kr

기법을 말한다. 이러한 주의초점 기법은 운동기술의 학습 및 수행에 있어서 보다 효율적인 동작을 유도하기 위해 효과적인 인지학습 전략 중 하나이다.

주의초점은 신체동작에 대한 직접적인 정보에 집중하는 내적 주의초점, 그리고 과제와 관련된 환경 또는 동작에 대한 결과에 집중하는 외적 주의초점으로 구분할 수 있다. 선행연구에 의하면 외적 주의초점은 과제 수행 시 의식적인 동작제어를 차단하여 수행을 정확하게 이끄는 반면, 내적 주의초점은 의식적인 동작제어를 유도하므로 오히려 방해가 되기 때문에 기술의 효율적인 구사를 위해서는 외적 주의초점이 효과적이라고 보고하고 있다(Shae & Wulf, 1999; Wulf, Lauterbach & Toole, 1999; Wulf & McConnel, Gartner & Schwarz, 2002; Wulf, McNevin, Fuchs, Ritters, & Toole, 2000; Wulf, McNevin, & Shea, 2001; Wulf, Shea & Par, 2001).

스포츠 동작 수행 시 주의초점의 영향에 관련된 최근 연구들을 살펴보면 Kwon (2010)은 골프 하프스윙 동작 시 주의초점에 따른 상지의 협응구조에 대해 분석한 결과 외적 주의초점 집단에서 협응과정의 우수성이 명확히 나타났다고 보고하였고, Choi, Hong, Yook와 Jung (2011)은 내적 심상과 외적 주의초점이 농구 자유투 과제의 수행 및 학습에 미치는 영향에 대해 분석한 결과 내적 심상과 외적 주의초점을 혼합한 전략을 사용한 집단에서 내적 심상 또는 외적 주의초점을 단독으로 사용한 집단 또는 통제집단에 비해 우수한 학습효과를 보였다고 하였다. 한편, Wulf (2008)는 전문 곡예사들을 대상으로 rubber disk를 이용한 밸런스 테스트를 실시한 결과 내적 및 외적 주의초점의 효과가 나타나지 않았다고 보고하였으며, Lawrence, Gottwald, Hardy와 Khan (2011)은 동작의 효과가 명확하게 드러나지 않는 체조동작과 같은 폼 기반 과제의 경우 주의초점 전략에 따른 어떠한 효과도 나타나지 않았다고 보고하였다.

이처럼 주의초점 전략은 수행과제의 유형이나 복잡성에 따라서 수행과정 및 결과에 미치는 효과가 다르게 나타날 수 있으며, 대상자들의 숙련도에 따라서도 그 결과는 달라질 수 있다. 때문에 다양한 종목과 대상자들에 적용한 연구가 진행되어야 할 필요성이 있다.

태권도는 올림픽 정식종목인 겨루기종목을 통해 국제적인 스포츠로 자리 잡았고 품새, 격파 및 시범 등의 다양한 부분으로 분화 발전하고 있어 전 세계적으로 많은 수련인구를 확보하고 있다. 태권도의 동작들을 정확하게 수행하기 위해서는 전신의 분절들이 효율적으로 협응을 이루어야 하며 심리적인 인지전략의 중요성이 강조된다. 그럼에도 태권도 동작과 인지전략을 연관시킨 연구는 찾아보기 어렵다. 또한 기존의 연구들은 초보자를 대상으로 한 학습능률에 초점을 둔 연구가 주로 이루고 있고, 주의초점 전략의 효과를 결과지식만을 토대로 평가하거나 동작의 일관성 및 정확성만을 요구하는 형태의 과제를 대상으로 진행된 연구가 대부분이다. 그러므로 주의초점 전략을 효과적으로 태권도 동작에 적용하기 위해서는 그 동작의 협응과정과 결과에 대한 역학적인 분석을 통해 다양한 측면의 평가가 요구된다.

그러므로 본 연구에서는 태권도 품새에 주로 사용되는 손기술을 바탕으로 다양한 단서를 통한 주의초점 전략이 엘리트 태권도 품새 선수들의 동작 수행 시 각 분절의 협응과정 및 결과에 어떠한 영향을 미치는지 확인함으로써 효과적인 태권도 동작의 지도방법을 위한 자료를 제공하고자 한다.

II. 연구 방법

1. 연구 대상자

본 연구의 대상자로는 전국 규모 대회 입상경력이 있는 대학 품새선수 10명(신장:174.1±4.65 cm, 체중:66.7±4.27 kg, 나이:22.1±1.20세)을 선발하였다. 연구대상자들은 사지의 근골격계 이상이 없고, 연구의 목적과 가설에 대한 정보가 없는 집단으로 모두 오른손잡이로 구성하였다.

2. 실험 도구

본 연구에 사용된 장비는 실시간 적외선 카메라(Vicon, UK) 7대를 사용하였으며, 이를 동조하기 위한 동조장치(Vicon, UK)와 기준좌표 설정 및 Calibration을 위한 L-frame과 T-wand(Vicon, UK)를 사용하였다. 분석을 위한 소프트웨어로는 실험 시 장비들을 컨트롤하기 위한 Nexus v.1.6(Vicon, UK), 데이터 분석을 위한 Visual 3D standard v.4(C-motion, USA) 및 Excel 2013(Microsoft, USA), 통계처리를 위한 SPSS v.18.0(IBM, USA)을 사용하였다.

3. 실험 절차

실험이 시작되기 전 동작이 수행되는 공간을 충분히 수용할 수 있도록 적외선카메라를 설치하였으며 Calibration을 통해 기준좌표 설정과 오차율에 이상이 없음을 확인 후 촬영을 시작하였다. 이때 기준좌표는 대상자를 기준으로 좌우방향을 X축, 전후방향을 Y축, 그리고 수직방향을 Z축으로 설정하였으며, 적외선 카메라의 sampling rate은 120 Hz로 설정하였다.

본 연구는 실험 전 연구대상자들에게 실험에 대한 상세한 절차 및 내용을 설명하여 이해하도록 한 후 실험 동의서에 서명을 하도록 하였으며, 충분한 준비운동 및 스트레

칭을 통해 상해의 위험이 없도록 조치하였다. 연구대상자들은 먼저 마커 인식에 방해받지 않도록 검정색 스판소재의 실험복(반바지)을 착용하였으며 체중 및 신장을 측정한 후 총 39개의 반사마커를 plug-in-gait model(Vicon, UK)을 이용하여 인체 각 관절점 및 분절에 부착하였다. 연습동작을 실시한 후 본 실험을 실시하였다. 측정한 동작은 유급자 품새 중 가장 높은 빈도로 나타나는 공격과 방어 동작으로 몸통지르기와 몸통안막기(Cho & Eom, 2012; Park, Seol, & Kim, 2013), 그리고 태권도 동작의 가장 기본이 되며 유급자품새 중 1, 2, 3, 5, 6장의 첫 동작인 아래내려막기 동작을 선정하였다.

실험이 시작되면 대상자들은 Y축 방향을 정면으로 아래내려막기와 몸통지르기는 앞굽이서기의 아래내려막기 자세로, 몸통 안막기는 뒷굽이서기 몸통안막기 자세로 준비하였다. 측정을 위한 동작은 앞굽이서기의 아래내려막기와 몸통바로지르기 동작, 뒷굽이서기의 몸통안막기 동작으로 촬영에 앞서 약 2분간의 설명을 통해 무작위로 타겟초점 또는 동작초점의 주의초점 전략에 사용될 단서를 제공받거나 아무런 단서도 제공받지 않았다. 5번의 연습동작을 실시하며 단서에 대한 피드백을 제공받은 후 3번씩의 촬영을 실시하였다. 촬영 후에는 마찬가지로 2분간의 설명 및 연습 시간을 통해 나머지 주의초점에 대한 피드백을 무작위로 제공 후 3번의 추가 촬영을 실시하여 총 3가지 주의초점 전략에 대한 실험을 반복측정으로 실시하였다. 반복측정에 따른 learning effect의 효과를 배제하기 위하여 각각의 조건에 따른 동작을 촬영하기 전에 피드백을 통한 연습과정을 통해 주어진 단서에만 집중할 수 있도록 유도하였다. 또한 품새 동작과 같이 복잡한 과제의 경우 개인의 특성에 의해 나타나는 오차의 범위가 크기 때문에 그룹을 나눌 경우 주의초점 단서에 의한 변화를 정확히 관찰할 수 없으므로 반복측정 방법을 선택하였다. 주의초점 단서로 제공될 설명은 타겟초점의 경우 '가상의 점을 목표로 손끝이 최대한 빠르게 목표에 도달하도록 하는데 집중하라'고 지시하여 외적 주의초점의 효과를 유도하였고, 동작초점의 경우 '몸통의 움직임에 집중하여 각 분절의 순차적인 움직임이 되도록 하라'고 지시하여 내적 주의초점의 효과를 유도하였다.

4. 자료 분석

1) 분석구간

본 연구의 분석구간은 동작 시 내어딛기 위한 발이 지면에서 이지하는 순간부터 동작이 완료되는 시점까지이다.

2) 분석변인

분석변인으로는 각 동작 별 손의 최대 합성속도와 각 상

Figure 1. Analysis Phase (Example of Araenaeryeomakgi)

체 분절의 각도와 각속도, 그리고 각 분절들의 최대 각속도 발현 시점 및 에너지 전이 패턴이다. 분절의 각도는 어깨와 팔꿈치 관절의 상위분절에 대한 상대각도를 산출하였고, 분절의 각속도는 골반의 수직축 절대 각속도와 몸통, 상완, 하완의 상위분절에 대한 상대각속도를 산출하였다. 각각의 각속도가 최대가 되는 시점을 전체 소요시간에 대한 %로 표준화 하여 발현시점을 산출하였다. 에너지는 몸통, 상완, 하완 각각의 전체 에너지에서 potential 에너지를 제외한 선운동에너지 및 각운동에너지의 합으로 산출하였다(Jöris, van Muyen, van Ingen Schenau, & Kemper, 1985). 변인의 산출을 위해서 Visual 3D standard v.4(C-motion, USA) 및 Microsoft office excel 2010(Microsoft, USA) 소프트웨어를 활용하였다.

5. 자료 처리

본 연구에서 대상자는 아래내려막기, 몸통안막기, 몸통지르기의 세 가지 동작을 실시하였고, 각각의 동작을 주의초점 형태에 따라 세 가지의 조건으로 3번씩 실시하였다. 자료의 수집은 NEXUS 1.5(Vicon, UK) 프로그램을 이용하여 처리하였으며 이후 Visual 3D standard v.4(C-motion, USA) 프로그램을 이용하여 각각의 데이터를 산출하였다. 수집된 마커의 위치좌표 데이터는 butterworth 4th order lowpass filter를 이용하여 12 Hz로 smoothing하여 사용하였다. 통계프로그램인 SPSS v.21(IBM, USA)을 이용하여 각 유형간 변인들의 차이를 검증하기 위해 one-way ANOVA with repeated measures 를 실시하였으며, 유의 수준은 $p<.05$로 설정하였다.

III. 결 과

1. 최종분절 최대 합성속도

아래내려막기, 몸통안막기, 몸통지르기 동작 시 손에 부착한 마커의 최대 합성속도를 <Table 1>에 제시하였다. 몸통 지르기를 제외한 나머지 막기 동작의 경우 빠른 속도보다는 정확한 타이밍이 중요한 동작이므로 최종분절의 최

Table 1. maximum hand velocity　　　　　　　　　　　　　　　　　　　　　　　　　　　　　　　　　　　　　　　(unit: m/s)

techniques	focus	N	no focus	target focus	body focus	F	p
Araenaeryeomakgi			9.72±0.96	10.01±0.89	10.34±1.07	5.472	.014*
Momtonganmakgi		10	9.67±1.14	10.33±0.64	10.19±1.04	3.187	.065
Momtongjireugi			7.22±0.94	7.49±0.75	7.71±0.51	3.648	.047*

* : $p<.0.05$

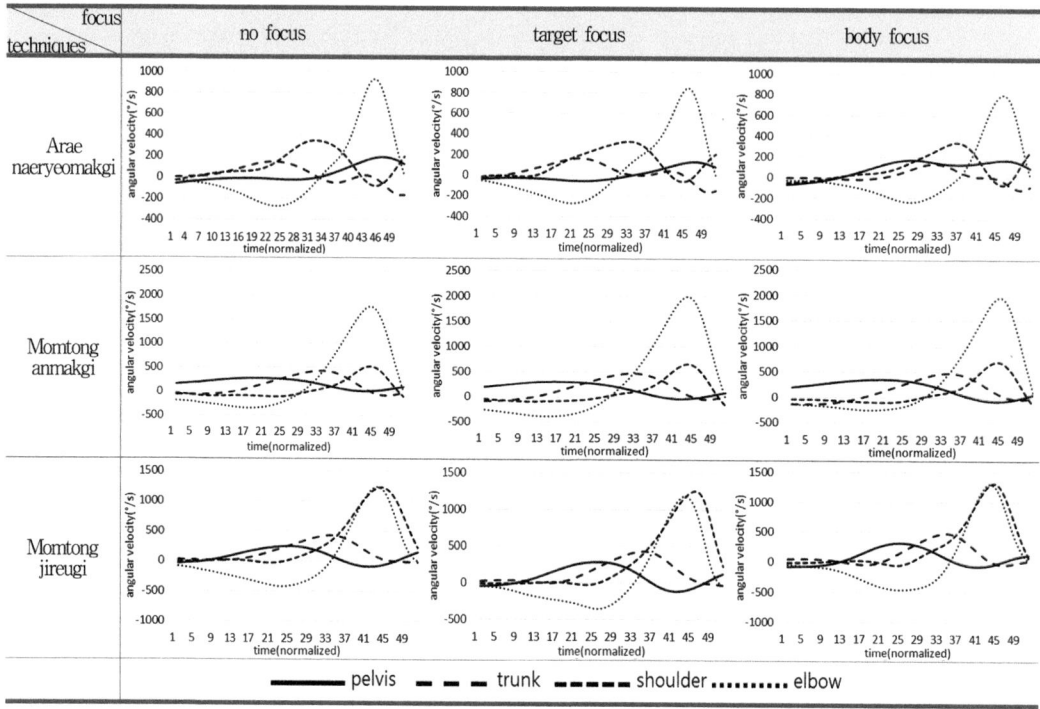

Figure 2. Segment angular velocity pattern

대 선속도가 동작의 목적에 완벽하게 부합하는 변인으로 볼 수 없는 것이 사실이다. 하지만 동작의 원리로 설명되고 있는 분절순서이론(Plagenhoef, & Curtis, 1971; Putnam, 1993)은 최종분절의 속도를 증가시키기 위한 최적의 형태로서 동작을 설명하고 있고, 막기는 쳐막기, 받아막기 등 다양한 형태로 공격자로부터의 운동량을 상쇄하는 것이 목적이기 때문에 손의 속도는 고려해야 할 부분이다. 결과에 의하면 아래내려막기 동작과 몸통지르기 동작의 최종분절 합성속도에서 주의초점 전략에 따른 차이가 나타남을 확인할 수 있었으며 동작초점에 집중한 경우에 더 빠른 합성속도를 생성한 것으로 나타났다($p<.05$). 하지만 각 요인 간 대응별 비교에서는 유의한 차이를 나타내지 않았으며 몸통안막기 동작에서는 오히려 타겟초점에 집중한 경우 더 큰 수치를 보였다.

2. 각 분절 각속도 패턴

주의초점 전략에 따라 최종분절의 속도를 생성하기 위한 각 분절들의 상대각속도 패턴을 <Figure 2>에 제시하였다. 각 분절의 각속도를 살펴보면 아래내려막기 동작의 경우 전형적인 throw-like motion으로 전체적인 분절들의 각속도가 순차적으로 나타났고 동작초점에 집중한 경우 골반의 회전이 상부몸통에 비해 선행하는 현상을 보였다. 반면 몸통지르기의 경우 전형적인 push-like motion의 패턴을 보이는 것으로 나타났다. 동작초점에 집중한 경우 또는 주의초점을 제공하지 않은 경우에는 어깨관절과 팔꿈치 관절의 각속도가 최대에 이르는 시점이 동일하게 나타났다. 하지만 타겟초점에 집중한 경우 지르기 동작의 말단분절들이라고 할 수 있는 어깨와 팔꿈치 관절의 최대 각속도

Table 2. Angular velocity peak time sequence of each segment (% total time)

techniques, segments	focus	N	No focus	Target focus	Body focus	F	p
Arae naeryeomakgi	Pelvis	10	93.44±3.61	91.12±7.83	84.92±9.00	7.218	.025*
	Trunk		78.82±8.98	77.68±9.59	79.68±7.53	0.055	.820
	Upper arm		80.19±3.24	84.29±9.29	89.36±9.22	7.273	.025*
	Fore arm		94.20±1.32	94.11±2.17	93.52±2.26	0.819	.389
Momtong anmakgi	Pelvis	10	74.94±10.02	69.11±8.41	70.97±5.44	1.843	.208
	Trunk		81.60±2.18	80.45±2.66	82.59±2.53	1.047	.333
	Upper arm		92.79±1.24	91.82±1.62	92.65±1.39	0.117	.740
	Fore arm		92.70±0.97	92.28±1.16	93.33±1.35	2.163	.175
Momtong jireugi	Pelvis	10	69.46±9.50	71.56±7.90	71.17±15.25	0.481	.505
	Trunk		80.99±4.80	82.70±4.64	79.87±6.37	1.489	.253
	Upper arm		90.67±4.11	92.05±2.94	90.33±5.19	4.045	.075
	Fore arm		90.51±3.89	91.21±2.47	90.36±5.02	0.841	.383

* : *p*<.0.05

가 나타나는 시점이 차이를 보이는 것을 볼 수 있으며 각속도의 최댓값 또한 차이를 보였다.

3. 각 분절의 최대 각속도 발현 시점

각 분절의 각속도 최댓값이 나타나는 시간순서를 %로 나타내었다(Table 2). 아래내려막기 동작에서 골반과 상완의 최대 회전속도가 나타나는 지점은 조건에 따라서 차이를 보이는 것으로 나타났다(*p*<.05). 골반의 경우 동작초점에 집중한 경우에 시간적으로 가장 선행되는 것으로 나타났으며, 상완의 각속도에서는 동작초점에 집중한 경우 오히려 다른 조건에 비해 상대적으로 최대 각속도가 늦게 나타났다. 하지만 각 요인간 대응별 비교에서는 유의한 차이를 보이지 않는 것으로 나타났다.

4. 각 분절 에너지 전이 패턴

각 분절의 에너지 전이 패턴을 <Figure 3>에 제시하였다. 각 분절의 에너지 전이 패턴을 살펴보면 전체적으로 kinetic 에너지의 최댓값이 근위분절에서 원위분절로 시간적인 순서에 맞게 나타났으며 아래 내려막기 동작에서는 동작초점에 집중한 경우 그러한 패턴이 두드러지게 나타났다. 특히 동작초점에 집중한 경우 몸통의 에너지가 가장 먼저 최대치에 이른 후 순차적으로 상완, 하완의 에너지로 전이되는 형태가 나타났고, 다른 주의초점 전략을 사용한 경우 하완의 에너지가 최대에 이른 후에 몸통의 에너지가 최대에 이르는 패턴을 보였다.

5. 어깨, 팔꿈치 관절 각도-각도 다이어그램

Winstein와 Garfinkel (1989)은 두 관절의 각도에 대한 동시간대 비교가 사지 내 협응에 대한 정보를 제공할 수 있다고 보고하며 각도-각도 다이어그램을 통한 해석을 제시하였다. 본 연구에서 다루어진 3가지 동작에 대한 각도-각도 다이어그램을 Figure 4에 제시하였다. 아래내려막기에서는 동작초점에 집중한 경우 보다 뚜렷한 원형 궤적을 보이며 비결속 협응의 형태를 보였으며, 나머지 조건에서는 초기의 수평 궤적과 후기의 수직 궤적의 형태가 더 두드러지게 나타났다. 몸통지르기 동작의 경우는 전형적인 전환점 동조(turning point synchronization)를 포함한 동형동조(in phase)의 형태를 보이고 있다. 두 관절에서 동작의 초기와 후기에 약간의 기울기의 차이를 보인 타겟초점 조건에 비해서 동작초점의 경우 어깨와 팔꿈치 관절이 일관된 비율로 변화하는 모습을 보였다. 몸통안막기 동작의 경우는 예비동작이 이루어지는 지점까지의 움직임은 조건에 따라 차이를 보였으나 손이 가속되며 실질적으로 동작을 수행하는 구간에서는 주의초점에 따라 큰 차이를 보이지 않고 전형적인 동형동조의 형태를 보였다.

IV. 논 의

대부분의 현장에서 이루어지고 있는 스포츠 기술들은 신체의 모든 분절들이 적절히 협응을 이뤄야 하고 많은 수의 자유도를 조절해야 하는 복잡한 동작들이다(Lee, 2003). 이러한 복잡한 동작들과 관련하여 코치나 지도자들은 지도를 통해 피드백을 제공하며, 지도는 동작에 대한 역학적인 지식이나 타이밍, 자세 등을 포함한다(Wulf, Höß, &

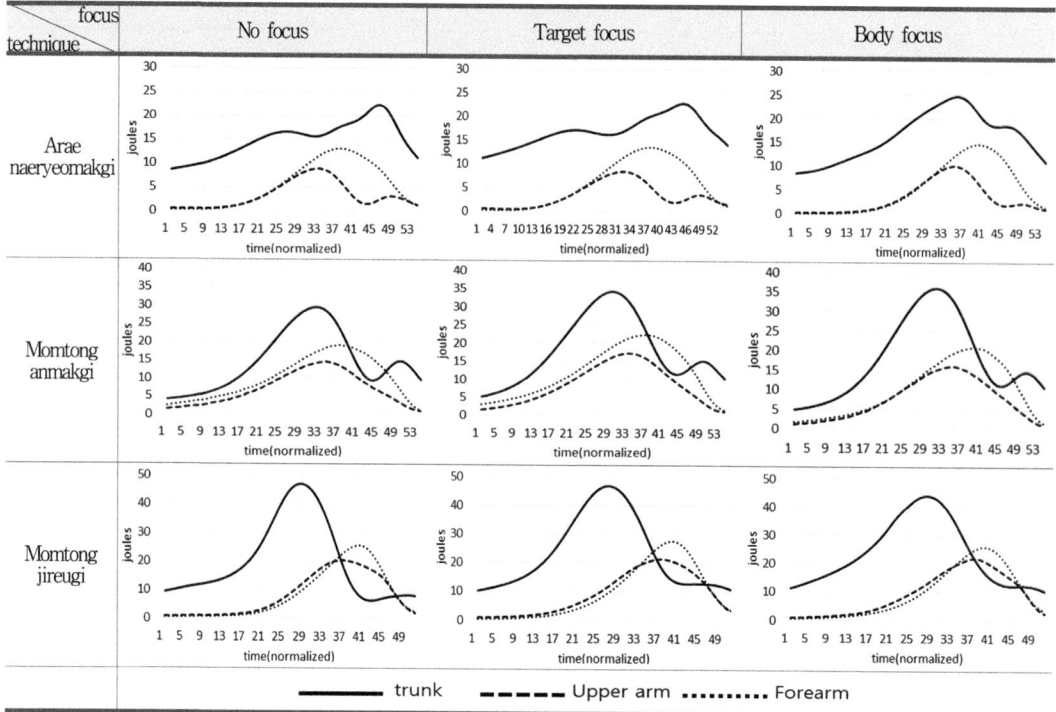

Figure 3. Segment energy transfer pattern

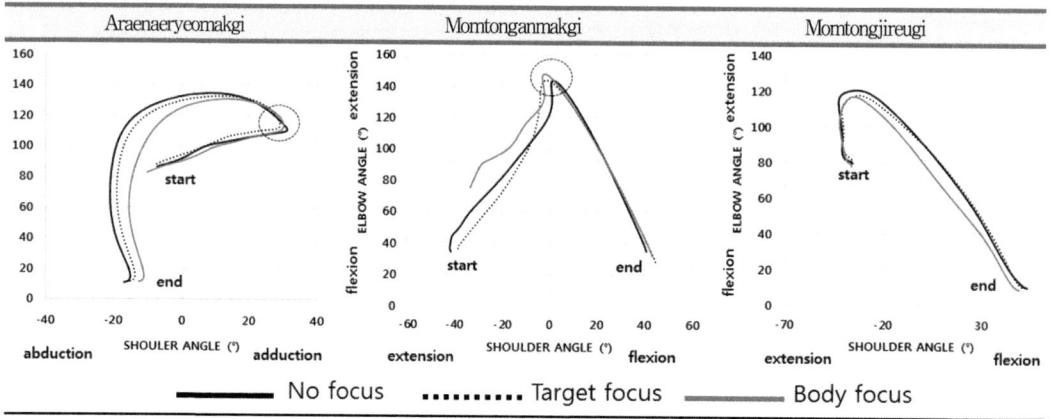

Figure 4. Angle - angle diagram (shoulder - elbow)

Prinz, 1998). 이러한 지도의 전략적인 제공에 따라서 선수들의 경기력은 효율적으로 향상될 수 있다는 것은 많은 선행연구들을 통해서 증명되었으며 대부분의 선행연구들은 신체 협응에 대한 직접적인 정보 보다는 환경이나 동작의 결과 등에 주의를 집중하는 외부적 주의초점이 효과적이라고 결론내리고 있다(Shae & Wulf, 1999; Wulf et al., 1998; Wulf et al., 1999; Wulf et al., 2002; Wulf et al., 2000; Wulf et al., 2001; Wulf et al., 2001).

주의초점을 주제로 한 선행 연구들의 특징을 살펴보면 첫째, 사전 경험이 없는 일반인 또는 어린이 등을 대상으로 한 경우가 많았으며, 둘째, 정확성과 일관성을 주요한 요인으로 하는 골프 퍼팅이나 다트던지기 등을 과제로 설정하였다. 셋째, 동작의 과정에 대한 분석 없이 결과만을 토대로 주의초점 전략의 효과를 검증하고 있으며, 넷째, 훈련 기간을 설정하여 학습의 효과를 제시하고자 하였다. 하지만 본 연구는 최상위 엘리트 수준의 선수들을 대상으로 주의초점 전략을 통해 경기력을 향상시킬 수 있는지에 대해 시사점을 제공한다는 점과, 주의초점 전략이 각 인체분절의 협응과정에 어떠한 영향을 주었는지 살펴볼 수 있었다는 점에 의미를 둘 수 있다.

Cronin, Bressel와 Finn (2008)의 연구에 의하면 배구 점프동작 시 단 5분간의 피드백 제시를 통해서 착지 시의 지면 충격력을 감소시킬 수 있다고 보고하였다. 본 연구에서 역시 매우 짧은 시간의 즉각적인 피드백을 통해 주의초점 전략의 효과를 확인할 수 있었다. 본 연구의 결과에 의하면 아래내려막기 동작과 몸통지르기 시 동작초점에 집중한 경우 더 빠른 합성속도를 생성한 것으로 나타났는데 이러한 결과는 앞서 언급한 주의초점 전략을 주제로 한 대부분의 선행연구들과 일부 상반된 결과로 볼 수 있다. 이러한 상반된 결과의 원인은 과제의 복잡성과 숙련도로 설명할 수 있을 것이다. 과제의 복잡성은 피드백을 제공할 때 고려해야 할 주요 변인으로 설명되어 왔으며(Schmidt, Lange & Young, 1990), Lee와 Yook (2004)은 과제의 복잡성이 수행하는 사람에 따라 상대적일 수 있다는 것을 설명하였다. 걷기나 말하기 등과 같이 매우 숙련된 동작들이 수행될 때는 자동화된 프로그램에 의해 주의를 집중하지 않고도 자연스럽게 실행된다. 태권도의 품새 동작은 전신의 효과적인 협응을 필요로 하는 매우 복잡한 동작이지만 숙련된 엘리트 선수들의 경우 동작을 수행하기 위해서 처음 접하는 사람들과 같은 복잡한 사고과정을 거치지 않는다. 즉, 몸에 베인 동작을 자연스럽게 구사할 수 있기 때문에 과제의 복잡성을 단순히 동작의 형태와 연관 짓기는 어려운 것이다. Kim, Yook와 Lee (2008)는 과제의 난이도에 따라 주의초점 피드백의 효과를 분석한 결과 과제의 난이도가 높은 과제에서는 외적 주의초점 피드백이 더 효과적이었지만 과제의 난이도가 단순해지면 두 주의초점 전략의 효과가 차이를 보이지 않았다고 보고하였다. 또한 Wulf (2008)는 최상의 숙련도를 지닌 곡예사의 경우 밸런스 과제에서 주의초점 전략의 종류에 따른 차이가 나타나지 않았다고 보고하였다. 본 연구결과에 의하면 숙련된 엘리트 선수들의 경우 타겟과 같은 외부에 주의초점을 두는 것에 비해 내부 즉, 동작의 주요 메커니즘으로 작용하는 신체 부위에 주의초점을 두는 것이 긍정적으로 작용할 수 있는 것으로 보인다. 한편 Perkins-Ceccato, Passmore와 Lee (2003)는 골프 피칭 과제의 경우 비숙련자 그룹에서 오히려 내적 주의집중의 긍정적인 효과가 나타났다고 보고하였으며, Lawrence 등 (2011)은 동작의 효과가 명확하게 드러나지 않는 체조동작과 같은 폼 기반 과제의 경우 주의초점 전략에 따른 어떠한 효과도 나타나지 않았다고 보고하였다. 즉, 동작의 유형과 숙련도에 따라서 그 결과는 다르게 나타날 수 있다는 것을 알 수 있다.

최종분절의 속도를 최대로 하기 위한 인체 분절들의 협응방법을 두 가지로 분류할 수 있다. throw-like motion은 원위분절로부터 말단분절에 이르기까지 분절의 회전이 순차적으로 일어남으로써 관성모멘트가 가장 작은 말단분절의 각속도가 최대가 될 수 있는 형태이다. 이는 스피드 총합의 원리로 설명된다(Plagenhoef et al., 1971; Putnam, 1993). 반면 push-like motion은 힘과 정확성을 증가시키기 위해서 개방연결 시스템의 말단분절들이 동시에 회전하는 형태로 말단분절들의 각속도가 동시에 최대가 되어야 한다(Jöris et al., 1985; Van Gheluwe & Hebbelinck, 1985). 아래내려막기 동작의 경우 전형적인 throw-like motion으로 전체적인 분절들의 각속도가 순차적으로 나타나며 특히 동작초점에 집중한 경우 골반의 회전이 상부몸통에 비해 선행하는 골반 종축 선회전 동작을 볼 수 있다. 이는 Choi, Chung와 Shin (2014)의 연구에서 밝혔던 동작으로 골프 스윙 시 일명 X-factor stretch라고도 불리우는 현상이다. 일반적인 SSC(stretch shorten cycle)는 근육의 사전 신장성 수축 작용으로 순차적인 각속도를 생성하는 모든 관절에서 발생하지만 특별히 골반과 상부몸통의 사이에서 발생하는 이러한 골반 종축 선회전 동작이 발생했을 때 말단분절에서 발휘되는 효과가 크다는 것이 선행 연구들을 통해 입증되었다(Cheetham, Martin, Mottram, & St Laurent, 2001; McGill, & Hoodless,1990). 골반의 움직임이 선행하는 모습은 최대 각속도가 나타나는 시점의 타이밍을 통해서도 확인할 수 있다. 동작초점에 집중한 경우에는 다른 조건의 경우와 유의한 차이를 보이는 것으로 나타났다. 하지만 평균 수치상으로는 몸통의 회전보다 선행하는 것으로 나타나지 않았다. Choi 등 (2014)은 성인 품새선수들을 대상으로 주춤서 몸통지르기 동작을 분석하는 과정에서 선수들의 특성에 따라 골반종축 선 회전 동작이 나타나는 집단과 나타나지 않는 집단으로 분류하였다. 즉 동일한 숙련도의 선수들도 골반이 회전하는 타이밍에는 개인차가 있을 수 있다는 것을 의미한다. 본 연구의 경우도 그러한 개인차가 반영되었기 때문에 평균값을 이용한 수치상으로는 몸통에 비해 최대 회전속도가 나타나는 타이밍이 늦는 것으로 보인다.

선행연구에 의하면 힘과 정확성을 증가시키기 위해서는 개방연결 시스템의 말단분절들의 각속도가 최대에 이르는 시점이 동일해야 한다고 하였다. 일명 push-like motion으로 설명되는 이러한 동작은 몸통지르기의 동작 패턴에서 나타나는 것을 확인하였다. 하지만 타겟초점에 집중한 경우 지르기 동작의 말단분절들이라고 할 수 있는 어깨와 팔꿈치 관절의 최대 각속도가 나타나는 시점이 차이를 보이는 것을 볼 수 있으며 각속도의 최댓값 또한 차이를 보이는 것을 알 수 있다. Wulf 등 (1998)은 의식적인 동작제어를 시도하는 것이 자동적인 제어과정에 방해요소로 작용한다고 하였으며, 내적 주의집중의 경우를 예로 설명하였다. 본 연구의 경우 타겟초점을 위해서 목표방향으로 최대한 빠르게 수행하도록 요구하였다. 때문에 최종분절의 속도에만 집중한 나머지 각 분절들이 적절한 협응을 이루지 못하고 결과적으로 최종분절의 속도에서도 손실이 일어난 것으로 보인다. 즉 외적 주의집중의 경우에도 단서에 따라서 자연스러운 동작에 방해요소로 작용할 수 있는 것으로 판단된다.

각 분절의 에너지 전이 패턴을 살펴보면 전체적으로 kinetic 에너지의 최댓값이 근위분절에서 원위분절로 시간적인 순서에 맞게 나타나는 것을 볼 수 있었으며, 특히 아래 내려막기 동작에서는 동작초점에 집중한 경우 그러한 패턴이 두드러지게 나타나는 것을 볼 수 있다. joris 등(1985)에 의하면 오버핸드 던지기 동작 시 손목과 손가락에 생성되는 힘은 근육에 의해 생성되는 일에 의해서뿐만 아니라 상위분절에서 전해져 온 에너지의 흐름에 의한 것이라고 하였다. 동작초점에 집중한 경우 몸통의 에너지가 가장 먼저 최대치에 이른 후 순차적으로 상완, 하완의 에너지로 전이되는 형태를 보였다. 이는 다른 주의초점 전략을 사용한 경우 오히려 하완의 에너지가 최대에 이른 후에 몸통의 에너지가 최대에 이른 패턴과 대비되는 모습이다. 각 분절의 에너지 전이 패턴이 각속도 패턴과 크게 다른 점은 몸통에서 발생하는 에너지가 그 각속도의 크기에 비해 매우 크다는 점이다. 몸통 자체의 무게와 관성모멘트를 감안할 때 당연한 결과로 생각되지만 이러한 에너지를 순차적으로 최종 분절까지 잘 전달하는가 하는 문제는 고려해야 한다. 몸통지르기의 경우 몸통의 에너지 최댓값은 주의초점을 두지 않은 경우와 동작초점에 집중한 경우에 상대적으로 크게 나타났으나 이를 하완의 에너지로 적절히 전달한 경우는 동작초점에 집중한 경우였다. 품새 선수들의 경우 몸을 이용해 동작을 시작하는 것에는 익숙해져 있지만 이를 최종 분절까지 순차적으로 전달하는 동작을 위해서는 주의초점 전략이 효율적일 수 있다는 것을 보여준다. 몸통지르기의 경우 각속도에서는 상완과 하완의 각속도의 크기 및 최댓값이 나타나는 시점이 동일하게 나타났지만 에너지 전이 패턴에서는 약간의 순차적인 모습을 보였으며 하완의 에너지 최댓값이 더 크게 나타남을 볼 수 있었다. 지르기 동작에서 상완과 하완이 동일한 각속도를 보일 경우 상대적으로 관성모멘트가 큰 상완의 에너지가 더 빠르게 증가하는 모습을 보이지만 점차 하완의 선속도가 상대적으로 증가하기 때문에 결국에는 하완의 에너지로 크게 전환되는 모습을 보여준다. 또한 최종분절의 에너지가 최대를 나타내는 시점이 각속도에서 최대를 나타내는 시점에 비해 빠른 것을 볼 수 있다. 위의 그래프들은 전체 100개로 표준화 한 데이터의 마지막 50개 데이터를 표현한 것이다. 지르기의 손끝의 최대 속도가 나타난 지점이 전체 데이터의 90 %지점인 것을 감안할 때 실제 손의 속도를 결정하는 것은 최종 분절의 각속도 보다는 kinetic 에너지의 흐름에 가까운 것을 알 수 있으며, 이는 각 분절의 각속도뿐만 아니라 선속도를 고려해야하기 때문이다.

본 연구에서 다루어진 3가지 동작에 대한 각도-각도 다이어그램을 살펴보면 다음과 같다. 아래내려막기와 몸통안막기 동작은 준비자세에서 동작을 수행하기 위한 예비동작의 위치로 손을 이동시킨 후 동작을 수행하기 때문에 손이 가속하기 시작하는 지점(○표시)을 확인할 수 있으나 몸통지르기 동작의 경우 준비자세의 손 위치가 예비동작의 손 위치와 동일하기 때문에 그러한 특징이 보이지 않음을 알 수 있다. 아래내려막기 동작을 살펴보면 동작초점에 집중한 경우 보다 뚜렷한 원형 궤적을 보이며 비결속 협응의 형태를 보이는 것을 볼 수 있다. 이에 반해 나머지 조건에서는 초기의 수평 궤적과 후기의 수직 궤적의 형태가 더 나타남을 알 수 있다. 이는 초기에 어깨관절 외전과 후기 팔꿈치 관절의 신전이 더 구분되어 나타난다는 것을 의미한다. Plagenhoef et al., (1971)은 최종분절의 속도를 위해서는 상위분절의 각속도가 최대가 된 시점에 하위분절의 움직임이 시작되어야 한다고 하였다. 즉 약간의 자유도 고정 제어기전의 특성을 나타낸 다른 조건에 비해 동작초점에 집중한 경우 보다 효율적인 협응형태를 보였다고 할 수 있다. 이는 Table 2에서와 같이 상완의 최대 회전속도가 나타나는 시점이 동작초점에 집중한 경우 다른 조건에 비해 오히려 늦게 나타나는 모습과도 관련이 있다. 동작초점에 집중한 경우에는 몸통이 회전하는 동안 다른 조건에 비해 어깨관절의 회전을 지연시키는 모습을 보여, 어깨관절과 팔꿈치관절의 최대 각속도가 나타나는 시점의 차이가 작게 나타나는 모습을 보였다. 이러한 타이밍의 변화로 인해 팔꿈치 관절의 최대 각속도에서는 크지 않은 수치를 보임에도 불구하고 최종 분절에서 타 조건과의 속도 차이를 유발한 것으로 판단된다. 몸통지르기 동작의 경우는 전형적인 전환점 동조(turning point synchronization)를 포함한 동형동조(in phase)의 형태를 보이고 있다. 즉 어깨관절이 과신전되었다가 굴곡을 시작하는 시점, 그리고 팔꿈치관절이 굴곡되었다가 신전하는 시점이 동일하게 나타나며, 이후 두 관절이 일정한 비율로 손의 속도에 기여하는 모습을 보였다. 이 때 두 관절에서 동작의 초기와 후기에 약간의 기울기 차이를 보인 타겟초점 조건에 비해서 동작초점의 경우 어깨와 팔꿈치 관절이 일관된 비율로 변화하는 모습을 보였다. 몸통안막기와 지르기 동작에서 나타나는 직선형태는 두 관절이 결속된 상태로 움직인다는 것을 말한다. 본 결과에서는 부적 사선의 형태를 보였으나 이는 어깨관절의 각정의에 따른 것으로 실제로는 어깨관절과 팔꿈치관절이 같은 방향으로 동시에 회전하며 손의 속도에 기여하고 있음을 설명하고 있다. 상완과 하완이 동시에 회전하며 최대 각속도를 보였던 분절 각속도 패턴의 결과와도 일치하는 push-like motion의 형태로 볼 수 있다.

이상의 내용을 종합해보면 동작초점에 집중한 경우에 동작의 협응패턴과 동작 속도 면에서 효율적인 형태로 판단되며, 결론적으로 주의초점 단서의 제공에 따른 전략이 태권도 지도상황에서 매우 효과적으로 사용될 수 있는 가능성을 확인하였다. 또한 주의초점 전략에 따른 구분뿐만 아니라 각각의 단서를 통한 효과를 구체적으로 검증해 볼 필요가 있음을 알 수 있었다.

IV. 결 론

본 연구는 두 가지 형태의 단서 제공을 통해 품새 선수들의 동작 수행 시 동작의 속도 및 분절 협응패턴을 분석하였다. 그 결과 다음과 같은 결론을 얻었다.

첫째, 아래내려막기와 몸통지르기 동작에서 최종분절인 손의 최대합성속도가 주의초점 단서에 따른 차이를 보였다. 둘째, 주의초점 단서에 따라 각 분절의 각속도 및 에너지 전이패턴에서 차이를 보였으며 동작초점을 제공한 경우에 동작이론에 비추어 보다 정확한 동작을 보였다. 셋째, 주의초점 단서에 따라 어깨와 팔꿈치 관절의 협응형태의 차이를 보였으며 동작초점을 제공한 경우 보다 효율적인 형태를 보였다.

결론적으로 주의초점 단서의 제공에 따른 전략이 태권도 지도상황에서 매우 효과적으로 사용될 수 있는 가능성을 확인하였다. 하지만 주의초점을 위해 제공되는 단서의 형태 또는 동작의 유형에 따라서 그 동작의 패턴과 결과에 미치는 영향이 다름을 알 수 있었으며, 경우에 따라서는 동작의 효율성에 방해요소로 작용할 수도 있다는 것을 확인하였다. 그러므로 현장에서는 어느 하나의 전략에 치중하는 것 보다는 동작의 유형에 따라 주의초점 전략 및 제공될 단서를 적절히 구성해야 할 것이다.

참고문헌

Ahn, B. S., Ko, W. S., Yook, D. W, Hong, S. B., Lee, H. W., & Shin, J. T. (2007). The effects of external focusing strategies on a tennis skill learning. *The Korean Journal of Physical Education, 46*(1), 283-293.

Cho, E. Y., & Eom, H. J. (2012). Content analysis of poomsae movements in taekwondo. *The Korean Journal of Measurement and Evaluation in Physical Education and Sports Science, 14*(3), 13-31.

Choi, C. S., Chung, C. S., & Shin, I. S. (2014). The effect of stretch-shortening cycle on the joint power of the jireugi in the taekwondo juchumseogi stance. *Korean Journal of Sport Biomechanics, 24*(1), 1-9.

Choi, J. S., Hong, S. B., Yook, D. W., & Jung, J. E. (2011). The effect of inernal imagery and external attention focus in performance and learning of basketball free throw task. *Journal of Sport and Leisure Studies. 46*(1), 59-69.

Cheetham, P. J., Martin, P. E., Mottram, R. E., & St Laurent, B. F. (2001). The importance of stretching the "X-Factor" in the downswing of golf: The "X-Factor Stretch.". *Optimising performance in golf,* 192-199.

Cronin, J. B., Bressel, E., & Finn, L. (2008). Augmented feedback reduces ground reaction forces in the landing phase of the volleyball spike jump. *Journal of Sport Rehabilitation, 17*(2), 148.

Jöris, H. J. J., Edwards van Muyen, A. J., van Ingen Schenau, G. J., & Kemper, H. C. G. (1985). Force, velocity and energy flow during the overarm throw in female handball players. *Journal of Biomechanics, 18*(6), 409-414.

Kim, S. J. (2000). *Motor control and learning*. Seoul: Daehan media.

Kim, Y. C., Yook, D. W., & Lee, H. W. (2008). Learning effect of internal and external focus feedback on complexity of task. *The Korean Journal of Physical Education, 17*(2), 309-321.

Kwon, S. M. (2010). The study on contralatera inter-Limb coordination structure of upper body by attentional focus feedback on a golf half-swing task. *Journal of Korea Creative Education Institute 12,* 165-182.

Lee, H, W. (2003). *Seeking for a Good Timing of Feedback through an External Focus of Attention for an Effective Timing Learning*. Unpublished Master's Thesis, Graduate School of Ewha Womans University.

Lee, H. W., & Yook, D. W. (2004). The Effects of Statements of Internal-Focus Feedback and External-Focus Feedback on Bowling Performance. *Korean journal of sport psychology, 15*(2), 1-16.

Lee, S. E., Park, S. B. (2007). Effect of action observation on the learning of front kick of taekwondo. *Korean Journal of Sport Psychology, 18*(2), 17-30.

Lawrence, G. P., Gottwald, V. M., Hardy, J., & Khan, M. A. (2011). Internal and external focus of attention in a novice form sport. *Research Quarterly for Exercise and Sport, 82*(3), 431-441.

McGill, S. M., & Hoodless, K. (1990). Measured and modelled static and dynamic axial trunk torsion during twisting in males and females. *Journal of Biomedical Engineering, 12*(5), 403-409.

Park, M. S., Seol, S. L., & Kim, Y. I. (2013). Analysis of motions and muscle activities of the upper limbs according to the types of momtong anmakgi in taekwondo pumsae. *Korean Society For The Study of Physical Education, 18*(1), 163-174.

Perkins-Ceccato, N., Passmore, S. R., & Lee, T. D. (2003). Effects of focus of attention depend on golfers' skill. *Journal of Sports Sciences, 21*(8), 593-600.

Plagenhoef, S., & Curtis, D. (1971). *Patterns of human motion: A cinematographic analysis* (pp. 61-65). Englewood Cliffs, NJ: Prentice-Hall.

Putnam, C. A. (1993). Sequential motions of body segments in striking and throwing skills: descriptions and explanations. *Journal of Biomechanics, 26,* 125-135.

Schmidt, R. A., Lange, C., & Young, D. E. (1990). Optimizing summary knowledge of results for skill learning. *Human Movement Science, 9*(3), 325-348.

Shae, C. H., & Wulf, G. (1999). Enhancing motor learning through external-focus instructions and feedback. *Human Movement Science, 18*, 553-571.

Singer, R. N. (1988). Strategies and metastrategies in learning and performing self-paced athletic skills. *The Sport Psychologist, 2,* 49-68.

Van Gheluwe, B., & Hebbelinck, M. (1985). The kinematics of the service movement in tennis: A three-dimensional cinematographical approach. *Biomechanics IX-B*, 521-526.

Winstein, C. J., & Garfinkel, A. (1989). Qualitative dynamics of disordered human locomotion: a preliminary investigation. *Journal of Motor Behavior, 21*(4), 373-391.

Wulf, G. (2008). Attentional focus effects in balance acrobats. *Research Quarterly for Exercise and Sport, 79*(3), 319-325.

Wulf, G., Höß, M., & Prinz, W. (1998). Instructions for motor learning: Differential effects of internal versus external focus of attention. *Journal of Motor Behavior, 30*(2), 169-179.

Wulf, G., Lauterbach, B., & Toole, T. (1999). The learning advantages of an external focus of attention in golf. *Research Quarterly for Exercise and Sport, 70*(2), 316-323.

Wulf, G., McConnel, N., Gärtner, M., & Schwarz, A. (2002). Enhancing the learning of sport skills through external-focus feedback. *Journal of Motor Behavior, 34*(2), 171-182.

Wulf, G., McNevin, N. H., Fuchs, T., Ritters, F., & Toole, T. (2000). Attentional focus in complex skill learning. *Research Quarterly for Exercise and Sport, 71*(3), 229-239.

Wulf, G., McNevin, N. H., & Shea, C. H. (2001). The automaticity of complex motor skill learning as a function of attentional focus. *Quarterly Journal of Experimental Psychology, 54A*, 1141-1154.

Wulf, G., Shea, C. H., & Park, J. H. (2001). Attention and Motor Performance: preference for and advantages of an external focus. *Research Quarterly for Exercise and Sport, 72*(4), 335- 344.